Friedrich Ani

Gottes Tochter

Friedrich Ani

Gottes Tochter

Roman

Droemer

Besuchen Sie uns im Internet:
www.droemer.de

Die Folie des Schutzumschlags sowie die Einschweißfolie
sind PE-Folien und biologisch abbaubar.
Dieses Buch wurde auf chlor- und säurefreiem Papier gedruckt.

Umschlaggestaltung: ZERO Werbeagentur, München
Umschlagabbildung: FinePic, München
Satz: Ventura Publisher im Verlag
Druck und Bindung: Ebner & Spiegel, Ulm
Printed in Germany
ISBN 3-426-19604-2

2 4 5 3 1

For thou wilt lie upon the wings of night
Whiter than new snow on a ravens back.
Come, gentle night, come, loving, black-brow'd night.

William Shakespeare, »Romeo and Juliet«

Teil 1
HIER

»Ich weiß ja,
dass ich gemeint bin«

1 Er war ein Mann, in dessen Vorstellung der Selbstmord keine Tür war, die sich öffnete, sondern eine, die sich schloss. Er war Polizist, der aus Gründen diesen Beruf ergriffen hatte, die ihm heute seltsam und unbedeutend erschienen und ihn, wenn er in einer jener katastrophalen Nächte in seinem gelben Zimmer darüber nachdachte, zwangen sich zu fragen, warum er nicht seine Dienstwaffe, die er nie benutzte, aus der Schublade holte, den Lauf zwischen die Zähne steckte und abdrückte.

Befeuert vom Genuss des Tabaks, in den er Pilze gemischt hatte, schlug er mit beiden Händen auf die zwischen die Knie geklemmten Bongos, und der Rhythmus und das Brennen in den Fingern katapultierten ihn aus dem rauchverhangenen Zimmer ins Freie, in die Nacht, in die Stadt. Und die Schläge hallten an den Wänden der Häuser und in den Träumen ihrer Bewohner wider, und …

»Schneller, Julika, schneller!«
»Die Tasche ist so schwer.«
»Ich helf dir, warte.«
»Der Zug fährt gleich ab!«
»Such du die Gleisnummer raus!«
»Hab ich doch schon!«
»Und wenn die Polizei mich was fragt?«

… der harte Klang – unaufhörlich hämmerten die Finger auf die Trommeln – übertönte die Klingel an der Wohnungstür und das Klopfen und die Stimme. Erst als er für einen Moment Luft holte und sich mit einer schnellen Bewegung den Schweiß von der Stirn wischte, hörte er in der abrupten Stille vom Flur her ein Scharren und einen Fluch.

»Sofort aufmachen, Sie rücksichtsloser Mensch!«

Er stellte die Bongos auf den Boden und erhob sich. Als hätte er einen Krampf in den Oberschenkeln, war er unfähig, auch nur einen Meter normal zu gehen. Tatsächlich machte er ein paar Schritte mit nach außen gebogenen Beinen, schüttelte sie und hustete und strich sich die strähnigen Haare aus dem Gesicht. Ohne im Flur das Licht anzuknipsen, öffnete er die Wohnungstür.

Er konnte sich nicht erinnern, wann er zuletzt einem angewiderteren Blick begegnet war als dem seiner achtundsiebzigjährigen Nachbarin im Morgenrock.

»Guten Morgen, Frau Schuster«, sagte er.

Sie sagte nichts. Die Mundwinkel nach unten gezogen, die Augen zusammengekniffen, schnüffelte sie wie ein Tier, das Fürchterliches vorhatte.

Er unterdrückte ein Husten.

Sie unterdrückte anscheinend apokalyptische Vergeltung.

Der Feuerschweif ihrer Blicke endete über seinem Bauchnabel. Im Gegensatz zu Frau Schuster hatte er nicht das Geringste an und es fiel ihm nicht ein, die Hände herunterzunehmen und sein Geschlecht zu bedecken. Stattdessen stemmte er die Hände in die Hüften und streckte den Bauch vor, was ihn nicht gerade in einen Olympioniken verwandelte.

»Sind Sie verrückt?«

Wie eine vor Gift triefende Schlange drang die Stimme in seine Ohren und mitten in sein Nervensystem.

»Ja!«, schrie er. Und vor Schreck schrie Frau Schuster ebenfalls.

Sieben Sekunden lang schrien sie parallel aneinander vorbei.

Süden: »Jaaaa …«

Frau Schuster: »Aaaahh …«

In der darauf folgenden Stille, in der er sich einbildete, das Herz von Frau Schuster durch sämtliche Nachtgewänder hindurch schlagen zu hören, ging gegenüber eine Tür auf, und ein muskulöser Mann in Unterhemd und Trainingshose, den er noch nie gesehen hatte, reckte seinen Kopf ins Licht. Er hielt eine Pistole in der Hand.

»Und jetzt Obacht!«, sagte der Mann. Dann hob er den Arm mit der Waffe. »Wissen Sie, was das ist, da in meiner Hand? Sehen Sie das? Oder haben Sie da Probleme mit den Augen?«

Frau Schuster drehte sich zu ihm um.

»Herr Süden ist Polizist«, sagte sie. »Zeigen Sie ihm lieber erst Ihren Waffenschein!«

»Was?«, sagte der Mann. »Waswas?« Sein Wortschatz schien schlagartig zu schrumpfen. »Waswas?«

»Was machst du da?«, rief eine Frauenstimme aus dem Dunkel der Wohnung.

»Waswas?«, sagte der Mann wieder. Vielleicht arbeitete er als Bodyguard für die Nymphe Echo. »Waswas?« Nachdem er noch einmal mit der Pistole auf Süden und wie aus Versehen auch auf Frau Schuster gezielt und daraufhin die Tür hinter sich zugeschlagen hatte, erinnerte sich Frau Schuster an ihre Mission.

»Sind Sie krank, Herr Süden? Ich hab bei Ihnen angerufen, viermal, aber Sie sind nicht drangegangen, Herr Süden! Sie können doch um diese Uhrzeit nicht trommeln! Das ist doch irrsinnig, Herr Süden …«

Inzwischen wusste er, wie er hieß.
»Ja«, sagte er.
Auch ihr Schweigen war als Strafe gedacht. Aber es gefiel ihm, dass ihr ein Blick entwischte und unterhalb seines Bauches vorbeiflog. Ihr Kopf schnellte nach oben.
»Bitte hören Sie jetzt auf!«
»Ja.«
»Wann sind Sie zurückgekommen? Gestern?«
»Ja.«
»Sie sehen schrecklich aus, Herr Süden.«
Er ließ die Arme sinken, erschöpft und frierend und leer, als hätte ein erbarmungsloser Gott seine Eingeweide geholt und ihn am Leben gelassen, eine Hülle voll Finsternis.
»Herr Süden?«
Er hörte sie nicht mehr. Er drehte den Schlüssel zweimal im Schloss um, schleppte sich ins gelbe Zimmer zurück und blieb eine Weile aufrecht stehen. Er wankte und rang nach Luft und roch den süßen, schweren Duft und …

»Versprich mir eines, Jule …«
»Ja?«
»Komm nicht mehr zurück!«
»Von uns erfährt niemand was.«
»Du schaffst es, Jule …«
»Das hab ich alles euch zu verdanken.«
»Wink dem Meer von mir!«
»Von mir auch!«

… sank auf die Knie, beugte sich vor und legte sich flach auf den Boden, Gesicht nach unten, die Augen geschlossen, die Arme an den Körper gedrückt, die Hände wie Schalen an den von Stoppeln rauen Wangen, die Beine gestreckt, die Füße über Kreuz. Bis zum Morgengrauen lag er so da, ein implodierender Mann, vierundvierzig Jahre alt, ledig, Hauptkommissar, Besoldungsgruppe A 11.

2 »Sie kann nicht bleiben«, sagte Marlen Keel, »sie ist ein Kind.«

»Sie ist achtzehn«, sagte Rico Keel.

»Seit wann?«

»Seit gestern.«

Seine Mutter sagte: »Sie ist ein Kind.«

Von unterwegs hatte Marlen Keel gegrilltes Hähnchen und Kartoffelsalat mitgebracht. Gewöhnlich machte sie keine Mittagspause. Seit die neuen Computer installiert waren, katalogisierte sie in jeder freien Minute die Adressen der Bibliotheksbenutzer, zum Teil alphabetisch, zum Teil nach Schulen geordnet, wobei sie die Altersstufen trennte und mit Hinweisen auf das Ausleihverhalten versah. Mittags war eine gute Zeit dafür, außerdem hatte sie nie Hunger.

»Kann ich deinen Salat haben?«, fragte Rico.

Sie hob die Gabel, und er zog den Teller weg. Gelegentlich warf Marlen Keel einen Blick in den Flur zur geschlossenen Tür gegenüber. Aus Platzgründen hatten sie die Küchentür nach dem Einzug ausgehängt.

Wegen des Mädchens, das sich in Ricos Zimmer eingeschlossen hatte, saß Marlen Keel hier, den Kopf voller Dinge, die sie dringend erledigen musste, und wusste keinen Rat. Natürlich konnte das Mädchen nicht bleiben, schon deshalb nicht, weil sie eine Ausreißerin war und vermutlich von der Polizei gesucht wurde. Endlich wieder die Polizei im Haus! War erstaunlich lange nicht mehr vorgekommen! Marlen Keel dachte daran, dass es eine Zeit gab, in der fast täglich ein Streifenbeamter auftauchte und in Ricos Vergangenheit kramte, oft stundenlang, jedes Mal ohne Ergebnis.

»Wenn ich heute Abend nach Hause komm, möchte ich, dass sie weg ist.«
»Sie geht aber nicht«, sagte Rico. Er hatte jeden einzelnen Knochen abgenagt, den Kartoffelsalat vollständig aufgegessen und seinen Teller und den seiner Mutter mit drei Scheiben Weißbrot abgewischt, jetzt stellte er die Teller aufeinander, warf die Hühnerknochen in den Mülleimer und sah sich um, als suche er etwas.
»Hast du noch Hunger?«, fragte seine Mutter.
»Nein«, log er.
»Hast du nicht gefrühstückt?«
»Doch.«
»Setz dich, Rico!«
Er setzte sich. Seine Frisur sah aus wie nach einer Orkanböe, der Kragen seines blauen Jeanshemdes war schmutzig. Er ahnte, was seine Mutter dachte. Wahrscheinlich glaubte sie, er habe etwas damit zu tun, dass Julika gestern Nachmittag plötzlich vor der Tür gestanden und ihn umarmt hatte. Er hatte nicht mehr an sie gedacht, höchstens ein wenig, im Halbschlaf nach einem anstrengenden Tag in der Lagerhalle. Damals beim Abschied hatte sie ihm einen Brief zugesteckt, drei Seiten lang, eng beschrieben, und er hatte versprochen zu antworten. Doch er hatte nicht geantwortet und er hatte seine Gründe dafür, die sie nichts angingen. Überhaupt brauchte sie nichts von ihm zu wissen. Sie kannten sich genau vier Tage, hatten sich zufällig getroffen, sie hatte ihm ein Bier ausgegeben, und dann lief ein Lied in der Musikbox, das sie mochte. Und sie fing an zu tanzen und nahm seine Hand und wollte, dass er mittanzte. Die anderen haben gegrinst, Juri und Steffen vor allem, und das ist ihm

dann zu blöde, also macht er ein paar Schritte, kein Mensch hat vorher je in dem Lokal getanzt, und irgendwer klatscht im Rhythmus, und das Mädchen, von dem er nicht mehr weiß, wie es heißt, klatscht tatsächlich mit und dreht sich im Kreis und lacht ihn an, lacht dauernd bloß in seine Richtung. Und Juri macht eine Bemerkung und die anderen auch, und Steffen hält ihm eine neue Flasche Bier hin, was soll er tun, die stehen alle um ihn rum. Und vor ihm das Mädchen, dauernd ist die vor ihm, egal, wohin er sich dreht, sie ist schon da. Und sie hat eine Bierflasche in der Hand und die hält sie ihm hin, was soll er tun, er denkt, wenn ich anstoß, hört sie auf und ich komm endlich hier raus. Aber das Lied hört und hört und hört nicht auf. Bis er kapiert, dass es längst ein anderes Lied ist, auch ein englisches, das ihr gefällt, denn sie singt sogar mit, sie singt den ganzen Text mit, alle Strophen, und die anderen klatschen und grölen, sie kennen den Text nicht, überhaupt nicht. Das ist ihm unangenehm, dass die so falsch singen und das Mädchen so perfekt. Sie hatte wirklich eine klasse Stimme, oder vielleicht war ihm auch nur schwindlig, er hat sich ja dauernd im Kreis gedreht, ihretwegen, weil sie sich auch im Kreis gedreht hat, genau vor seinem Gesicht, und ihre Blicke hingen an ihm dran wie Vögel, die sich festgekrallt haben, er musste dauernd hinschauen, mit der Bierflasche in der Hand, im Kreis. Und dann klirrte es, es klirrte am Ende seines Arms, seine Bierflasche knallte gegen die ihre, und sie war voll, als hätte er noch nicht daraus getrunken. Eine Flasche nach der anderen wird ihm in die Hand gedrückt, und er merkt es nicht vor lauter Tanzen. Er konnte nicht tanzen, schon früher nicht, im Tanzkurs ist er immer als Letzter aufgefordert worden, und dann war es immer die Dicke, die sich genauso dämlich angestellt hat wie er, hat sie rumgeschoben und irgendwie seinen Arm um sie gelegt, er wollte nicht zu fest drücken, er wollte nicht wissen, wie sich das anfühlt, der Stoff auf dem Fett. Im »Eisenhans« war er kurz davor, den Arm um das Mädchen zu legen, ihre Jeans waren genauso blau wie sein Lieblingshemd, um das Mädchen im engen weißen Pullover, da hätte sein Arm gut rumgepasst, um die Hüfte von der. Aber das macht er nicht, er baggert so eine nicht an, die denkt noch, er hat das nötig, die denkt noch, sie ist was Besonderes mit ihrem schicken Pullover, so was macht er nicht, er hat das nicht nötig. Und als er den Arm ausstreckt, weil er Steffen die leere Bierflasche geben will, greift sie nach seiner Hand, biegt seinen Arm rum und legt ihn sich um die Hüfte, und zwar fest. Und er hat keine Möglichkeit was zu tun. Er hält sie, und je länger er sie festhält, desto fester hält er sie fest, und er dreht sich auch geschickter als vorher, und seine Schuhe schleifen nicht mehr so peinlich über den Boden. Und dann bemerkt er ihre Hand, in seinem Nacken und ihre andere Hand in seiner Hand und irgendwas passiert in ihm, als gehe eine Lawine ab und reiße alles mit. Er macht den Mund weit auf, weil er keine Luft kriegt. Und dann spürt er an den Fingern kalte Haut, ihre Haut, und die Lawine reißt alles mit, und er stolpert über seine Füße und lässt das Mädchen los und stolpert weiter, und die anderen weichen aus, und er sieht in ihre grinsenden Gesichter und er denkt, das ist das beschissenste Weihnachten, das ich je erlebt hab, noch beschissener als das erste, als mein Alter weg ist, und jetzt fall ich in den Dreck. Stattdessen landet seine Nase an ihrem Hals, und er ist näher an ihr dran, als er sich erinnern kann, jemals an jemand dran gewesen zu sein. Und sie hält ihn fest. Und als er sich wieder einkriegt, steht er mit ihr draußen, und drüben ist der Stadthafen, und da liegt die »Independia« und schwankt, schwankt wie er selber, und automatisch wie ein Ansager sagt seine Stimme: »Das ist das größte seegehende Holz- und Motorschiff unter deutscher Flagge, Länge fünfzig Meter, Breite sieben Meter.« Und sie sagt: »Dann lass uns aufbrechen!« Und er denkt, sie meint es ernst, und geht los und sie hinter ihm her.

»Wir müssen Julika dahin zurückschicken, wo sie herkommt«, sagte seine Mutter.

Wenn ich die Wahl hätte zwischen absoluter Freiheit und absoluter Unterwerfung, würde ich die Unterwerfung wählen, weil ich dann eine Bestimmung hätte und eine Aufgabe, der ich mich hingeben könnte. Weiter schrieb sie in ihr Tagebuch: *Mein Körper ist taub vor falschem Alleinsein.*

Wenn plötzlich die schweren Schlösser gesprengt würden und alle Türen aufgingen und sie hinaustreten dürfte, würde sie, davon war sie überzeugt, erstarren. Die Weite würde sie blenden wie gleißendes Licht, und die Freiheit, sich für eine von tausend Richtungen entscheiden zu können, wäre nur ein Spiel, mit dem jemand sie täuschen und in eine andere Gefangenschaft führen wollte. Wer dieser jemand war, wusste sie nicht, sie wusste nur, er lauerte ihr auf und wartete auf den richtigen Moment, vielleicht auf den Tag, an dem sie die letzte Abiturarbeit schrieb, vielleicht auf den Tag der Abschlussfeier in der Schule, vielleicht auf den Morgen danach. *Vielleicht aber,* schrieb sie in ihr Tagebuch, *ist es schon so weit, und ich bin gar kein unabhängiger Mensch, obwohl ich es geschafft habe, der Diktatur der*

Augen und Ohren zu entkommen, und in Wirklichkeit gehöre ich gar nicht mir, sondern …
»Mach auf! Mach auf!«
Sie achtete nicht auf das Klopfen an der Tür.
… folge einem Verbrecher, der mich töten und dabei lachen wird.
Sie hielt beim Schreiben inne, drehte den Kopf, das Klopfen wurde schwächer, und sie hörte wieder die Stimme von Ricos Mutter. Dann schlug sie das Buch mit dem schwarzen Einband zu und legte die Hände darauf, über Kreuz. Nein, sie wollte sich nicht töten lassen, sie bildete sich nur ein verfolgt zu werden, sie war entwischt, und damit hatte niemand gerechnet. Niemand hatte ahnen können, was sie plante, sie war freundlich und eifrig gewesen, sie hatte sogar ihre Eltern an ihrem Hader teilhaben lassen, wenn sie vor diesen Matheformeln saß und nicht begriff, wie die Rechnung zu lösen war. In großartiger Perfektion hatte sie Anwesenheit simuliert, in der Schule, zu Hause, in der Gegenwart ihrer Freundinnen, denen sie Klamotten aus dem Laden ihres Vaters besorgte, Jacken aus London, Dessous aus Paris.
Nein, sie war nicht nur hier, um von woanders weg zu sein, sie war in dieser Stadt, in diesem Haus, um anwesend zu sein wie nie zuvor. Sie, Julika de Vries, würde bald zum ersten Mal vollkommen sein – sie lächelte jetzt und betrachtete ihre Finger – und bereit sich dem hinzugeben, was geschehen würde, was immer er von ihr verlangte, er, Rico Keel, der etwas noch nicht wusste.
Sie blickte, weil sie in der Zwischenzeit ihren Stuhl vor das Fenster gestellt hatte, über die Schulter zur Tür, an der ein blauer Overall hing. Sie lächelte wieder. Dann drehte sie sich

mit einem Ruck zum Fenster, und ihr Lächeln verschwand. Sie schaute in den Innenhof mit den Skulpturen und dem wasserlosen Springbrunnen, Plattenbauten ringsum, manche gelb, manche graubraun.
Da ist es jetzt kalt, hatte der Schaffner gesagt.
Das macht mir nichts, hatte sie erwidert.

Sie saß im Großraumwagen, niemand neben ihr. Die Sporttasche hatte sie vor den leeren Sitz gestellt, ihre Jacke und den langen schwarzen Schal darüber gelegt. Sie zog die Schuhe aus, schob die Lehne nach hinten, legte den Kopf auf die flache Hand und sah zum Fenster hinaus, bis sie in einen leichten Schlaf fiel. Später hatte sie Durst, aber der Weg ins Restaurant war ihr zu weit, und kein Wagen mit Getränken kam vorbei. Als sie im Dezember mit ihren Eltern dieselbe Strecke gefahren war, hatten sie Plätze in der ersten Klasse gehabt, und ihr Vater hatte den Schaffner dreimal losgeschickt, um Kaffee, Hörnchen und belegte Baguettes bringen zu lassen. Sie hatte nur Wasser getrunken. Daran wollte sie nicht denken, als sie jetzt hinaussah, wo der Himmel heller wurde und das Land flach und weit. Sechs Stunden dauerte die Fahrt, sie musste ein zweites Mal ihr Ticket vorzeigen, eine Zeit lang schrie ein Baby, eine Frau vor ihr verbreitete einen Duft nach Kölnischwasser, und als zwei Männer vom Bundesgrenzschutz kamen, hielt sie die Luft an. Sie warfen ihr einen Blick zu und gingen weiter. Ihr Herz schlug heftig, und sie hatte einen trockenen Mund. Aus einem Grund, den sie sich nicht erklären konnte, wagte sie nicht aufzustehen und im Restaurant etwas zu trinken, obwohl sie in dem überheizten Waggon schwitzte. Kurz vor der Ankunft am

Umsteigebahnhof zog sie die Jacke an, wickelte den Schal um den Hals, nahm die Tasche und stellte sich an die Tür. Ein älterer Mann sah sie an, sie wich seinem Blick aus, und als er so dicht hinter ihr auf das Anhalten des Zuges wartete, dass sie seinen Atem roch, ging sie ins nächste Abteil. Auf dem Bahnsteig wartete sie in einem metallenen Schalensitz auf den Interregio, der eine halbe Stunde später als geplant abfuhr. Diesmal setzte sie sich in ein Abteil und wieder blieb sie für sich. Birkenwälder, Schrebergartenkolonien zogen an ihr vorüber, alles kam ihr unverändert vor, wie im Dezember. An einigen Stellen lag grauer Schnee, über einen Hang rannten Feldhasen, die unwirklich groß wirkten, auf einem verlassenen Bauernhof stand eine verrostete Betonmischmaschine, und an einem künstlich angelegten See sah sie einen Wasserskilift. Sie nickte ein, erschrak, als die Schaffnerin die Tür aufzog, lehnte sich ans Fenster und wurde ungeduldig. Niemand erwartete sie. Das ockerfarbene Bahnhofsgebäude hatte sie größer in Erinnerung.
»Und jetzt bin ich hier«, sagte sie.

»Bitte, Julika, mach auf!«, rief Rico.
»Ja«, sagte sie und blieb sitzen.
Er trommelte mit der Faust.
Mit langsamen Bewegungen ging sie zur Tür, drehte den Schlüssel, und kaum hatte sie die Tür geöffnet, schlang sie die Arme um Rico.
»Hör auf!«, sagte er und machte sich los.
Hinter ihm bemerkte sie seine Mutter, die in der Küche saß, mit hängenden Schultern, ihr halb zugewandt, und je länger sie hinsah, an Rico vorbei, der nervös die Hände an den Hosen-

beinen rieb, desto deutlicher glaubte Julika ihre eigene Mutter da sitzen zu sehen, wie in all den Jahren, wenn ihr Vater seiner Tochter eine Predigt hielt, nachdem er sie verfolgt und beobachtet hatte. Ihre Mutter nickte bloß und schleuderte ihr ein Schweigen entgegen, das sie mehr schmerzte als jede Ohrfeige. Und obwohl ihr Vater sie geohrfeigt hatte, seit sie denken konnte, hatte sie in ihr Tagebuch geschrieben: *Über seine Schläge erschrecke ich nur, das Schweigen meiner Mutter misshandelt mich.*
Ehe Rico die Sprache wieder fand, huschte sie zurück ins Zimmer und sperrte die Tür ab. Und Rico traute sich nicht mehr zu klopfen.
Julika legte sich aufs Bett und hielt sich die Ohren zu und schloss die Augen.

»Die spinnt«, sagte Marlen Keel. Sie musste längst los, und ihr Sohn auch. »Hast du heut Nachmittag frei?«
»Ja«, sagte er.
»Wieso denn?«
»Wegen Julika.«
Was sollte sie sagen? Ständig redete sie mit behutsamen Worten auf ihren Sohn ein – »Lass dir Zeit, Rico, wir prüfen jedes Angebot gemeinsam, lass dir Zeit!« –, sich endlich eine eigene Wohnung zu suchen, immerhin war er zweiundzwanzig Jahre alt, und er hatte einen Job. Es war eine ABM-Stelle, aber die Firma hatte ihm einen festen Arbeitsplatz in Aussicht gestellt, eine seriöse Firma, die erst kürzlich trotz der allgemeinen Flaute neue Geschäftsräume angemietet hatte. Außerdem gab es genügend bezahlbare Wohnungen, gerade in den angrenzenden Stadtteilen. Hier zogen ständig Leute weg, weil sie die Beton-

platten und die mickrigen Freizeitangebote satt hatten. »Lass dir Zeit! Hast du die Anzeige gesehen? Mehrere Zweiraumwohnungen zu vemieten, dreihundertzwanzig Euro.« – »Ich zieh doch hier nicht weg.« Marlen Keel fand diese Ortsverbundenheit ihres Sohnes ebenso rätselhaft wie unheimlich. Was faszinierte einen Heranwachsenden – schon mit sieben hatte Rico seine Eltern zu Sonntagsspaziergängen durchs Viertel geradezu gezwungen – an der Monotonie von Hochhäusern und mausgrauen Hinterhöfen und der völligen Abwesenheit von Natur? Nachdem ihr Mann von heute auf morgen in den Westen gegangen war, hatte sie Rico vorgeschlagen, in die Innenstadt zu ziehen, zum Wasser, in eine Wohnung mit Blick auf den Stadthafen, was auch deswegen praktisch gewesen wäre, weil sie dann keine sieben S-Bahnstationen zur Arbeit hätte fahren müssen. Aber Rico hatte gemeint, nun sei in ihrer alten Wohnung viel mehr Platz als vorher, bei gleicher Miete, *das* sei doch praktisch! Sie diskutierte ein paar Mal mit ihm, dann kapitulierte sie. Und zum Dank brachte er ihr einen Strauß Tulpen mit, die ihm angeblich sein vietnamesischer Freund aus der Imbissbude geschenkt hatte.

Mehr denn je wünschte sie, er würde endlich ausziehen und ihr mehr Raum lassen, fürs Fürsichsein, für – Besuche. Natürlich hatte er nichts dagegen, wenn sie einen Bekannten mitbrachte. Was er – und sie verstand beim besten Willen nicht, wieso – nicht wahrhaben wollte, war: *Sie* hatte etwas dagegen, dass er da war, wenn sie einen Bekannten mitbrachte.

Und jetzt hatte *er* eine Bekannte mitgebracht.

»Du musst in die Bibliothek«, sagte er.

Sie kannte dieses Mädchen nicht. Rico hatte an Silvester von ihr erzählt, er hatte sogar versucht sie am Handy zu erreichen, er hinterließ seine Glückwünsche für das neue Jahr auf der Mailbox. Marlen hatte ihn ausgefragt, und er war ihr, ganz gegen seine Gewohnheit, ausgewichen, er sagte, er habe sie im »Eisenhans« kennen gelernt, ihre Eltern hätten geschäftlich in der Stadt zu tun gehabt, und das war alles, was er sagte.

»Was ist eigentlich mit Rosa?«, fragte sie an der Tür.

»Nichts ist!«, sagte er, unhöflich laut, wie Marlen Keel fand.

»Seid ihr nicht mehr zusammen?« Sie wollte diese Fragen eigentlich nicht stellen, sie musste nur auf einmal an die junge Frau denken, die einen Tag vor Weihnachten zu Besuch da gewesen war und Rico ein Geschenk mitgebracht hatte, eine Duftöllampe. Und er hatte gewusst, dass sie kommen würde, und mürrisch eine CD für sie besorgt, gesammelte Oldies aus den achtziger Jahren, zum Einpacken verwendete er Papier, das vom letzten Jahr übrig geblieben war. Es war nicht zu übersehen, dass die beiden nicht gerade vor Hingabe fieberten, vor allem Rico schien nur noch aus Höflichkeit mit ihr auszugehen. Manchmal kam es Marlen vor, als fühle er sich von Rosa in die Enge getrieben, als fordere sie etwas von ihm, das er unter keinen Umständen bereit war ihr zu geben. Doch er sprach nicht darüber.

»Wir waren nie zusammen!«, sagte er hart.

Fast hätte sie erwidert: Und wozu dann die Kondome aus der Apotheke?

»Wenn ich gewusst hätt, was sie … wenn ich … Die wollt mich testen, und ich will nicht getestet werden. Und jetzt fahr endlich! Du kriegst bloß wieder Ärger mit Schild.«

»Wieso glaubst du, Rosa wollte dich testen? Wie denn?« August

Schild, ihr Chef, würde sie auf jeden Fall zu sich zitieren, sie war schon jetzt eine Viertelstunde überfällig, das passierte ihr sonst nie.

»Die will nach Süddeutschland, die will da unten leben, bei den Bergen, sie will mindestens eine Vierraumwohnung, und ich soll mit. Ich geh aber nicht. Sie hat dauernd davon geredet, sie hat gesagt, sie kriegt auch da unten einen Job als Fischverkäuferin, sie kennt da jemanden, sagt sie. Und ich soll mitkommen, ich könnt wieder als Tapezierer arbeiten, die bräuchten da unten ausgebildete Leute wie mich. Ich geh da nicht hin. Sie hat von nichts anderem geredet, sie hat Wohnungsangebote aus der Zeitung ausgeschnitten. Und sie hat mich gefragt, ob ich Kinder will.«

Er schwieg. Marlen Keel überlegte, wie lange es her war, seit er zum letzten Mal so von sich gesprochen hatte. Ob er Kinder wollte? Er war zweiundzwanzig. Sie war zwanzig gewesen, als er zur Welt kam. Er war selber fast noch ein Kind. Und sie war auch eines gewesen, als sie von einem Mann schwanger wurde, der wie später sein Sohn auch nirgendwo anders hin wollte – zumindest bis die Mauer fiel.

»Du sollst sie heiraten!«, sagte sie und lächelte.

Er machte die Wohnungstür auf. Im Treppenhaus hing Bratengeruch.

»Beeil dich!«, sagte Rico.

»Hast du ihr gesagt, dass du nicht mit ihr wegziehen willst?«

»Zehnmal.«

»Und das Mädchen in deinem Zimmer?«

»Mal sehen«, sagte er.

Sie gab ihm einen Kuss auf die Wange und machte sich auf den

Weg. Rico sperrte die Wohnungstür zu – bei einem Windzug schnappte manchmal das Schloss auf – und stellte sich vor die Tür seines Zimmers. Er lauschte. Kein Geräusch. Er legte das Ohr an die Tür.
»Julika?«, sagte er leise.

»Ich hab schon vorgehabt dir zu schreiben, aber dann hatte ich keine Zeit«, sagte er, das Gesicht nah am Türrahmen, auf dem Flur.
»Du hättest mich anrufen können«, sagte sie, das Gesicht nah am Türrahmen, im Zimmer.
»Ich hab deine Nummer verloren«, sagte er. Er kniete, die linke Hand flach an der Tür, auf dem grauen Teppich.
»Du hast mich sofort vergessen«, sagte sie. Sie hockte, beide Hände neben sich aufgestützt, im Schneidersitz mit gestrecktem Rücken auf dem Boden.
»Nein«, sagte er.
Dann schwiegen sie. Wehrlos musste er an Rosa denken und wurde wütend. Julika sah wieder ihre verzurrte Mutter vor sich und presste fest die Augen zusammen und hielt die Luft an, bis das Bild verschwand.
Weil die Stille ihn störte, fragte er: »Wars in Ordnung bei deiner Tante?«
»Ich war nicht dort.«
Er kam nicht dazu weiterzufragen.
»Ich hab dich angelogen«, sagte sie. »Ich geh nicht zu meiner Tante, die verrät mich.«
»Wo warst du in der Nacht?«
»Nirgends.«

Er überlegte, wo das sein könnte.
»Ich war im Hotel«, sagte sie.
»In welchem?«
»In dem, wo ich mit meinen Eltern war.«
»Das ist doch teuer!«
»Ja.«
»Warum bist du nicht hier geblieben?«
»Hab mich nicht getraut.«
In ihr Tagebuch hatte sie geschrieben: *Er hat mich nicht angesehen, seine Augen haben nur so getan, er ist in das Lokal gekommen, hat mich angeschaut und nicht gewusst, wer ich bin. Er hat schon gewusst, wie ich heiße, er hat mich schon wieder erkannt, aber er hat vergessen gehabt, wer ich bin, für ihn, was ich ihm bedeute.*
»Woran denkst du?«, hörte sie ihn fragen. Bewegungslos hockte sie da, die Beine über Kreuz, und ihre Füße waren kalt.
»Ob du Angst hast.«
»Wovor denn?«
»Dass ich da bin.«
Er wusste nicht, was er tun sollte, das war alles. Er nahm die Hand von der Tür und gab sich Mühe, demonstrativ zu schweigen.
Sie krümmte sich ein wenig. Ihre Hände waren kalt wie ihre Füße, der dünne Teppich mit den schwarzen Streifen und Flecken wärmte nicht. Am Rand der Tür, bemerkte sie, splitterte der Lack ab, in der Mitte sah die Tür aus wie von der Sonneneinstrahlung verzogen. Das alles bemerkte sie wie mit fremden Augen, den Staub auf den Regalen, die spärliche Einrichtung, das schmale Bett mit dem Metallgestell, unter dem Kisten und Schachteln lagen, den Geruch nach alten Mauern – das alles

hatte sie wahrgenommen ohne darüber nachzudenken, wie stark sich diese Wohnung von der ihrer Eltern unterschied. Wie sehr sich das gelbe Haus, aus dem sie fortgegangen war, von diesem graubraunen unterschied, und das Viertel, in dem sie gelebt hatte, von dem, in dem Rico lebte. Das hatte keine Bedeutung. Sogar wenn Rico in einer Gegend voller Bruchbuden hausen würde, würde sie keinen Gedanken daran verschwenden, mit ihm woanders sein zu wollen. Sie wollte da sein, wo er war, und nirgendwo sonst. Sie wollte, dass er sich in ihrer nur für ihn reservierten Nähe nicht fürchtete, auch wenn ihr Auftauchen ihn mehr verstörte als sie erwartet hatte. In ihr Tagebuch hatte sie nachts im Hotelzimmer geschrieben: *Zum Abschied hat er mir die Hand gegeben und mich zu sich nach Hause eingeladen, für morgen. Er hat mich gefragt, wie ich zu meiner Tante komme. Mit dem Taxi, habe ich gesagt, vorher gehe ich aber noch spazieren. Das habe ich auch getan, und ich bin auch mit dem Taxi gefahren, weil ich nicht mehr wusste, wo das Hotel liegt. Ich darf Rico keine Worte in den Mund legen, die er nicht selber aussprechen möchte, ich darf ihm nicht einmal sagen, dass sein Schweigen jedes Mal ein Geschenk für mich ist.*

»Wieso denkst du, ich hab Angst vor dir?«, sagte er laut.

»Rico?«, sagte sie leise.

Er schwieg.

»Soll ich gehen?«, fragte sie. Jetzt hatte sie Angst vor seiner Stimme wie vor einem unheimlichen Hund.

Er schwieg.

»Darf ich dir was sagen?«, fragte sie und rückte so nah an die Tür, dass ihre Knie dagegen stießen. Mit beiden Händen schob sie sich nach vorn, die Beine fest über Kreuz.

Rico kniete immer noch vor der Tür, und der Rücken tat ihm weh und der Kopf, und er wollte aufstehen und dann … aufstehen und dann … dann hörte er ihre Stimme, und er konnte nicht weghören, das war schon so gewesen, als sie im »Eisenhans« getanzt hatten, und nachher auf dem Schiff, wo sie die Nacht … wo sie … Er beugte sich vor, um kein Wort zu versäumen, und hatte schon einige versäumt und versäumte noch mehr, weil er aufschrie, von einem Stich im Rücken.

»… wieder in das Hotel gehen, das Zimmer … Was ist, Rico?«

»Nichts«, sagte er mit verzerrtem Gesicht.

»Ich möchte dir sagen, ich hab dich nicht überfallen wollen …«

Hast du nicht, wollte er sagen, aber er traute sich nicht, er war sich nicht sicher, ob es stimmte. Wie zuvor hatte er die Hand flach an die Tür gelegt. Jetzt hatte er schon wieder Worte von ihr versäumt.

»… niemand, zu dem ich Vertrauen hab, zu Miriam natürlich, ohne sie und Adrian wäre ich nicht … Ich kann im Hotel bleiben, Rico …«

»Was willst du?«, stieß er hervor.

»Nicht mehr dort sein, wo ich herkomm«, sagte sie. »Nie mehr wieder.«

»Ich bin …« Er musste noch einmal anfangen. »Du hast mich nicht überfallen, du hast mich höchstens … Und wenn die Polizei doch kommt?«

»Damals haben sie mich auch nicht gefunden.«

»Wann damals?«, fragte er. Was hatte er wieder vergessen? Er würde sich sofort entschuldigen, wenn sie ihm sagte …

»Das hab ich dir verschwiegen«, sagte sie. »Meine Eltern wussten nicht, dass ich in die Kneipe geh, in den ›Eisenhans‹ …«

»Du hast mit ihnen telefoniert, ich hab dich vom Deck aus gesehen.«
»Hab nur so getan.«
»Du bist eine Schauspielerin.«
»Noch nicht«, sagte sie.
»Willst du Schauspielerin werden?«
»Ja«, sagte sie. Und noch einmal, mit weit geöffneten Augen, als könne Rico sie sehen: »Ja, das will ich.«
»Hat dich die Polizei gesucht?«
»Mein Vater hat sie aufgehetzt. Aber sie hatten keine Ahnung, wo ich war. Die Stadt war meinen Eltern so fremd wie mir, ich hatte mir schon überlegt, sie anzurufen. Aber dann wollt ich nicht. Ich wollt nicht, ich wollt mich nicht entschuldigen, ich hab mich schon so oft entschuldigt.«
»Warum denn?«, sagte er. »Warum denn?«
Sie schwieg. Er auch. Im Moment steckten die Worte in ihm fest. Er strengte sich so sehr an, dass er nicht merkte, wie seine Hand an der Tür nach unten glitt und auf die Klinke drückte, die schon nach unten gedrückt war. Darüber erschrak er und er nahm die Hand sofort weg. Die Klinke blieb unten.
»Ich sperr jetzt auf«, sagte Julika, und dann hörte er ein klackendes Geräusch. Zentimeter für Zentimeter wurde die Tür aufgeschoben. Als Erstes bemerkte er, dass Julika ihre Socken ausgezogen hatte. Sie saß schräg hinter der Tür, die sie mit der einen Hand festhielt. Im Knien war er mindestens einen Kopf größer als sie. Er wollte sich hinsetzen, obwohl er nicht genau wusste, wozu, als sie die Tür losließ und sich vor ihn hinkniete. Sie sahen sich eine Weile an. Dann kam Millimeter für Millimeter ihr Kopf auf ihn zu. Rico bewegte sich nicht. Er schaute zu,

wie ihr weißes, rundes Gesicht wie ein Raumschiff aus Schnee auf ihn zukam, aus dem seltsam riechenden Weltall, das sein Zimmer war. Und er atmete durch die Nase, was ein Geräusch verursachte, das ihm unangenehm war, doch seine Lippen waren verschweißt. Auch dass seine Arme an ihm herunterhingen, gefiel ihm nicht, obwohl er sah, dass ihre Arme auch herunterhingen. Verkrampft kam er sich vor, ganz verkrampft. Und ihre Stirn, schneeschön, berührte seine Stirn, und zwar genau an der Stelle, an der er die Narbe hatte. Als wäre die Narbe ein Landeplatz, den endlich jemand nutzte.

3

Sie waren Büroner wie andere in anderen Büros, und er war einer von ihnen. Unabsichtlich kam er zu spät und …

»Hattest du einen Termin?«, fragte sein Vorgesetzter und wartete so wenig auf eine Antwort wie Tabor Süden bereit war eine zu geben.

… setzte sich an den Rand des langen Tisches nah bei der Tür, die er nach dem Eintreten angelehnt hatte. Sie tranken Kaffee, nur Sonja Feyerabend trank Tee, Assam, englische Mischung, unenglisch ohne Milch, bei aller Zuneigung zu den Windsors oder Shakespeare oder Jeremy Irons.

Niemand rauchte an diesem Montagmorgen, dem vierten Februar. Ein Kreis von Kriminalisten hörte dem Bericht von Volker Thon zu, dem fünfunddreißigjährigen Leiter der Vermisstenstelle.

»Die Eltern behaupten, sie haben keine Erklärung«, sagte er. »Die Kollegen in der PI 12, wo die Eltern die Anzeige aufgegeben haben, bezweifeln das. Konkrete Beweise gibt es nicht. Die Eltern haben das Verschwinden sonntagmorgens bemerkt, gegen acht, es war der Geburtstag des Mädchens, sie wurde achtzehn. Wir sind also gezwungen, die Vermissung unter anderen Aspekten zu sehen als die Eltern.«

»Und es ist sicher, dass Sachen fehlen?«, fragte Paul Weber, der Älteste in der Runde.

»Das zumindest haben die Eltern zugegeben«, sagte Thon. »Das Mädchen hat eine dunkelrote Sporttasche mit dem Aufdruck ›Funster‹ mitgenommen …«

»Fenster?«, fragte Tabor Süden.

»Funster! Fun – Funster.«

»Spaßig«, sagte Süden.

»Ist dein Rasierapparat kaputt?«, fragte Thon.

Süden schwieg.

»Und dein Friseur gestorben?«, fragte Thon.

Süden schwieg. Ob seine Friseurin noch lebte, wusste er nicht, sie hatte die Angewohnheit, ihre Chefin im Salon wochenlang allein zu lassen, um ihren Bruder in Berlin zu besuchen. Und jedes Mal, wenn sie zurückkam, wirkte sie noch ausgemergelter als vorher, und ihre Stimme hörte sich an wie nach einer missglückten Urschreitherapie. Seit Ende vergangenen Jahres hatte Viktoria nichts mehr von sich hören lassen, was Süden ein wenig beunruhigte, aber nicht störte, denn seine Haare hatten Wachserlaubnis, ebenso sein Bart, dieser allerdings nur bis zu einer Länge von etwa zwei bis drei Millimetern.

»Streunen entfällt«, sagte Thon und rieb mit Daumen und Zeigefinger an seinem Seidenhalstuch. Außer einem Aktenordner und einem grünen Schnellhefter hatte er mehrere Din-A4-Blätter vor sich liegen. »Das Mädchen ist noch kein einziges Mal weggelaufen. Furcht vor Strafe? Noch nicht zu beurteilen. Hier steht, die Eltern haben ein offenes Verhältnis zu ihrer Tochter, und umgekehrt. Sagt der Vater. Einen Moment.«

Er verglich die Blätter, zog die Stirn in Falten, kratzte sich mit dem Zeigefinger am Hals. Durch die schlecht isolierten Fenster drangen die Geräusche der Straße in den zweiten Stock. Über die Schultern von drei Polizisten hinweg, die ihre Kugelschreiber zwischen den Fingern drehten, lächelte Sonja Süden zu, und er strich mit dem Daumen über seinen Mund wie Belmondo in dem alten Film, den er mit Sonja neulich in der »Lupe« gesehen hatte, eingepfercht zwischen nickenden, Zigarettenrauch ausdünstenden Cineasten nebst nickenden, Zigarettenrauch ausdünstenden Cineastenanbeterinnen.

»Die Frau«, sagte Thon, »die Mutter des Mädchens, sie hat nichts gesagt, was die Kollegen für nötig befunden hätten aufzuschreiben, hier steht kein Wort von der Mutter.« Er gab eines der Blätter seinem Nachbarn Weber, der sich vorbeugte, soweit er mit seinem Kugelbauch dazu in der Lage war. »Wir werden das überprüfen, zunächst steht fest, das Mädchen hat in der Nacht das Haus verlassen, sie war aus, mit einer Freundin, Miriam, dann kam sie nach Hause, gegen Mitternacht, die Mutter lag zu diesem Zeitpunkt schon im Bett, der Vater saß am Schreibtisch. Schreibtisch, steht hier, er hat gearbeitet …«

»Ist er selbstständig?«, fragte Süden.

»Er hat ein Geschäft«, sagte Thon, der sehr viel anerzogene Geduld investieren musste, um jemanden, der ihn unterbrach, nicht anzubrüllen. In seinem Elternhaus in Hamburg lautete eine der Hauptregeln bei Tisch: Ausreden lassen!

»Ein Modegeschäft in der Kreillerstraße«, sagte Weber und gab Thon das Blatt zurück.

»In der Kreillerstraße?«, sagte Freya Epp, die zweiunddreißigjährige Oberkommissarin mit der farbig gestreiften Brille, hinter der ihre braunen Augen riesig wirkten. Sie musste mindestens sechs Dioptrien haben, so dick waren die Gläser.

»Was ist daran komisch?«, fragte Thon.

»Die Kreillerstraße … also die Kreillerstraße, die ist … die liegt …«, sagte Freya, deren Fähigkeiten als Kriminalistin unbestritten waren, die sachliche Berichte schrieb und für ihre einfühlsame Vernehmungsart geschätzt wurde. Begann sie jedoch

frei zu sprechen, besonders vor einer Gruppe, verhedderte sie sich in einem Gestrüpp von Worten.
»Bitte?«, sagte Thon.
»Ja … ja … dort … das ist doch … Berg am Laim … ich war da … also, ein Modegeschäft in der Gegend, da hinter … hinter dem …«
»Ja?«
»Können wir weitermachen?«, sagte Sonja Feyerabend, zu deren intimsten Feinden Lebenszeitdiebe zählten.
»Natürlich«, sagte Thon.
»Macht er viel Umsatz?«, fragte Süden.
Thon ging auf die Frage nicht ein. »Der Vater arbeitete, er hörte seine Tochter ins Zimmer gehen. Erst ins Zimmer, dann ins Bad, dann wieder ins Zimmer. Gegen halb eins ging er ins Bett. Und um acht Uhr morgens war das Bett seiner Tochter leer. Sie war weg. Außer der Tasche hatte sie Kleidung, Schuhe und Bücher mitgenommen.«
»Und Geld?«, fragte Sonja Feyerabend.
»Keine genauen Angaben.« Thon schob ihr ein Blatt hin. »Wir haben: keinen genauen Zeitpunkt des Verschwindens und kein Motiv, auch Liebeskummer und dergleichen fallen weg. Natürlich stellten die Kollegen bei der PI die Frage nach Selbstmordabsichten. Der Vater rastete fast aus. Auch dieser Punkt ist also noch völlig ungeklärt. Schwierigkeiten in der Schule: Das Mädchen ist einmal durchgefallen, in der neunten Klasse, wegen Mathematik und Physik, zurzeit hat sie offenbar keine Probleme. Sagt der Vater.«
»Schließen wir demnach eine Straftat aus?«, fragte Weber.
»Würd ich nicht machen«, sagte Josef Braga, der mit seinem

Freund und Kollegen Sven Gerke erst vor wenigen Wochen von der Mordkommission zu den Vermissten gewechselt hatte.
»Es deutet nichts darauf hin«, sagte Thon.
»Noch nicht.«
»Womöglich ist sie mit einer Freundin weggefahren«, sagte Sonja Feyerabend.
»Auch darauf deutet nichts hin«, sagte Thon.
Einige Sekunden lang herrschte Schweigen. Auf dem Flur waren Stimmen zu hören, eine davon kannte jeder im Raum. Kurz darauf kam Karl Funkel herein, der Leiter des Dezernats 11, Kriminaloberrat, dreiundfünfzig Jahre alt, nach der Attacke eines drogensüchtigen Dealers auf dem linken Auge erblindet. Seither trug er eine Augenklappe.
»Guten Morgen«, sagte er. »Ein Herr de Vries rief mich an.« Er wedelte mit einem Blatt Papier in der Hand. »Er rief schon zweimal an, Veronika hat versucht, seine Aussage aufzunehmen, aber er ließ sich nicht abwimmeln. Seine Tochter ist verschwunden, Julika de Vries, er sagt, er war auf der Inspektion in der Türkenstraße, er wohnt in der Maxvorstadt, und er sagt, er hat große Sorgen, dass seiner Tochter etwas zugestoßen sein könnte. Er hat nach dir gefragt …«
Funkel sah Tabor Süden an. »Er kennt deinen Namen aus der Zeitung. Habt ihr die Vermissung schon besprochen?«
»Wir sind dabei«, sagte Thon.
»LKA?«
»Noch nicht.«
»Warum nicht?«
»Erstens ist das Mädchen volljährig, zweitens ist sie dem Anschein nach freiwillig gegangen«, sagte Thon.

»Der Vater behauptet, sie habe schlechten Umgang, er hat Angst um sie.«
»Von schlechtem Umgang hat er den Kollegen nichts erzählt«, sagte Thon.
»Auf welche Schule geht sie?«, fragte Süden.
»Luisengymnasium«, sagte Thon.
»Das ist nicht weit«, sagte Süden. »Ich gehe hin und rede mit den Schülern.«
»Zuerst fährst du zu den Eltern«, sagte Thon. »Zusammen mit Sonja.«
»Ich rede mit den Schülern«, sagte Süden, »Sonja mit den Eltern.«
Wieder verhalf Thon seine Erziehung zu einer ruhigen Erwiderung. »Bevor wir ein Fernschreiben absetzen und die Vermissung ins System geben, möchte ich gewisse Dinge ausschließen, wie immer, Tabor. Alles passiert wie immer, du gehst nicht allein, du gehst mit deiner Kollegin, niemand geht allein.«
»Ja«, sagte Süden, nahm seine schwarze Lederjacke von der Stuhllehne, zog sie im Sitzen an und stand auf.
»Hast du was dagegen, wenn *ich* ihn begleite?«, fragte Weber. »Sonja kann mit Freya zu den Eltern gehen.«
Es war Montag. Es nieselte. Das halbe Wochenende, wenn er ehrlich war, das gesamte Wochenende hatte Thon mit seinen Kindern gestritten, anfangs nur mit ihnen, dann mit seiner Frau, dann wieder mit den Kindern, dann mit allen dreien. Das Wochenende war ein Desaster gewesen, voller Widerworte und schmollendem Schweigen hinter verschlossenen Türen. Er war der Vater. Er war der Ehemann. Er war der Leiter der

Abteilung. Er musste drüberstehen. Ich muss drüberstehen. Ich delegiere. Ich habe selbstständige Mitarbeiter, selbstständige Kinder und eine selbstständige Ehefrau. Ich bin der Chef. Primus inter Pares. Ich lasse zu. Ich lasse zu. Ich lasse zu.

»Ja«, sagte Thon.

»Jetzt sofort?«, sagte Sonja Feyerabend.

»Bitte?«

Auf dem Flur fragte Funkel: »Was ist los mit ihm?«

»Er hat viel Verantwortung«, sagte Süden. Dann wurde er plötzlich geküsst, und Funkel wandte sich ab, und Süden zuckte mit dem Kopf.

»Sei nicht so genant«, sagte Sonja.

Er war nicht genant. Er neigte zu Unbeholfenheit in Dingen der Liebe.

Draußen war er allein.

Um zur Schule zu gelangen, brauchten sie nur die Bahnhofshalle zu durchqueren und ein kurzes Stück die Dachauer Straße, wo die Straßenbahn fuhr, hinunterzugehen. Der Backsteinkoloss, in dem der Neubau des Gymnasiums untergebracht war, lag direkt an der Kreuzung zur Elisenstraße.

Noch war er allein.

Er wartete vor dem fünfstöckigen Dezernatsgebäude, in dessen Parterre sich ein türkisches Café befand, gegenüber dem Südeingang des Hauptbahnhofs. Eigentlich wartete er nicht, er stand da, unter dem Vordach, die Arme vor der Brust verschränkt. Er sah Passanten vorübereilen, er sah ihnen nicht hinterher, er registrierte sie automatisch. Den Polizistenblick abzustellen gelang ihm schon lange nicht mehr. In diesem Blick lag die routinierte Wachsamkeit eines Kriminalisten, der damit rechnete, dass ständig etwas passieren konnte, von einer Bewegung zur nächsten, jemand zieht ein Messer, eine Pistole, jemand schlägt um sich, einer aus der Menge …

»Träumst du?«, fragte Paul Weber.

Wortlos ging Süden neben ihm her über die Straße, bei Grün, den Kindern zuliebe.

Weber trug einen Lodenmantel und handgenähte, wie er gelegentlich betonte, Haferlschuhe mit Gummiprofilsohlen, Kniebundhosen und ein rotweiß kariertes Hemd. Auf Fremde wirkte er wie der klassische Bayer, ein Eindruck, der durch seine geschneckelten Haare, die buschigen Augenbrauen, seine ungewöhnlich roten Ohren und seine massige Figur noch verstärkt wurde, der aber auf eine vertrackte Weise nicht zutraf. Zwar war Weber in der Nähe des Schliersees geboren worden, wo seine Mutter noch heute lebte, und er hielt sich nirgendwo lieber auf als in der bayerischen Landeshauptstadt, doch er sprach kaum Dialekt und äußerte sich ungern zu lokalen Alltagsereignissen. »Ist mir wurscht«, pflegte er zu sagen, und vermutlich kümmerte ihn tatsächlich wenig mehr als seine Arbeit und seine Ehefrau.

Die Arbeit war ihm geblieben. Seine Elfriede war vor fünf Jahren gestorben. Und auch wenn er sich in der Zwischenzeit einmal verliebt hatte – in eine Schwester aus dem Krankenhaus, in dem seine Frau ihre letzten Wochen verbracht hatte –, so hauste er doch in seiner Einsamkeit wie in einer Burg, deren Zugbrücke er nur noch selten herunterließ, manchmal für Tabor Süden, von dem er wusste, dass er eine Ahnung von Männern in Verliesen hatte.

»Ich war gestern auch am Grab«, sagte Weber. »Alles aufgeweicht, im Frühjahr muss ich den Stein putzen lassen, das kann man doch machen lassen, oder nicht?«
»Sicher«, sagte Süden. Er war mit Sonja auf dem Waldfriedhof gewesen, dort lag Martin Heuer neben der Kolonialwarenhändlerswitwe Krescenzia unter einer Fichte, sein bester Freund, der ihm Briefe geschrieben und nicht abgeschickt hatte, während er, Süden, sich nach dem tragischen Ende einer Suchaktion in einem Wald verkrochen hatte.
»Wo ist die Tür?«
Zuerst suchten sie an der Fensterfront im Erdgeschoss, dann bemerkten sie Kinder, die an einem Kickerkasten spielten. Sie gingen um das Gebäude herum, die Stufen zum gepflasterten Vorplatz hinauf und auf eine Glastür zu, auf der ein Schild klebte, das sie anwies, sich als Unbefugte »sofort« in Zimmer 144 zu melden.
»Polizei?«, sagte die Sekretärin. »Um Gottes willen!«
»Julika de Vries wurde als vermisst gemeldet«, sagte Weber.
»Um Gottes willen!«
»Wir möchten mit ihrer Freundin Miriam Hofer sprechen.«
»Ja …« Die Sekretärin, eine Frau um die fünfzig, die ein blaues Tuch um die Schultern trug, rollte mit dem Drehstuhl zurück und warf einen Blick in ein aufgeschlagenes Buch. »Mathematik«, sagte sie und stand auf.

»Können wir uns allein auf dem Flur unterhalten?«, fragte Süden das Mädchen im Klassenzimmer. Die Schüler hatten seltsame Laute von sich gegeben, als er sich als Kriminalpolizist vorstellte, einige hatten gegrinst, andere keine Miene verzogen.

Der Lehrer, den die Sekretärin – »Ich bin Frau Ork« – als »Herrn Drechsler« angekündigt und der sich dann sofort so vorgestellt hatte, legte, nachdem er Süden und Paul Weber die Hand gegeben hatte, die Kreide aufs Pult und zog die Schultern hoch. Was er damit ausdrücken wollte, war Süden nicht klar, er fand aber, dass ein Mann Mitte fünfzig mit einem goldenen Knopf im Ohr, der ein Sweatshirt mit dem Aufdruck »Hardrock Café«, schwarze Jeans mit einem nietenbeschlagenen Gürtel und weiße Nikeschuhe anhatte, ein Recht auf Wrongbeats in der Motorik hatte.

»Möchtest du, dass ich mitkomm?«, fragte Herr Drechsler.

»Nein, danke«, sagte Miriam.

»Geht das okay, Frau Ork?«, fragte Herr Drechsler. »Ist das mit Dr. Lenhard gegengecheckt?«

»Dr. Lenhard ist gerade außer Haus«, sagte Frau Ork. »Er hat einen Termin beim Zahnarzt.«

Natürlich ging ein Raunen durch die Klasse, augenblicklich inszenierten die Profis das Stück »Wurzelziehen bei Dr. Lenhard«, indem sie sich gegenseitig in den Mund griffen.

Auf dem Flur lehnte sich Süden an die Wand, legte den Kopf in den Nacken und schloss die Augen.

»Ist ihm schlecht?«, fragte Miriam.

»Er konzentriert sich«, sagte Weber.

»Macht es Ihnen was aus, im Freien mit uns zu sprechen?«, fragte Süden mit geschlossenen Augen.

Im Innenhof zwischen Neu- und Altbau nahm Süden seinen kleinen karierten Spiralblock und einen Kugelschreiber aus der Hemdtasche.

»Wissen Sie, wo Julika steckt?«, fragte er.
Bevor Miriam antwortete, lächelte sie. »Nein.«
Süden schwieg. Auch Weber schwieg.
»Nein«, wiederholte Miriam und trat von einem Bein aufs andere.
»Ist Ihnen kalt?«, fragte Süden.
»Ja!«, sagte sie.
»Erzählen Sie uns, was Sie am Samstagabend mit Julika unternommen haben«, sagte Süden. »Waren Sie zu zweit, oder war noch jemand dabei?«
»Wie dabei?«
»Sie wissen also nicht, wo Julika hingefahren ist?«, sagte Weber.
»Nein, sag ich doch!« Miriam gab sich Mühe, den beiden Männern in die Augen zu sehen.
»Vielleicht ist sie gar nicht gefahren«, sagte Süden.
»Was?«, sagte Miriam.
»Vielleicht ist sie geflogen, mit dem Flugzeug.«
Miriam erwiderte nichts.
»Was ist am Samstagabend passiert?«, fragte Süden.
»Wollen wir ein paar Schritte gehen?«, fragte Weber. »Einmal im Kreis?«
Miriam wirkte, als sei ihr jetzt schon schwindlig.

»Wir waren im ›Enchilada‹ essen … Das wissen Sie? Woher? Verstehe, wir waren essen, ja, wir gehen da öfter hin, natürlich nur, wenn wir das Geld übrig haben, meine Eltern zahlen das nicht, Julikas Eltern auch nicht. Wir jobben, ich im Hotel … Das ist unterschiedlich, ich war schon im ›Vierjahreszeiten‹ und im ›Hilton‹, zurzeit bin ich in einem Gästehaus am Englischen

Garten, ich mach die Betten und so … Im Kino, sie sitzt an der Kasse, das ›Rottmann‹ ist ja gleich bei ihr gegenüber, in der Rottmannstraße, kennen Sie das nicht? Gehen Sie nie ins Kino? Sie sind ja auch von der Polizei. Bitte? Weiß nicht, was das damit zu tun hat … Ja, wir waren essen, ja, zu zweit! Julika und ich, ist das verdächtig? Wir haben gegessen, was getrunken und dann wollten wir eigentlich nach Hause. Na und? Nur weil Samstag ist, müssen wir nicht versumpfen oder? … Welche anderen? Wir waren allein. Wir wollten uns unterhalten, Chili essen, Chips dazu und so … Ja, Bier haben wir auch getrunken, ist das verboten? Desperados, alles klar? Was wollen Sie eigentlich von mir? Ich hab Jule begleitet und dann bin ich mit der U-Bahn nach Hause gefahren … Ja, vorher waren wir noch woanders, im ›gap‹. Goethestraße … Ja, klar, zu Fuß, glauben Sie, wir können uns ein Taxi leisten? Wir gehen da öfter hin, wir haben da noch ein Bier getrunken, oder zwei, das wars … Gegen zwölf, genau. Wir hatten beide keine Lust mehr zu bleiben, ich war müde, und Jule war auch müde. Wir sind die besten Freundinnen … Normal, nichts Besonderes, sie streiten sich schon mal, jeder streitet sich mit seinen Eltern … Schreiben Sie nichts auf?«

»Nein«, sagte Süden.

»Warum nicht?«

»Bis jetzt kann ich mir alles merken.«

»Wozu haben Sie dann den Block in der Hand?«

Sie waren zweimal im Kreis gegangen, vorbei an Fenstern, hinter denen Licht brannte und niemand zu sehen war.

»Haben Sie Angst um Ihre beste Freundin?«, fragte Weber.

»Klar«, sagte Miriam.

»Sie hat Wäsche zum Wechseln mitgenommen«, sagte er. »Das deutet darauf hin, sie will länger wegbleiben. Wo könnte sie sein?«

»Das weiß ich nicht!«

»Sie wissen es nicht«, sagte Süden.

»Nein! Ich hab gesagt, was Sie hören wollten, ich muss in Mathe zurück, sonst fall ich nämlich durch und das möcht ich nicht. Wiedersehen!«

Sie ließ die Männer stehen und ging mit raschen Schritten davon, die Hände in den Jackentaschen.

»Auch wenn sie weiß, wo ihre Freundin ist«, sagte Weber. »Sie muss es uns nicht sagen, und wir haben kein Recht, sie unter Druck zu setzen.«

»Ja«, sagte Süden.

Sie hatten kein Recht dazu. Was sie hatten, war ein Routinefall, eine von eintausendfünfhundert Vermissungen, die sie jedes Jahr bearbeiteten, die meisten davon betrafen Jugendliche, vor allem Mädchen, und fast alle kehrten nach wenigen Wochen, meist kurz vor Schulbeginn, unversehrt zurück. Die Streuner unter ihnen, die Dauerläufer, machten sich bald wieder auf den Weg, nach Berlin, dem beliebtesten Ziel aller Ausreißer, ließen nichts von sich hören, versetzten ihre Eltern in Panik und …

»Kauf dir doch endlich ein Handy!«

… es blieb den Polizisten nichts zu tun, außer das, was sie in solchen Fällen immer taten: Faxe und Fotos und E-Mails verschicken, den Eltern die Hilfe eines Psychologen anbieten, die Streetworker befragen und die Sozialarbeiter in den Sleep-Ins und Kindernotdiensten und …

»Oder leih dir eines von der Bereitschaft!«
… sofern es sich nicht um ein Kind handelte, für dessen plötzliches Verschwinden es nicht die geringste Erklärung gab, abwarten, abwarten, abwarten.

»Die Tochter hat angerufen«, sagte Karl Funkel. »Und der Vater hat mich wieder angerufen. Ich habe es in der Schule versucht, aber ihr wart schon weg, sagte mir eine Frau O…«
»Ork«, sagte Süden.
»Wo ist das Mädchen?«, fragte Weber.
»Das hat sie nicht verraten, sie wollte bloß mitteilen, dass es ihr gut geht und dass sie nicht zurückkommt, und zwar nie mehr. Das war alles.«
»Sind Sonja und Freya noch bei den Eltern?«, fragte Süden.
»Sie waren noch nicht dort, wir haben eine abgängige Siebenjährige und einen Neunjährigen, die seit heute Morgen spurlos verschwunden sind, sie gehen beide in dieselbe Schule, in Neuperlach, und sie sind beide nicht dort angekommen. Sie wohnen im selben Block, sie kennen sich, sie sind befreundet. Volker ist mit fünf Kollegen vor Ort, natürlich auch Sonja und Freya. Und es wäre mir wichtig, einer von euch fährt auch hin. Es gibt Hinweise auf ein Auto und einen Unbekannten, der angeblich mit den Kindern gesprochen hat, womöglich schon mehrmals. Beide Eltern leben getrennt, beide Kinder bei ihren Müttern, den Vater des Jungen haben wir noch nicht erreicht. Reporter sind auch schon draußen.«
»Ich fahre«, sagte Weber.
»Super-GAU«, sagte Funkel. Super-GAU nannte er diese Ereignisse, die etwa fünfmal im Jahr eintrafen. Fünfmal im Jahr

leisteten die Kriminalisten Vierundzwanzigstundendienste und hörten nicht eher damit auf, bis ihre Suche Erfolg hatte. Fünfmal im Jahr fütterten sie das INPOL-System Tag für Tag mit Informationen über Aussehen, Kleidungsstücke, Familienhintergründe, Freundeskreise, Zeugenaussagen. Faxe an die Dienststellen in allen Bundesländern wurden verschickt, dieselben Angaben in der VERMI/UTOT-Datei des Bundeskriminalamtes gespeichert, um Meldungen über Vermisste mit den Beschreibungen unbekannter Toter abzugleichen. Polizisten kontrollierten S- und U-Bahnen, Spielplätze, Vergnügungszentren. Vom Hubschrauber aus suchten Spezialisten die Gegend mit Wärmebildkameras ab, Hundertschaften und Hundestaffeln waren unterwegs, jede einzelne Beziehung des Kindes – zu Eltern, Großeltern, Freunden und Verwandten – wurde überprüft, und wenn sie sich Hilfe davon versprachen, nutzten die Kommissare die Neugier der Medien für ihre Arbeit.

»Super-GAU«, sagte Funkel zum zweiten Mal zu Veronika Bautz, seiner Assistentin, schloss die Tür zu seinem Büro und stellte sich ans Fenster, von dem aus er auf den Bahnhofsvorplatz hinunterblickte.

In diesem Moment ging Tabor Süden über die Straße, die Haare vom Februarwind zerzaust, vornübergebeugt, achtlos. Ganz für sich, dachte Funkel. Er kratzte sich an der schwarzen Augenklappe und dachte an den Fall, dessentwegen Süden beinah aus dem Dienst ausgeschieden wäre. Und doch war er zurückgekehrt und hatte dann einen seit Wochen verschwundenen neunjährigen Jungen wieder gefunden, im letzten Moment, bevor dieser Selbstmord begehen wollte.

Manchmal, dachte Funkel, der jeden Sonntag den Gottesdienst in der Josephskirche besuchte, wache ich morgens auf, und es ist immer noch Nacht, und den ganzen Tag über bleibt es Nacht, und wir besternen sie mit unserem Wissen, unserem Können, unserer Erfahrung, unseren Computern und unserer Technik. Doch wenn wir innehalten, nur für einen Moment, dann begreifen wir, dass wir gegen die Finsternis machtlos sind, klein wie Kinder unter dem schwarzen Himmel, wir ordnen das Dunkel nur ein, wir katalogisieren Katastrophen. Den Toten, deren Tod wir in einen Zusammenhang einpassen, um ihm einen Sinn zu verleihen, verhelfen wir zu keinem anderen Schlaf als dem, der ihnen zugefügt wurde. Wir sagen dann, nun wissen wir, wie es dazu kam, doch schon in derselben Sekunde ist uns bewusst, dass wir bald, vielleicht schon in der nächsten Stunde, den Koffer, in dem wir unsere Erklärungen, Beweise und Anklageschriften sorgfältig aufbewahren, erneut öffnen werden, voller Überzeugung und Stolz. Wir behaupten, wir seien Profis, das sind wir, was unsere Mittel und Methoden betrifft, aber was uns selbst betrifft, sind wir Laien. Denn das kann man niemals lernen: zu trösten. Wie sollten wir es auch lernen? Nicht einmal Gott versteht uns zu trösten, dabei sollte er sein Handwerk beherrschen. Es ist zu dunkel, um das Glück zu erkennen, wir können nur den Schmerz ertasten, deswegen tragen wir Handschuhe, damit wir nicht erschrecken, und wir dürfen nicht erschrecken, denn unsere Aufgabe ist es, den Schmerz hundertprozentig nachvollziehbar zu machen. Dafür erhalten wir Steuergelder, dafür bilden wir uns fort in Kursen für immer raffiniertere Tricks, dafür belobigt uns der Staat im Namen der Hinterbliebenen. Es gibt Tage, an denen ist es draußen so dunkel wie in meinem toten Auge, und obwohl es tot ist, sammeln sich manchmal Tränen darin. Und wenn ich zum Himmel hinaufschaue wie jener neunjährige Junge auf den Klippen über dem Meer, dann frage ich mich, ob Er womöglich vor langer Zeit erloschen ist, wie mein Auge.

4

»Jetzt setzen Sie sich!«, sagte Wolf de Vries.
Süden hatte bereits dreimal Nein gesagt.
»Ich habe Ihren Chef gebeten, dass Sie meine Tochter mit allen Mitteln suchen sollen, also handeln Sie! Sie sind Kommissar, Sie sollen nicht reden, sondern Maßnahmen ergreifen. Das habe ich auch schon Ihren Kollegen und Ihrem Vorgesetzten erklärt.«
»Unsere«, betonte Süden. »Unsere Tochter.«
»Bitte?« De Vries öffnete die zwei unteren Knöpfe seiner Strickjacke.
»Ist Julika nicht Ihre Tochter?«, fragte Süden die Frau, die auf dem Rand des Sessels saß. Er stand mit dem Rücken zum Fenster.
»Natürlich!«, sagte de Vries laut. »Was reden Sie denn? Natürlich ist meine Frau Julikas Mutter. Zeigen Sie mir bitte noch mal Ihren Ausweis.«
Süden griff in die Tasche und hielt ihm die blaue Karte hin, ohne sich zu bewegen. De Vries war gezwungen näher zu kommen.
»Sie haben ›meine‹ Tochter gesagt, deswegen habe ich gefragt.«
»Unverschämt!« Mit einer Geste, als halte er Schmutz in den Händen, gab de Vries den Ausweis zurück.
»Können Sie mir erklären, warum Ihre Tochter nicht nach Hause kommen will? Hat sie Probleme in der Schule?«
»Hören Sie nicht zu? Das habe ich Ihnen schon an der Tür gesagt: Sie hat keine Probleme in der Schule, sie ist vor zwei Jahren durchgefallen, hätte nicht sein müssen, darf passieren, inzwischen hat sie sich gefangen, sie ist eine gute Schülerin, sie wird das Abitur schaffen.«

»Hat sie Liebeskummer?«
»Nein!«
»Waren Sie in letzter Zeit mit ihr verreist?«
Margit de Vries sah ihren Mann an, das Heben des Kopfes fiel ihr schwer. Seit sie am Morgen aufgestanden war, hatte sie Kopfschmerzen, das Aspirin half ihr nicht, und mehr als drei Tabletten wollte sie nicht nehmen, obwohl ihr Mann sie dazu gedrängt hatte. Wolf de Vries, der sich nicht hingesetzt hatte, erwiderte den Blick seiner Frau mit grimmiger Miene.
»Über Weihnachten waren wir an der Ostsee, Verwandtenbesuch, Silvester waren wir wieder hier …«
»Warum?«
»Bitte?«
Offensichtlich war de Vries gerade dabei gewesen, sich in eine Sicherheit hineinzufabulieren.
»Warum waren Sie an Silvester wieder zurück?«, fragte Süden.
»Weil wir das neue Jahr hier beginnen wollten«, sagte de Vries und schaute zur Uhr aus poliertem Holz, die auf dem Klavier stand.
»Hat es Ihrer Tochter an der Ostsee gefallen?«
»Ja, sie war noch nie in Ostdeutschland, wir im Übrigen auch nicht. Eine Schande.«
»Hat sie sich nicht gelangweilt?«
»Nein. Ist das, was Sie hier tun, Ihre normale Beschäftigung bei Vermisstenfällen? Ja?«
»Ja«, sagte Süden. »Warum ist Ihre Tochter überhaupt mitgefahren, Frau de Vries?«
Die Frau – um die vierzig, blaue Jeans, weiße Bluse, schwarze Stiefel, mehrere Silberringe an den Fingern, dünne, blassrot ge-

schminkte Lippen im schmalen Gesicht – seufzte leise und hob die Hände, die sie im Schoß ineinander gelegt hatte.
»Sie wollte … es waren Ferien … Sie wollte gern raus …«, sagte sie mit stockender Stimme.
»Verwandtenbesuch«, sagte de Vries laut, »meine Schwägerin lebt dort oben, wir hatten den Besuch lange geplant, immer ist was dazwischengekommen.«
Süden fiel auf, dass auf dem Klavier statt Notenheften Aktenordner und andere Geschäftspapiere lagen.
»Hat Ihre Tochter dort jemanden kennen gelernt?«
Weil er wie meist kein Diktiergerät mitgenommen hatte, sondern seinen kleinen karierten Spiralblock benutzte, steckte Süden jetzt die Kappe auf den hinteren Teil des Kugelschreibers und machte sich Notizen.
»Sie hat niemanden kennen gelernt, außer ihren Onkel, den Mann meiner Schwägerin. Wir waren alle zusammen essen. Sonst niemand. Wir waren vom dreiundzwanzigsten bis zum dreißigsten Dezember dort, wenn Sie es genau wissen wollen, eine Woche. Und Jule hat niemanden kennen gelernt. Und nun sind Sie so nett und rufen in Ihrer Dienststelle an und erkundigen sich, ob es schon eine Spur von meiner Tochter gibt!«
Süden sagte: »Das ist nicht nötig.«
»Bitte?« De Vries machte einen Schritt auf Süden zu, einen einzigen, und verharrte, das linke Bein vor dem rechten.
»Wenn es Neuigkeiten gäbe, wären Sie die Ersten, die davon erfahren würden.«
»Das erwarte ich!«
Margit de Vries rieb die Hände aneinander, eine unter der anderen.

Sie logen. Alle. Bei jeder Vermissung. Von Anfang an. Margit und Wolf de Vries machten keine Ausnahme. Vielleicht glaubten sie sogar, was sie behaupteten, sie hatten sich so in ihre selbst gezimmerte Welt verrannt, dass sie nicht mehr herausfanden. Den meisten Menschen war es peinlich, einen nahen Verwandten als vermisst zu melden, vorausgesetzt, man konnte eine Straftat oder Suizidabsichten ausschließen. Es war ihnen peinlich, weil fremde Leute in ihre Wohnung kamen und sie ausfragten, nach den Umständen, nach den Ereignissen der letzten Tage und Wochen, nach Dingen, die im Grunde niemanden etwas angingen, auch die Polizei nicht. Und die Polizisten entschuldigten sich oftmals für ihre Fragen und Indiskretionen, es war ihr Job, so viele Fakten wie möglich zusammenzutragen und sich ein Bild zu machen. Nein, nein, alles in Ordnung. Streit? Niemals! Wir haben uns immer gut verstanden, auch in der Arbeit lief alles bestens, ehrlich. Schulden? Wer hat keine? Nein, wir bezahlen das Haus ab, regelmäßig, fragen Sie unsere Bank! Ich bitte Sie, Herr Kommissar, wir sind seit siebenundzwanzig Jahren verheiratet, glücklich verheiratet! Na ja, Sie wissen doch, Reibereien gibts schon mal, wenn er Fußball schauen will und ich die Serie, das kommt doch in jeder Familie vor, nein, mein Mann und eine Liebhaberin? Das schafft der doch gar nicht, haha … Sie schwindelten und bosselten an einem Gebilde herum, das aus purer Einbildung bestand.

Süden arbeitete seit zwölf Jahren auf der Vermisstenstelle, aber einen Fall, bei dem die Leute vom ersten Moment an mit offenen Karten spielten, hatte er noch nicht erlebt.

»Ich möchte den Wortlaut des Gesprächs mit Ihrer Tochter notieren«, sagte er.

»Den Wortlaut!« De Vries zog das rechte Bein nach und stand jetzt, einen Kopf größer, vor dem Kommissar. »Sie hat gesagt, es geht ihr gut, sie kommt nicht mehr zurück, und wir sollen sie nicht suchen.«

»Das haben Sie Herrn Funkel verschwiegen.«

»Es ist überflüssig, sie weiß, dass ich sie suchen lasse und auch selber suche. Nicht wahr?« Er sah auf seine Frau hinunter. Sie hielt den Kopf gesenkt.

»Wo suchen Sie sie?«, fragte Süden.

»Das weiß ich noch nicht.«

»Und was haben Sie zu ihr am Telefon gesagt?«

»Nichts, ich bin nicht dazu gekommen, sie hat vorher aufgelegt.«

Es klingelte an der Wohnungstür.

Süden fragte: »Hat sie von einem Handy aus angerufen?«

»Ich glaube schon.«

»Sie hat ein Handy dabei?«

»Natürlich. Ich habe ihr eines zum Geburtstag geschenkt. Entschuldigen Sie mich.« Er verließ das Zimmer. Süden steckte den Block und den Kugelschreiber ein.

»Möchten Sie, dass wir uns woanders treffen?« Er wartete, bis Margit de Vries ihn ansah. »Außerhalb der Wohnung. In einem Café?«

Sie antwortete nicht. Zumindest schaute sie nicht wieder weg. Und dann sagte sie plötzlich: »Was ist?«

Er hatte seine Reaktion nicht verbergen können. Die Stimme, die von der Tür zu ihm drang, hörte sich an wie die einer Frau, die ihn durch seinen finstersten Fall begleitet hatte, verurteilt zuzusehen wie er, machtlos gegen die Wucht der Ereignisse wie er.

Er sagte: »Müssen Sie nicht einkaufen gehen?«
»Bitte?«, sagte Margit de Vries.
»Erklären Sie ihm, Sie wollen etwas besorgen. Ich warte auf der Straße auf Sie. Was Sie mir sagen, bleibt unter uns, niemand erfährt davon, wenn Sie möchten, nicht einmal meine Kollegen.«
»Guten Tag, Herr Süden.«
Die Stimme gehörte tatsächlich der Frau, die er hier als Letztes erwartet hatte. Nicht nur, weil er niemals damit gerechnet hatte, ausgerechnet in dieser Wohnung jene dunkelhäutigen Gesichter aus der Erinnerung aufsteigen zu sehen wie aus einem verfluchten Sumpf, in dem seine Schuld und sein Versagen wucherten.
Zudem hatte er nicht gedacht, wie ernst es Wolf de Vries mit seiner Ankündigung war.
»Das ist Frau Sorek«, sagte de Vries. »Sie kennen sie wahrscheinlich, sie macht das bekannte Magazin ›Vor Ort‹ und wird einen Bericht über meine Tochter bringen und uns bei der Suche helfen.«
»Hallo«, sagte Süden.
Seit damals waren sie sich nicht mehr begegnet. Sie hatte ihn mehrere Male angerufen, aber er hatte das Gespräch jedes Mal sofort beendet.
»Warten Sie noch, bevor Sie an die Öffentlichkeit gehen!«, sagte er zu de Vries.
»Schreiben Sie mir bitte nicht vor, was ich zu tun habe. Machen *Sie* Ihre Arbeit, *ich* kann die Presse informieren, wann ich will. Das eine hat mit dem anderen nichts zu tun.«
Süden sagte: »Das eine hat mit dem anderen sehr viel zu tun.«
»Würden Sie uns jetzt bitte allein lassen«, sagte de Vries.

»Sind Sie einverstanden, dass Sie gefilmt werden?«, fragte Süden Frau de Vries.
Sie antwortete nicht.
»Sie wird nicht gefilmt«, sagte ihr Mann. »Ich gebe das Interview. Auf Wiedersehen.«
An der Tür fragte Süden: »Hat Ihre Tochter Geld gespart?«
»Wie denn?«
»Sie hatte einen Aushilfsjob.«
»Nicht mehr, sie hat keine Zeit, sie muss für die Schule lernen, sie macht bald Abitur, haben Sie das vergessen?«
»Ich habe es nicht vergessen«, sagte Süden. Er ging die Treppe hinunter und ließ seine Hand über den roten Plastiklauf gleiten wie früher als Junge, bis es quietschte und wehtat.

Kaum hatte de Vries die Wohnungstür geschlossen, wurde sie erneut geöffnet, und Süden hörte die Stimme der Reporterin. »Warten Sie!«
Er ging hinaus in den Hinterhof, atmete mit offenem Mund, wischte sich übers Gesicht und machte sich auf den Weg zum Kino. Nach ein paar Metern holte Nicole Sorek ihn ein. Er blieb nicht stehen. Sie ging neben ihm her. Das Kino war geschlossen, die erste Vorstellung begann erst um siebzehn Uhr. Es nieselte. Der Wind war kalt.
»Haben Sie etwas von ihr gehört?«, fragte Nicole Sorek.
Süden schwieg.
»Ich muss jeden Tag an sie denken.«
Sie schwiegen beide. Hinter der Glasscheibe hing ein Filmplakat: »Nirgendwo in Afrika«. Nirgendwo. In Afrika. »Sie« war dort, das vierzehnjährige schwarze Mädchen, allein. Ihr Vater

war bei der Ankunft in Lagos von einem Auto überfahren worden, die Frau, die er heiraten wollte, hatte sich erhängt, am Ende der Liebe, gemeinsam mit dem Mann, der sie entführt hatte, um die Ausweisung des Mädchens und dessen afrikanischen Vaters zu erpressen. Es war ihm gelungen.

»Gelungen!«, sagte Süden.

Die Reporterin sah ihn an. Sie hatte über das randalierende Mädchen berichtet, sie war von ihr angegriffen und verletzt worden, sie war im Flugzeug dabei gewesen, als der Vater mit der Tochter freiwillig das Land verließ, damit seine entführte Verlobte freikäme.

»Sie haben keine Schuld«, sagte Nicole Sorek.

Süden sagte: »Das ist das Unerträglichste daran.«

»Sie haben keine Schuld«, wiederholte sie.

»Auf Wiedersehen«, sagte er.

Sie sagte: »Ich mach meinen Job weiter. So wie Sie.«

Er ging die Rottmannstraße hinunter, vorbei an dem gelben Haus, in dem die Familie de Vries wohnte, blickte zum ersten Stock hinauf und bemerkte Margit de Vries, die die Gardine zur Seite schob und das Fenster öffnete. Sofort wandte sie sich um.

Schräg gegenüber dem vierstöckigen Haus klopfte ein alter Mann, der einen ramponierten Mantel trug, mit seinem Krückstock an ein Schaufenster.

»Da können Sie Schweiß kaufen«, nuschelte er. »Das ist gesund.«

In dem Laden wurden Saunen und Solarien angeboten.

»Was ist ein Danarium?«, fragte der Mann und zeigte mit dem Stock auf das Schild des Inhabers. »Für mehr Wellness-Wohlgefühl, hier stehts. Bei mir nutzt das nichts mehr. Bei Ihnen vielleicht. Suchen Sie sich was aus, lauter Öle für die Aufgüsse in der Sauna.«

»Ich gehe nie in die Sauna«, sagte Süden. »Ich habe Klaustrophobie.«

»Ach was«, sagte der Mann. »Hier …« Er klopfte gegen die Scheibe. Der Laden hatte noch geschlossen. »Anis, stimmungs… Wie heißt das?« Aus Versehen stieß der Alte mit der Stirn gegen die Scheibe. »Tschuldigung. Stimmungs… Können Sie das lesen?«

»Stimmungsaufhellend, angstlösend«, las Süden.

»Das ist doch praktisch«, sagte der Mann. »Da werden Sie Ihre Klaustrophobie los.«

»Ich bin auf meine Gewohnheitsängste angewiesen«, sagte Süden.

Der Alte schüttelte den Kopf. »Oder hier – Ginseng, das kenn ich, gegen Depressionen, da stehts. Haben Sie auch Depressionen?«

»Ja«, sagte Süden.

»Ginseng«, sagte der Alte. »Hinterher fühlen Sie sich wie neugeboren.«

»Mir reicht die eine Kindheit«, sagte Süden.

Der Alte hämmerte wieder mit dem Stock gegen das Schaufenster. »Für mehr Wellness-Wohlgefühl. Da brauch ich keine Sauna dazu, das schaff ich auch so. Und Sie, Freund der italienischen Oper? Sie haben auch nichts gegen Bier, wenn ich das so sagen darf, oder sind das gebogene Muskeln da an Ihrem Bauch?«

»Nein«, sagte Süden. Im Fenster sah er, wie jemand aus der Einfahrt neben dem gelben Haus auf die Straße trat. Margit de Vries schaute sich um. Als sie ihn sah, ging sie in die entgegengesetzte Richtung davon. Er wartete. Sie ging mit schleppenden Schritten. Dann folgte er ihr. Der Alte hämmerte mit dem Stock gegen die Scheibe.

In einem asiatischen Lebensmittelgeschäft kaufte Margit de Vries abgepackte Glasnudeln, Sojasauce und eine winzige Dose Tee, bei einem Bäcker vier Semmeln, in einem Schreibwarenladen eine Illustrierte, bei einem griechischen Obsthändler zwei Bananen. Sie hatte einen Baumwollbeutel dabei, in dem sie die Sachen verstaute. Alles, was sie sagte, war »Danke« und »Auf Wiedersehen«. Einmal, auf der Gabelsberger Straße, kurz vor der Kreuzung Augustenstraße, wandte sie sich um, blieb stehen, sah, wie Tabor Süden in der Ferne ebenfalls stehen blieb, überquerte die Straße und betrat ein McDonald's-Restaurant.

Als Süden hereinkam, saß sie an einem Platz am Fenster, aß Pommes frites und hielt einen Pappbecher mit Mineralwasser in der Hand. Sie hatte weder Hunger noch Durst, die Fritten waren lauwarm, sie aß nie in solchen Lokalen, im Gegensatz zu ihrer Tochter. Nur wegen ihr war sie hier, eine armselige Geste, wie sie fand, und doch unvermeidlich.

»Danke«, sagte Süden. Er hatte sich Kaffee und einen mit Schokolade überzogenen Hefeteigkringel bestellt, den er nicht essen würde. Nachdem er sich gesetzt und den Reißverschluss seiner Jacke aufgezogen hatte, nahm er den Kaffeebecher in beide Hände, ohne zu trinken. »Wo ist Ihre Tochter, Frau de Vries?«

Sie sah aus dem Fenster. Ein Fahrradfahrer sauste nah an der Scheibe vorbei, und Margit de Vries zuckte zusammen.
»Wissen Sie es?«, fragte Süden.
Sie schüttelte den Kopf.
»Haben Sie eine Vermutung?«
Sie leckte sich die Lippen, legte das salzige Frittenstück, das sie schon zur Hälfte im Mund gehabt hatte, aufs Tablett und rieb so lange mit der Papierserviette ihre Hände ab, bis das Papier zerriss. Sie stand auf, ging zu dem Kasten mit den Strohhalmen und Servietten, zog mehrere Papiertücher heraus, wischte sich über den Mund und setzte sich wieder.
»Müssen wir uns Sorgen machen, Frau de Vries?«, fragte Süden.
»Das weiß ich nicht«, sagte sie leise.
»Ist Ihre Tochter wegen ihres Vaters weggelaufen?«
»Sie ist nicht weggelaufen«, sagte sie. »Sie ist nicht weggelaufen, sie ist … sie kommt wieder.«
»Natürlich«, sagte Süden. »Ich bin nicht zuständig für die Dinge, die in Ihrer Familie passieren. Sie müssen mir nichts erzählen, was Sie nicht wollen. Aber Ihr Mann hat eine Vermisstenanzeige erstattet, und Ihre Tochter lebt noch bei Ihnen. Und sie ist gerade erst achtzehn geworden. Sie ist volljährig, sie kann tun, was sie möchte, aber vielleicht tut sie nicht das, was sie möchte.«
»Ganz genau!«, sagte Margit de Vries und saugte gierig am Strohhalm. Dann hielt sie erschrocken inne und stellte den Becher mit einer heftigen Bewegung auf den Tisch.
»Wer, glauben Sie, hat Ihre Tochter veranlasst wegzugehen?«, fragte Süden.
Es war, als würde ein undurchdringlicher Schleier vor ihr Ge-

sicht fallen, sie senkte die Lider, rückte mit dem Stuhl, vergrub die Hände im Schoß, wandte sich zur Seite wie jemand, der mit seinem Gegenüber nicht länger sprechen möchte.

Jugendliche redeten laut aufeinander ein, rempelten sich mit ihren Rucksäcken an. Eine auffallend dünne Frau räumte die Tabletts mit den Essensresten von den Tischen. Süden trank den schwarzen Kaffee aus und reichte der dünnen Frau sein Tablett.

»Essen Sie den Doughnut nicht?«, sagte die Angestellte.

»Das ist ein Doughnut?«

»Wissen Sie nicht, wie ein Doughnut aussieht?«

»Möchten Sie ihn essen?«

»Nein«, sagte die dünne Frau.

»Ich ess ihn!«, sagte Margit de Vries und nahm den Kringel vom Tablett. Er schien ihr wirklich zu schmecken, sie kaute und schmatzte ein wenig und sah dabei kein einziges Mal den Kommissar an. Als sie fertig war, wischte sie sich mit einer der Servietten, die noch auf dem Tisch lagen, den Mund ab, mehrere Male, mit Nachdruck.

»Hat die Journalistin Sie gefragt, wo Sie hingehen?«

»Nein. Ich hab gesagt, ich geh einkaufen. Mein Mann wird allein mit ihr fertig, er hat sie ja auch bestellt, ich hab damit nichts zu tun.«

»Was verspricht er sich davon?«

»Dass unsere Tochter bald zurückkommt.«

»Könnte es sein, dass Julika an der Ostsee ist? Dort, wo Sie über Weihnachten waren, bei Ihrer Schwester?«

»Das glaube ich nicht.«

»Aber es wäre möglich.«

»Ich weiß nicht.«

Nach einigen Minuten, in denen sie nicht sprachen, holte sich Süden einen zweiten Kaffee und trank ihn im Stehen. Er verstand nicht, wieso diese Frau nicht die Wahrheit sagte, wieso sie ihn nicht zumindest mit ein paar Details aus dem Familienleben abspeiste und ihn bat, den Eifer ihres Mannes nicht überzubewerten.

»Dann sollen wir also abwarten«, sagte er schließlich, stellte den Becher auf den Tisch und zog den Reißverschluss seiner Jacke zu. »Gehen wir, Frau de Vries.«

Wortlos erhob sie sich, und er hielt ihr die Tür auf.

»Ja«, sagte sie auf dem Bürgersteig und rührte sich nicht von der Stelle, obwohl die Fußgängerampel Grün zeigte. »Wir warten ab.«

»Das geht nicht«, sagte Süden laut, und wieder zuckte sie zusammen. »Wir können nicht abwarten, und gleichzeitig fahndet das Fernsehen nach Ihrer Tochter.«

Weil sie nichts erwiderte, sagte er: »Was ist mit Ihrem Mann? Warum schaltet er diese Reporterin ein? Ihre Tochter kann selbst entscheiden, was für sie gut ist, und wenn sie entschieden hat, ein paar Tage wegzufahren, darf sie das. Ihr Mann hat Julika nichts zu befehlen, so wenig wie Sie.«

»Nein.«

Süden stellte sich ihr in den Weg.

»Nein?«, sagte er. »Also erwartet Ihr Mann, dass seine Tochter ihm gehorcht. Sie ist also doch wegen ihm weggegangen.«

»Sie ist weggegangen …«, sagte Margit de Vries, überlegte, machte einen Schritt auf die Fahrbahn und ging an Süden vorbei, unbeeindruckt von einem hupenden Autofahrer, der sie, der Lautstärke nach zu urteilen, mit der er hupte, beinah überfahren hätte. Sie wartete, bis der Kommissar neben ihr auftauchte. »Sie ist weggegangen, weil sie ungezogen ist. Man läuft nicht von zu Hause weg, man schleicht sich nicht bei Nacht und Nebel aus dem Haus und brüskiert die Eltern. Solange sie bei uns wohnt und wir für sie bezahlen, hat sie sich so zu benehmen, wie es sich gehört. Glauben Sie, meinem Mann macht das Spaß, zur Polizei zu gehen, glauben Sie, das ist gut fürs Geschäft, wenn die Kunden ihn morgen im Laden darauf ansprechen, dass sie das Bild unserer Tochter im Fernsehen gesehen haben und überhaupt nicht verstehen können, wieso sie das getan hat? Unserer Tochter fehlt es an nichts, sie bekommt Taschengeld, sie hat allen Freiraum, den sie braucht, sie darf ihre Freunde treffen, wann sie will, sie darf alles. Sie hat keinen Grund wegzulaufen.«

»Schicken Sie die Journalistin weg«, sagte Süden.

»Das ist Sache meines Mannes«, sagte sie.

Er wusste, de Vries würde Nicole Sorek nicht wegschicken, sondern sich interviewen lassen, er würde ein Foto seiner Tochter vorzeigen und der Reporterin erlauben, in Julikas Zimmer zu filmen. Und Süden wusste nicht, warum Wolf de Vries so handelte, ganz gleich, wie autoritär er sein mochte, er musste doch begreifen, welchen Aufruhr er mit einem Fernsehauftritt zu einem so frühen Zeitpunkt auslöste. Warum nahm er in Kauf, seine Tochter derart herauszufordern? Wie würde Julika reagieren, wenn sie den Bericht sah? Würde sie sich verunsichern lassen? Oder würde sie, zu einer öffentlichen, bundesweit gesuchten Person geworden, in Panik geraten und erst recht fliehen? Obwohl sie bisher, vielleicht, nur ausreißen wollte?

Von Kindern, die abhauten, weil sie bei ihren Eltern jedes Verständnis vermissten und keines mehr erwarteten und sich in einen allmächtigen Zorn und Selbsthass hineinmanövriert hatten, wusste man, dass sie, durch Fotos in der Presse in die Enge getrieben, zum Selbstmord fähig waren. Vor etwa zehn Jahren hatten Süden und seine Kollegen geglaubt, keine andere Wahl zu haben, und das Bild eines Jungen veröffentlicht, der seit zwei Monaten verschwunden war, ausgerissen nach unaufhörlichen Querelen mit seinem Stiefvater, nach mehreren Sitzungen bei einer Therapeutin. Einen Tag, nachdem das Foto erschienen war, erhängte sich der Junge im Wald. Sein Bild, das der Zwölfjährige aus einer Zeitung herausgerissen hatte, fand Süden in dessen Hosentasche.

Süden sah Margit de Vries hinterher, wie sie mit ihrem Einkaufsbeutel um eine Hausecke verschwand, eine unauffällige Frau, die von einem Mann erwartet wurde, der es nicht ertrug verlassen zu werden und anstatt zu weinen seine Augen verkaufte.

5 Nachdem Volker Thon Südens Bericht gelesen hatte, rief er Wolf de Vries an und bat ihn, auf das Interview mit der Reporterin zu verzichten. Die Sendung würde unnötig Aufsehen erregen und weitere Journalisten anlocken, was bedeutete, dass diese auch in Julikas Schule auftauchen und damit beginnen würden, Spekulationen in die Welt zu setzen, die die Fahndung erschwerten und behinderten.

»*Sie* machen Ihre Arbeit, *ich* tue, was ich für richtig halte«, sagte de Vries.

»Haben Sie kein Vertrauen in unsere Arbeit?«

»Ich will meine Tochter so schnell wie möglich wiederhaben«, sagte er. »Und das Fernsehen arbeitet schneller als die Polizei.«

»Angenommen«, sagte Thon, »wir finden Ihre Tochter, und sie verlangt von uns ihren Aufenthaltsort geheim zu halten, müssen wir das respektieren. Und das werden wir auch tun, wir werden mit ihr reden, wir werden versuchen sie umzustimmen, allerdings …«

»Das genau ist der Grund, warum ich mich einmische«, sagte de Vries. »Frau Sorek und ihr Team *werden* mir den Aufenthaltsort meiner Tochter nennen, wenn sie sie gefunden haben, und dann fahre ich hin und hole sie. Und Sie können mich nicht daran hindern.«

»Was sagt Ihre Frau dazu?«

»Sie ist einverstanden.«

»Kann ich mit ihr sprechen?«

»Sie hat sich hingelegt«, sagte de Vries, »sie ist erschöpft, sie hat eine Tablette genommen. Glauben Sie mir, sie will unsere Tochter genauso schnell wiederhaben wie ich. Haben Sie Kinder?«

»Zwei«, sagte Thon.
»Dann verstehen Sie, was ich meine.«
Thon war aufgestanden und ging mit dem schnurlosen Telefon um Tabor Süden herum, der auf einem Stuhl am Fenstertisch saß.
»Wann wird das Interview ausgestrahlt?«
»Morgen. Die Reporterin musste dringend weg, wegen der zwei Kinder in Neuperlach, ist das auch Ihr Fall?«
»Selbstverständlich«, sagte Thon.
»Also haben Sie sowieso keine Zeit, sich um meine Tochter zu kümmern.«
»Sie unterschätzen die Wirkung einer solchen Sendung«, sagte Thon. »Die Reporter sind am Spektakel interessiert, nicht an der Wahrheit.«
»Wenn das Spektakel nützt, meine Tochter zu finden, soll es mir recht sein. Entschuldigen Sie mich, ich hab zu tun.«
»Überlegen Sie es sich noch einmal!«, sagte Thon.
»Ich habe es mir überlegt«, sagte de Vries.
Thon legte den Hörer auf. »Er sorgt sich nicht«, sagte er, »er will sie nur wiederhaben. Was bedeutet das?«
»Er sorgt sich«, sagte Süden, stand auf und strich die Haare nach hinten. »Er hat nur eine extreme Art sich auszudrücken.«
»Sie ist wegen ihm weggelaufen«, sagte Thon. »Und sie wird wegen ihm nicht zurückkommen. Wir machen eine vorläufige Vermisstenanzeige …« Er sah auf die Uhr. »Formulier kurz die Sache mit ihrem Vater und schick eine Mitteilung speziell an die Kollegen in Norddeutschland, in Niedersachsen, an der Ostsee, möglicherweise hat sie in den Weihnachtsferien doch jemanden kennen gelernt.«

»Ich habe mit der Schwester von Margit de Vries in Warnemünde telefoniert«, sagte Süden. »Julika ist nicht bei ihr. Sie weiß nichts von einer Ferienbekanntschaft.«
»War das ein rein familiärer Besuch?«, fragte Thon. Wieder sah er auf die Uhr und zupfte an seinem blauen Halstuch.
»Darüber habe ich nichts erfahren. Ich glaube nicht.«
»Warum nicht?«
»Sie haben etwas verschwiegen.«
»Du wirst es rausfinden«, sagte Thon. »Wir sind dabei eine Sonderkommission zusammenzustellen, die beiden Kinder in Neuperlach sind unauffindbar, die Hinweise, dass sie einem unbekannten Erwachsenen begegnet sind, mehren sich, konkret wissen wir noch nichts. Das Mädchen und der Junge sind wie vom Erdboden verschluckt. Sei froh, dass du nicht involviert bist.«
»Könnten sie von einem Erpresser entführt worden sein?«, fragte Süden.
»Die Eltern sind geschieden, sie haben kein Geld«, sagte Thon auf dem Weg durchs Vorzimmer. Die Konferenz fand im vierten Stock bei Kriminaloberrat Funkel statt. »Kannst du nicht mit der Reporterin sprechen, ihr kennt euch. Sag ihr, wie du den Vater und die familiäre Situation einschätzt. Dumm ist sie ja nicht, nur widerlich penetrant.« Er öffnete die Glastür zum Treppenhaus.
Süden kehrte in sein Büro zurück. In den angrenzenden Räumen war niemand, alle Kommissare der Vermisstenstelle nahmen an der Besprechung teil, nur Erika Haberl, Thons Sekretärin, saß an ihrem Schreibtisch und nahm einen Anruf nach dem anderen entgegen.

Im Computer füllte Süden die üblichen Vorlagen aus, schickte sie an zwanzig verschiedene Dienststellen und sandte ein Rundfax an Kollegen von der Bahnpolizei, an Rettungsleitstellen, Taxizentralen, Verkehrsbetriebe, Flughäfen und, der Ordnung halber, an die Wasserschutzpolizei.
»Kommen Sie noch mal rein?«, fragte Erika Haberl, als er an ihrem Zimmer vorbeiging.
»Möglich«, sagte er.
»Das ist schlimm mit den zwei Kindern, nicht? Wieso sind Sie nicht in der Soko? Das ist ja noch nie vorgekommen.«
»Jemand muss den Rest erledigen«, sagte er.
»Sie müssen auch nicht immer die schlimmen Sachen machen, Herr Süden.«

Vor dem Kino standen Leute. Süden wartete, bis der Film begonnen hatte. Die junge Frau an der Kasse reagierte nicht überrascht, als Süden ihr mitteilte, Julika de Vries sei verschwunden.
»Mich wundert, dass sie erst jetzt weg ist«, sagte Katrin Belz und ordnete die abgerissenen Billetts, die sie vor sich liegen hatte.
»Kennen Sie ihren Vater? Wenn Sie so einen Vater haben, können Sie nur abhauen.«
»Was macht er?«, fragte Süden.
»Was er macht?« Sie öffnete die schmale Tür und kam in den Vorraum, eine Packung Zigaretten und ein Feuerzeug in der Hand. Ein junger Mann und seine Freundin hasteten herein.
»Ist noch Werbung?«
»Ja.«
Dann rauchte sie vor der Tür und blies den Rauch gelegentlich in Richtung des gelben Hauses auf der anderen Straßenseite.

»Der Typ ist ein Spitzel«, sagte Katrin. »Der fährt mit dem Auto hinter ihr her, wenn sie ausgeht. Der kontrolliert sie auf Schritt und Tritt, der ist übergeschnappt, wie einer von der Stasi. Die Jule macht das fertig, die hält das nicht mehr aus, kein Wunder, dass sie weg ist. Hoffentlich bleibt sie lang weg.«

»Warum wehrt sie sich nicht gegen ihren Vater?«

»Hab ich sie auch schon hundertmal gefragt. Sie kann nicht, sie traut sich nicht, sie weiß nicht, wie sie sich verhalten soll. Die frisst alles in sich rein, sie sagt nie was, sie vergräbt sich in Büchern und Musik. Ich versteh das auch nicht, wieso sie sich das gefallen lässt, sie ist siebzehn, sie ist kein Kind mehr!«

»Sie ist achtzehn«, sagte Süden.

»Echt?«, sagte Katrin und zertrat die Kippe. »Wollten Sie eigentlich auch eine?« Sie hielt ihm die Schachtel hin.

Er sagte: »Ich rauche nicht.«

»Gesund.«

»Was ist daran gesund?«

Sie sahen beide zu dem gelben Haus. Im ersten Stock brannte Licht.

»Sie ist an ihrem achtzehnten Geburtstag verschwunden«, sagte Süden. »Sie haben keine Vorstellung, wo sie sein könnte?«

Sie sah ihn an, klopfte mit dem Feuerzeug auf die Zigarettenpackung. »Ich würds Ihnen nicht sagen.«

»Sie ist achtzehn, sie kann entscheiden, wo sie bleiben möchte.«

»Da gibts bestimmt einen Trick. Das lässt sich der Typ nicht bieten. Bin ich froh, dass meine Eltern so normal sind.«

»Wissen Sie, was die Familie über Weihnachten an der Ostsee getan hat?«

»Nicht genau. Ich hab Jule im Dezember nicht oft gesehen. Ich glaub, es ging um Geld, ihr Vater hat im Osten investiert, und da ist was schief gelaufen, Jule hat mal eine Andeutung gemacht.«

»Warum ist sie mitgefahren?«

»Wahrscheinlich hat sie sich wieder mal nicht wehren können.«

»Wann haben Sie sie zum letzten Mal gesehen?«

»Letzte Woche«, sagte Katrin Belz. »Sie hat an zwei Abenden Kasse gemacht, Montag und Dienstag. Sie hat nichts erwähnt von einer Reise.«

»Und wenn, würden Sie es mir nicht verraten«, sagte Süden.

»Genau.«

»Hat Julika einen Freund?«

Sie wich seinem Blick aus und kehrte in ihr Kassenkabuff zurück. Das Telefon klingelte. Sie notierte eine Nummer.

»Wer ist der Freund?«, fragte Süden.

»Was für ein Freund?«, fragte Katrin Belz.

Süden riss ein Blatt von seinem kleinen karierten Block und schrieb die Telefonnummer seines Büros drauf.

»Wenn sie sich meldet, rufen Sie mich bitte an«, sagte er. »Ich verspreche Ihnen, ich sage den Eltern nichts davon, wenn Julika es nicht möchte.«

Sie faltete den Zettel und legte ihn zwischen die ersten Seiten des Taschenbuchs, in dem sie las, während der Film lief. Südens Magen knurrte.

»Einen Schokoriegel?«, fragte Katrin Belz.

»Lieber nicht. Kennen Sie das Lokal ›Enchilada‹?«

»Wollen Sie im Ernst da essen?«

In das mexikanische Restaurant strömten um diese Zeit, kurz nach halb sieben Uhr abends, die Gäste, die meisten waren um die dreißig und hatten bunte Getränke in der Hand. Sie unterhielten sich in einem Orkan von Stimmen. Süden wartete an der Tür. Im Vergleich zu den Leuten an den Holztischen kam er sich wie ein Penner vor, langhaarig, unrasiert, die Lederjacke abgeschabt, die an den Seiten geschnürte Lederhose speckig, die Halbschuhe ungeputzt. Zumindest trug er ein sauberes weißes Leinenhemd, aber davon war nur der Kragen zu sehen.

»Wir sind leider total voll«, sagte ein junger Kellner, dessen Krawatte zwischen zwei Hemdknöpfen verschwand.

»Das macht nichts«, sagte Süden. »Kennen Sie Julika de Vries?«

»Wen?«

»Sie kommt öfter her.«

»Ich frag mal Evelin. Evelin! Evelin!«

Sie kam mit einem leeren Holztablett aus dem hinteren Teil des Lokals, dessen beherrschende Farbe Rotbraun war. Evelin sah aus wie vierzehn, vielleicht, vermutete Süden, war sie zweiundzwanzig, ihre Stimme klang in seinen Ohren wie die einer Achtjährigen. Wie alle Bedienungen hier trug sie ein rotes, sehr enges T-Shirt.

»Kennst du die ... Wie heißt die Frau?«, fragte der Kellner mit der amputierten Krawatte.

»Julika de Vries«, sagte Süden, halb benommen vom Krach.

»Die Jule? Ja«, sagte die Bedienung mit schmächtiger Stimme.

Süden zeigte ihr seinen blauen Dienstausweis. »War Julika am vergangenen Samstag hier? Mit einer Freundin, oder mit noch jemandem?«

»Ja, die waren hier, die haben bei mir gegessen, die Jule kommt oft. Ist was passiert mit ihr?«
»Sie ist verschwunden.«
»O Gott!«
»Tschuldigung.« Ein groß gewachsener Mann um die dreißig drängte sich an Süden vorbei, an der Hand eine blonde Frau mit einer Ray-Ban-Geschwulst auf dem Kopf. An einem der Tische an der Fensterfront klopfte der Mann einem Freund, der genauso aussah wie er, überschwänglich auf die Schulter, und die Frau verabreichte einer Frau, die genauso aussah wie sie, pro Wange ein spitzes Bussi. Dann setzten sich die vier und schrien in normaler Lautstärke wie die übrigen Gäste aufeinander ein und lachten, und Süden sah, dass sie ebenmäßige Zähne hatten.
»Ist sie entführt worden?«, fragte die junge Bedienung im engen T-Shirt.
»Haben Sie am Samstag mit ihr gesprochen?«
»Nur kurz. Die wollten dann noch weiter, die Jule und die Miriam.«
»Wo wollten sie hin?« Miriam hatte es Süden gesagt, er wollte ihre Aussage nur überprüfen.
»Weiß ich nicht. Seit wann ist sie denn verschwunden? Das ist ja furchtbar.«
»Seit der Nacht zum Sonntag, bald nachdem sie bei Ihnen gegessen hat, hat sie ihr Elternhaus verlassen. Niemand weiß, wo sie sich im Moment aufhält.«
»O Gott!«
»Und wo ist die jetzt?«, fragte der Kellner. Vielleicht war nicht nur seine Krawatte eingeklemmt.

Süden schrieb wieder die Telefonnummer seines Büros auf und gab den Zettel der Bedienung.

Auf dem Weg in die Goethestraße fing es an zu regnen, und als er die Kneipe unweit des Hauptbahnhofs erreichte, konnte er seine Haare auswringen. Anders als im »Enchilada« schlugen ihm im »gap« keine Stimmen entgegen, stattdessen Rauchschwaden, die nicht nur vom Tabak kamen – es hätte möglich sein können, dass an diesem Abend das Jahrestreffen der Kampfraucher stattfand –, sondern auch aus der offenen Küche. Süden stellte sich an den ersten Stehtisch neben der Säule. Mit beiden Händen wischte er sich übers Gesicht, schüttelte den Kopf wie ein Hund und zog die nasse Jacke aus. Er hängte sie über den Barhocker und steckte das Hemd in die Hose, das ihm vorne rausgerutscht war.

»Ein Helles und etwas zu essen«, sagte er zur Bedienung.

»Steht alles auf der Tafel«, sagte sie.

Die Tafel stand im hinteren Teil, oberhalb der Bierbänke. Süden entschied sich für Penne all'arrabbiata.

»Einen kleinen Salat dazu?«, fragte die Bedienung und stellte das Bierglas auf die Metallplatte in der Mitte des runden Tisches.

»Nein«, sagte Süden. »Haben Sie am Samstagabend hier gearbeitet?«

»Ja.«

Er zeigte ihr seinen Ausweis und erklärte, weshalb er hier war, und beschrieb die beiden Mädchen.

»Ja, ich glaub schon«, sagte die Bedienung, »die sind da oben gesessen.«

In der hinteren Ecke gab es ein kleines Podest mit einem Tisch und zwei Stühlen. »Das können die gewesen sein. Später kam noch ein Junge dazu, glaub ich. Ja, ein Junge, ungefähr so alt wie die Mädchen.«

»Was für ein Junge?«

»Der war auch schon ein paar Mal hier, glaub ich. Ja, zusammen mit dem Mädchen mit den Zöpfen.« Das war Miriam.

»Und die drei sind zusammen weggegangen?«

»Ich glaub schon. Ja. Die Schwarzhaarige hat bezahlt, glaub ich. Ja, dann sind sie gegangen, ich glaub schon.«

»Alle drei zusammen?«

»Ja. Glaub schon. Also keinen Salat?«

»Was wollen Sie von mir? Ich hab schon geschlafen, mir gehts nämlich nicht gut, ich hab Bauchschmerzen, ich muss am Montag einen Vortrag in Geo halten, ich lieg schon seit einer Stunde im Bett …« Sie sagte noch mehr, was Tabor Süden sofort vergaß, dann verschränkte er die Arme und verbreitete die Aura eines Mannes, der aus einem ziemlich bösen Regen kam, und das Böse hatte auf ihn abgefärbt.

»Was wollen Sie von mir?«, sagte sie wieder. »Sie klingeln mich Samstagnacht aus dem Bett …«

»Mit wem waren Sie in der Kneipe? Wie heißt der Junge? Wo wohnt er? Ich kann Sie ins Dezernat mitnehmen, wenn Ihnen das angenehmer ist.« Das war ein Bluff, aus Ärger über den kalten Regen entstanden und im Sprechschwung nicht mehr aufzuhalten.

»Ich ruf gleich meine Eltern im Restaurant an!«, sagte Miriam.

»Wer ist der Junge? Wo wohnt er?«, wiederholte Süden und spürte die Tropfen im Nacken.

»Das ist Adrian«, sagte Miriam, hockte sich mit angewinkelten Beinen auf den Drehstuhl vor dem Schreibtisch und schlang die Arme um die Knie. Als er ihr in ihr Zimmer gefolgt war, hatte sie sich hastig einen knöchellangen braunen Faltenrock übergestreift.
»Adrian«, sagte Süden. »Sie und Adrian haben Julikas Abreise organisiert, im ›gap‹ …«
»Mir ist kalt.«
»Sie haben mit ihr den Plan ausgeheckt. Ist sie mit dem Zug gefahren?«
Miriam starrte zu Boden.
»Sie ist also mit dem Zug gefahren. Vorher habt ihr euch in der Kneipe getroffen und in der Nacht habt ihr sie zum Bahnhof begleitet.«
Sie schwieg. Er ging zu ihr und blieb vor ihr stehen, so nah, dass ihr gesenkter Kopf fast seine Lederjacke berührte. Da er keinen Mucks machte, musste sie den Kopf heben und ihm ins Gesicht sehen.
»Wo ist Julika hingefahren, Miriam?«
»Das sag ich Ihnen niemals. Und wenn Sie mich mitnehmen und einsperren. Und Adrian sagt es Ihnen auch nicht.«
»Ich nehme Sie nicht mit«, sagte Süden und bewegte sich nicht von der Stelle. »Ich sperre Sie nicht ein, aus welchem Grund denn? Erklären Sie mir lieber, was Julikas Vaters dazu bringt, die Presse einzuschalten und seine Tochter über das Fernsehen suchen zu lassen.«
»Das passt zu ihm«, sagte Miriam. Sie stand auf und setzte sich aufs Bett, unruhig, ratlos. Dann nahm sie das Kopfkissen und presste es vor ihren Bauch.

»Legen Sie sich doch hin«, sagte Süden.

Sie reagierte nicht.

»Der denkt, Jule ist sein Eigentum, der behandelt sie wie eine Sklavin. Sie wissen überhaupt nicht, was der der Jule schon alles angetan hat.«

»Was hat er ihr angetan?«

»Das ist jetzt nicht mehr wichtig.«

»Hat er sie misshandelt?«

»Wie nennen Sie das, wenn Ihnen einer alles verbietet, was Sie gern möchten, wenn einer Sie ausspioniert? Der hat sogar ihre Tagebücher gelesen! In welchem Jahrhundert leben wir denn? Der denkt, die Jule ist seine Leibeigene! Jetzt ist sie weg. Endlich ist sie weg.«

»Warum hat sie sich nicht gegen ihren Vater gewehrt?«

»Sie hat immer gesagt, wenn sie achtzehn wird, haut sie sowieso ab, sie hatte keine Lust, sich mit dem Kerl zu streiten, sie hat ihn einfach abfahren lassen. Sie hat ihn ignoriert.«

Süden wartete, bis sie ihn ansah. »Sie hat ihn nicht ignoriert«, sagte er. »Sie hat ihn nicht abfahren lassen. Sie hat gelitten. Sie ist unter ihm immer kleiner geworden.«

»Ja«, sagte Miriam leise. Und nach einer Pause: »Jetzt ist sie weg von ihm und sie wird nie wiederkommen.«

»Wo ist sie?«

Sie sah ihm in die Augen.

An der Tür sagte er: »Viel Glück für den Geovortrag.«

6 Der Mann, der das Mikrofon an Südens Hemdkragen befestigte, sagte viermal »Entschuldigung«, Süden erwiderte kein Wort. Eine Vorbesprechung hatte er abgelehnt. Er weigerte sich, mit Wolf de Vries vor der Kamera einen Dialog zu führen, worum Nicole Sorek beide Männer gebeten hatte. De Vries wäre einverstanden gewesen, er drängte sogar darauf.

»Fragen Sie mich nach dem Stand der Ermittlungen, danach gehe ich sofort.«

»Das wirft ein ganz schlechtes Licht auf die Polizei«, sagte de Vries, während die Reporterin dem Kameramann Anweisungen gab. Süden wollte sich vor dem Haus ohne de Vries interviewen lassen, doch Nicole Sorek bestand darauf, in Julikas Zimmer zu drehen. So zwängten sich fünf Personen in den Raum, und Margit de Vries sah von der Tür aus zu. Obwohl sie dagegen war, würde sie später ebenfalls vor der Kamera sitzen und etwas sagen müssen, ihr Mann hatte sie dazu aufgefordert, und sie schaffte es nicht, Nein zu sagen.

»Ich spreche erst mit Herrn de Vries«, sagte Nicole Sorek, »dann schwenkt Frank zu Ihnen, Herr Süden, dann machen wir direkt weiter. Wir können jederzeit abbrechen und neu ansetzen, wenn Sie sich verhapseln – haha, verhaspeln, mein ich –, okay?«

»Ja«, sagte de Vries.

Die Reporterin stellte die erste Frage, und Süden hörte sofort nicht zu. Julikas Vater saß am Schreibtisch seiner Tochter, Süden auf einem niedrigen Holzstuhl bei der Tür. Als Frank die Kamera zu ihm drehte, stand er auf, und sein Kopf rutschte aus dem Bild.

»Stopp!«, rief Nicole Sorek. »Bitte, bleiben Sie sitzen, Herr Süden, das haben wir doch so besprochen.«
Er war nicht aus Trotz aufgestanden. Er war hier. Er hatte sich überreden lassen, die Polizei hatte die Pflicht Stellung zu beziehen. Jemand musste es tun. Er war der Sachbearbeiter. Thon hatte auf Südens Auftritt bestanden. Und Süden bezog im Stehen Stellung.
»Das sieht nicht gut aus«, sagte Nicole.
Das glaubte er.
»Können Sie nicht etwas entspannter dastehen, Herr Süden?«
Er schwieg.
Frank schob die Kamera auf seiner Schulter hin und her, sein Kollege mit den Kopfhörern, ein Mann um die sechzig, kniete auf dem Boden und verkniff sich ein Grinsen.
»Wir versuchen es noch mal«, sagte Nicole Sorek. »Namen und Berufsbezeichnung blenden wir ein, Herr Süden, ich stell Sie nicht vor, wir fangen gleich an, Sie kennen das ja.«
Hernach, auf dem Weg zum Dezernat, hatte er alle Fragen vergessen. Entgegen den Vereinbarungen hatte Nicole Sorek abrupt Julikas Vater ins Gespräch mit einbezogen, der die Arbeit der Polizei kritisierte. Süden schwieg in die Kamera, daran erinnerte er sich, als er die Augustenstraße in Richtung Hauptbahnhof ging, es hatte ein geradezu cineastisches Schweigen geherrscht, wie in den finnischen Filmen, die er mit Martin oft im Kino gesehen hatte.
Sein Schweigen schnitten sie heraus. In dem Bericht, der kurz nach dreizehn Uhr an diesem Dienstag ausgestrahlt wurde, kam Süden mit drei knappen Sätzen zu Wort, was nicht gerade den Eindruck eines unter Hochdruck arbeitenden Polizeiapparates

vermittelte. Er sah die Sendung im Dezernat, gemeinsam mit den Kollegen von der Soko Neuperlach, über deren Fahndung nach den beiden Kindern Nicole Sorek ebenfalls berichtete.

»Haben die dich nicht geschminkt?«, fragte Volker Thon.

»Nein«, sagte Süden.

»Das sieht man.«

Eine halbe Stunde später klingelte das Telefon auf Südens Schreibtisch.

»Hier ist Julika de Vries«, sagte eine Stimme. Süden drückte einen Knopf auf der Anlage. »Ich möcht Ihnen sagen, dass es mir gut geht, ich bin freiwillig hier, niemand hat mich entführt, und ich werd auch nicht bedroht oder so was. Sagen Sie das meinen Eltern …«

»Wo sind Sie, Julika?«, fragte Süden.

Sonja Feyerabend, die ihm gegenübersaß, unterbrach ihre Arbeit.

»Ich bin, wo ich bin«, sagte Julika. »Und ich werd nicht zurückkommen.«

»Sie müssen mit Ihren Eltern sprechen, Julika.«

»Nein«, sagte sie. »Warum haben Sie das gemacht, mit dem Fernsehen, warum wollen Sie, dass das ganze Land hinter mir her ist? Ich kann jetzt nirgends mehr hingehen, jeder kennt mich jetzt, warum haben Sie das gemacht?«

»So viele Menschen sehen die Sendung auch wieder nicht«, sagte Süden. Es war eine armselige Entschuldigung. Er sagte: »Morgen wird dieses Magazin eine Erklärung bringen, dass Sie sich gemeldet haben und alles in Ordnung ist, niemand braucht mehr bei der Suche mitzuhelfen.«

»Die Leute werden mich trotzdem überall anschauen.«

Er hörte ihren Atem, im Hintergrund Straßengeräusche, sie telefonierte von ihrem Handy aus.
»Er hat genau gewusst, was er damit anrichtet«, sagte sie. »Ich bin noch nicht drei Tage weg, und er geht zum Fernsehen, er wartet nicht mal, was die Polizei macht, er schickt gleich das Fernsehen hinter mir her. Wieso haben Sie das nicht verhindert?«
»Ich konnte es nicht verhindern«, sagte Süden. Nicht einmal Sonjas Nähe änderte etwas daran, dass er sich vorkam wie angespuckt.
»Doch konnten Sie das verhindern!«, sagte Julika.
»Nein«, wagte er zu sagen.
»Doch!«, sagte sie.
Er sagte nichts.
»Doch!«, sagte sie. Dann war die Verbindung tot. Süden legte den Hörer neben den Apparat und kreuzte die Hände flach auf dem Tisch.
Er rief bei Julikas Eltern an. Ihr Vater war am Apparat, und Süden verlangte Margit de Vries zu sprechen. Er berichtete ihr von Julikas Nachricht und fragte nach der Handynummer. Als Wolf de Vries seiner Frau den Hörer aus der Hand nahm, legte Süden auf. Auf Julikas Mailbox hinterließ er eine Bitte.
Am Mittag des nächsten Tages fuhr er ins Studio des Magazins »Vor Ort« und gab Nicole Sorek ein Interview.
»Julika de Vries ist wohlauf«, sagte er. »Sie ist volljährig, sie hat das Recht auf freie Entfaltung ihrer Persönlichkeit, sie kann selbst bestimmen, was sie tun und wo sie leben möchte. Es besteht keine Gefahr für Leib und Leben. Julika hat nicht die Absicht sich umzubringen, sie ist in keine Strafsache verwickelt,

dort, wo sie sich aufhält, kann sie sich frei bewegen. Für uns im Dezernat 11 handelt es sich beim Verschwinden von Julika de Vries um keine offizielle Vermissung mehr.«

»Sie wissen also, wo sich die junge Frau aufhält«, sagte Nicole Sorek.

»Im Moment, ja«, sagte Süden.

»Und Sie sind davon überzeugt, dass sie sich nicht in Gefahr befindet.«

»Ja.«

»Woher wollen Sie wissen, dass sie das Telefongespräch mit Ihnen nicht unter Bedrohung für … Leib und Leben, wie Sie sich ausgedrückt haben, geführt hat? Woher wollen Sie das hundertprozentig wissen?«

»Ich weiß es.«

»Ist Julika überhaupt schon als volljährig zu betrachten? Sie geht noch zur Schule, sie lebt bei ihren Eltern.«

»Wir können sie nicht zwingen zurückzukommen.«

»Warum nicht?«

Süden schwieg.

Weil dieses Schweigen die Reporterin wütend machte, fragte sie noch einmal: »Woher wollen Sie wissen, dass Julika das Telefonat freiwillig geführt hat?«

Süden holte ein zusammengefaltetes Blatt Papier aus der Jackentasche.

»Julika hat uns ein Fax geschickt«, sagte er. »Es ist ihre Handschrift und ihre Unterschrift, und der Polizeigrafologe schließt aus, dass diese Zeilen unter Androhung von Gewalt geschrieben wurden.« Er reichte ihr das Blatt.

»Würden Sie uns das vorlesen?«, fragte Nicole Sorek.

»Es ist eine Kopie des Faxes«, sagte Süden. »Sie können sie behalten.«
»Stopp!«, rief sie.
Sogar ihre Sommersprossen schienen sich zornesrot zu färben.
»Herr Süden, wenn Sie …« Sie brach die Tirade vorzeitig ab und las den Brief.
»Sie haben die Adresse des Absenders geschwärzt!«
»Natürlich«, sagte er.
»Es geht ihr also gut … gut … dann hat unser Beitrag ja doch etwas bewirkt … gut … Ich möchte gern mit Ihnen über Vermisstenfälle im Allgemeinen sprechen, ein paar Hintergründe Ihrer Arbeit, über den Mann, der nur mal zum Zigarettenholen geht …«
»Den habe ich noch nicht getroffen«, sagte Süden.
Er antwortete auf alle möglichen Fragen, er nannte die Gründe, warum Leute verschwanden – Abenteuerlust, Streunen, Schwierigkeiten am Arbeitsplatz, in der Familie, Furcht vor Strafe oder Schande, Selbstmordabsicht, Hilflosigkeit –, er erklärte, wie schwierig es oft sei, die wahren Gründe für ein Verschwinden herauszufinden, weil die Familie sich Vorwürfe machte und den Vermissten und sich selbst in kein schlechtes Licht rücken wollte. Er jonglierte mit ein paar Abkürzungen, die er dann auf Wunsch der Reporterin erläuterte. Er spülte, wie Sonja Feyerabend sich ausgedrückt hätte, Lebenszeit in den Gully und erhielt dafür von der Deutschen Fernsehpreisträgerin Nicole Sorek ein Lob.

»Möge es nützen«, sagte er zu seinem Bierglas in dem Lokal, in dem er in jüngster Zeit häufig saß und bis zum Morgen blieb.

Der Wirt spielte Shantys auf der Ziehharmonika, und das Essen war gut und heiß, auch nachts um halb zwei.
Hier rief ihn Sonja an, nachdem ein Obdachloser die beiden Kinder aus Neuperlach gefunden hatte, in der Nacht zum zwölften Februar, neun Tage, nachdem Julika de Vries verschwunden war.

Bei strömendem Regen hatte der Mann in einem Container nach Lebensmitteln gesucht und in dem nassen, klebrigen Berg von Abfalltüten, Obstresten und Hausmüll eine kleine kalte Hand zu fassen gekriegt und sofort an einen Leichnam gedacht. Er rannte zum nächsten Haus und klingelte Sturm, und weil niemand öffnete – es war ein Uhr nachts –, gelang es ihm erst fünfzehn Minuten später, eine Frau über die Sprechanlage aufzufordern, die Polizei zu alarmieren. Danach wartete er in der Nähe des Containers unter dem Dach eines Kiosks. Die Polizisten leuchteten mit Taschenlampen in den grauen Behälter, vergaßen, als sie ein Röcheln hörten, Sicherheitshandschuhe anzuziehen, und griffen in die schmierige Tiefe. Kurz darauf zogen sie einen kleinen Jungen und ein kleines Mädchen, über und über schmutzig und vor Kälte und Nässe schlotternd, aus dem Müll. In der Zwischenzeit trafen Karl Funkel, Volker Thon, Sonja Feyerabend und zwei weitere Mitglieder der Soko Neuperlach in der Baumkirchnerstraße ein, erleichtert, die vermissten Kinder am Leben zu sehen.
Sie seien jede Nacht ein Stück weiter gelaufen, sagten Sara und Manuel, sie hätten sich in Containern oder großen Mülltonnen versteckt, der Gestank und der Dreck seien ihnen egal gewesen, Hauptsache, sie konnten zusammenbleiben, für immer, sie sei-

en nämlich ein Liebespaar, und ihre Mütter würden ihnen verbieten sich zu treffen. Manuel behauptete, sie hätten sogar schon zusammen geschlafen, was sich aber in den Vernehmungen als Lüge herausstellte, obwohl Sara die Aussage zunächst bestätigt hatte. Manuel meinte schließlich, er habe nur von einem Wunsch gesprochen, und Sara sagte, er habe ihr nicht wehgetan, im Gegenteil, er sei der sanfteste Junge der ganzen Welt.

Seltsam war, dass der Container, in dem sich die beiden Kinder in der Nacht zum zwölften Februar versteckt hatten, nicht weit von dem Haus in der Kreillerstraße entfernt war, in dem Wolf de Vries sein Modegeschäft hatte.

»Nur ein Zufall«, sagte Sonja beim Frühstück. Gemeinsam mit Süden saß sie in einem Café in der Nähe des Dezernats, es war acht Uhr morgens, und sie hatte keine Minute geschlafen. Niemand aus der Sonderkommission war nach Hause gegangen, sie arbeiteten gemeinsam den Abschlussbericht aus und führten lange Gespräche mit den beiden Eltern, die sich zum ersten Mal nach ihrer Trennung wieder in einem Raum aufhielten und einander zuhörten. Ein Arzt hatte die Kinder untersucht und außer einer leichten Unterkühlung, Prellungen und einem Meer von Kratzern keine ernsthaften Verletzungen festgestellt.

»Ein Zufall, so wie der Container und der Regen«, sagte Süden. Er meinte einen anderen Container, einen in der Levelingstraße, nur wenige hundert Meter von der Baumkirchnerstraße entfernt. Und den Regen, der damals auf den Hinterhof des kleinen Bordells geprasselt war, wo der Container jemandem Zuflucht geboten hatte. Anders als die Kinder jedoch hatte der Mann, der in jener Nacht den Deckel öffnete und hineinkletterte, keine sanfte Hand in der seinen gehabt. Sondern eine Pistole, Heckler & Koch, neun Millimeter, und er hatte nichts als Abscheu vor sich selbst empfunden. Er hatte den Deckel geschlossen und geschossen, und niemand war rechtzeitig zur Stelle gewesen.

Sie hielten sich an den Händen, und der Kellner zögerte näher zu kommen. Sie waren beide nicht zur Stelle gewesen, erst später, als es immer noch regnete und der Leichnam des Mannes tiefer gesunken war, tiefer in einen noch schäbigeren Tod.

»Möge es nützen«, sagte Süden. Doch er trank nicht.

Irgendwann, in der Mitte einer anderen Zeit, hatte Martin Heuer begonnen, mit diesem Trinkspruch sein Glas zu erheben.

»Möge es nützen«, sagte Sonja. Und der Kellner ging zum Tresen zurück.

Der Container, der Regen, die Gegend, ein Neunjähriger, der eine Siebenjährige durch die Nächte führte, ein Dreiundvierzigjähriger, dessen Nacht nicht mehr geendet hatte.

Möge es nützen.

Manchmal hauste Tabor Süden in Erinnerungen wie in der Verbannung.

7 Thon schloss die Tür und drückte Süden ein dreiseitiges Fax in die Hand. Süden las die Mitteilung, legte die Blätter nebeneinander auf den Tisch am Fenster und wandte sich zu seinem Vorgesetzten um, der hinter dem Schreibtisch Platz nahm, die Füße auf die Tischkante legte und sich einen Zigarillo anzündete. Elegante blaue Seidensocken in braunen Slippers kamen zum Vorschein. Farblich stimmten die Socken und das Halstuch überein.

»Möchtest du bei Gelegenheit etwas zu der Sache sagen?«, fragte Thon.

Süden zog einen Stuhl vom Tisch und setzte sich, nach vorn gebeugt, die Arme auf den Oberschenkeln, die Handgelenke zwischen den Knien über Kreuz, als trage er Handschellen. Er dachte an die Namen, die er soeben gelesen hatte, an die Beziehungen der Personen zueinander, wie sie der Kollege in dem Fax geschildert hatte, an Julikas merkwürdiges Verschwinden und an die ihm unbekannte Frau, die unter tragischen Umständen gestorben war.

»Sie ist verbrannt«, sagte er. »Annalena Prinz, dreiundzwanzig Jahre, und sie war die Freundin von … Thorwald Gottow, der …«

»Juri genannt wird«, sagte Thon und nahm einen Fuß vom Tisch. »Wie ich die Kollegen verstehe, ist es nicht sicher, warum die Frau verbrannt ist, sie war auf dem Schiff, auf dem sich die Explosion ereignet hat. Aber warum sie nicht rechtzeitig von Bord kam, geht aus dem Schreiben nicht hervor.«

»Julika war bei der Feier dabei«, sagte Süden, »mit einem Mann namens Rico Keel.«

»Hast du den Namen bei deinen Befragungen gehört?«

»Nein.«
Thon rauchte.
»Woher wissen die Kollegen, dass Julika nach dem Unglück verschwunden ist?«, fragte Süden.
»Kannst du nicht lesen? Julika hat bei dem Jungen gewohnt, und jetzt wohnt sie nicht mehr dort.«
»Aber wieso bedeutet das, dass Julika verschwunden ist? Vielleicht ist sie auf dem Weg nach Hause.«
Thon nahm auch den anderen Fuß vom Tisch, stippte den Zigarillo in den Aschenbecher und kratzte sich mit dem Zeigefinger am Hals. »Das lese ich nicht aus dem Fax, der Kollege schreibt, sie haben mit der Mutter des jungen Mannes gesprochen, und die hat ausgesagt, Julika sei einige Tage nach dem Feuer plötzlich nicht mehr da gewesen, und die Mutter habe den Verdacht, ihr Sohn wisse, wo sie sich aufhält, will es aber nicht sagen. Und die Kollegen teilen den Verdacht.«
»Sie ist seit Sonntag weg«, sagte Süden. »Die Kollegen haben bis heute gebraucht, um uns zu informieren.«
»Wahrscheinlich hatten sie mit der Brandfahndung so viel zu tun, und heute hat einer in einem Stapel Fernschreiben unseres entdeckt. So ähnlich steht es ja auch in dem Fax.«
»Sie haben Julikas Freund vernommen, aber aus welchem Grund, schreibt der Kollege nicht«, sagte Süden.
»Er war Zeuge!« Mit einem Ruck stand Thon auf, ging zum Fenster, schob die Faxblätter übereinander und riss die Tür zum Vorzimmer auf. »Bitte kopieren Sie die, Erika, dreimal, eine Kopie bekommt Herr Süden.«
Erika Haberl nahm ihm die Blätter aus der Hand.
»Wir warten noch zwei Tage«, sagte er, an Süden gewandt,

»und wenn sie nicht wieder auftaucht, fliegst du übers Wochenende hin und informierst dich aus erster Hand. Ich will wissen, was da passiert ist. Wenn der Vater davon erfährt, läuft er wieder zur Presse. Ich möchte nicht, dass diese gewöhnliche Vermissung mit einer Katastrophe endet, also finde dieses Mädchen, sprich mit ihr und bring sie zur Vernunft!«
»Ich kann sofort fahren«, sagte Süden.
»Wir warten noch«, sagte Thon. »Du fliegst frühestens am Freitag.«
»Ich fliege nicht.«
»Richtig«, sagte Thon. »Flugangst, das vergesse ich immer.«
Julika tauchte nicht auf. Und Süden kaufte eine Zugkarte für Samstag, den sechzehnten Februar, sieben Uhr siebenundvierzig, Umsteigen in Hamburg und Lübeck, Hin- und Rückfahrt.

»Und wann kommst du zurück?«, fragte Sonja Feyerabend.
Süden gab keine Antwort. Der Wirt in dem Lokal in der Nähe der Corneliusbrücke spielte auf der Ziehharmonika »La Paloma« und sang dazu. Sie saßen an einem Tisch in der Mitte. Auf den Bänken in den Nischen, die durch Holzwände voneinander getrennt waren, quetschten sich junge Leute aneinander, die diese alte, von jeglichem Szeneschick unberührte Kneipe seit einiger Zeit für sich entdeckt hatten, vor allem Jura- und Betriebswirtschaftsstudenten, die, wie Süden vermutete, das Urige suchten, weswegen sie den älteren Gästen überschwänglich Mut machend zuprosteten, ohne zu verstehen, dass diese von derartigem Frohsinn ein Lichtjahr weit entfernt waren und es auch bleiben wollten.
»Komm mit zu mir«, sagte Sonja.

Süden schob das Pilsglas an den Rand des Tisches.
»Noch eins?«, fragte die humanitärste Wirtin der Stadt.
»Unbedingt«, sagte Süden. Und zu Sonja: »Und dann gehen wir.« Er senkte den Kopf. Die Haare fielen ihm übers unrasierte Gesicht. Ein paar Studenten prosteten ihm Mut machend zu. Er schwieg sich bereits in eine Reise hinein, an deren Ziel ihn niemand erwartete.
Nachdem er ausgetrunken hatte, sagte Sonja: »Komm.« Und dankbar stand er auf.

8 Waren sie also zu dritt, wie früher, mit dem Unterschied, dass sie nun zwei Kinder und ein Erwachsener waren. Beim Essen beobachtete Marlen Keel ihren Sohn und das Mädchen, das, wie ihr Sohn erklärt hatte, kein Kind mehr war, sondern volljährig. So wie sie isst, ist sie noch immer ein Kind, dachte Marlen.

Julika schlang ihr Essen in sich hinein wie Ronny, ihr Exmann, der die Welt um sich herum bei Tisch vergaß und seine Familie dazu und hinterher seine Frau und seinen Sohn ansah, als wundere er sich, wo die beiden plötzlich herkamen. Das Mädchen tupfte sich zwischendurch sogar den Mund mit einer Papierserviette ab, sie schnitt ordentlich die Fleischstücke und achtete darauf, dass keine Sauce von der Gabel tropfte. Sie kaute lange, bevor sie schluckte. Gelegentlich warf sie einen Blick in die Runde und auf die anderen Teller, als überprüfe sie, ob sie zu hastig aß. Sie aß zu hastig, vom ersten Bissen an, genau wie Rico, auch wenn Marlen zugeben musste, dass keiner von ihnen auch nur annähernd Ronnys Geschwindigkeit erreichte. Das Mädchen hatte Manieren, wahrscheinlich war sie einfach nur hungrig. Rico war immer hungrig gewesen, schon als kleiner Junge, was bei Marlen lange Zeit Schuldgefühle ausgelöst hatte, sie redete sich ein, ihn schlecht zu ernähren. Wenn sie Gulasch kochte und dazu einen Gurkensalat machte, was mangels Gurken in den Geschäften selten vorkam, saß sie jedes Mal satt vor Staunen ihrem Jungen gegenüber, der vor Freude über diese Mahlzeit beinahe strahlte. Und immer tunkte er mit einem Brotstück den letzten Rest Sauce auf, und es fehlte nicht viel und er hätte den Teller abgeschleckt. Das Austunken hatte er bis heute beibehalten, und Marlen ertappte sich dabei zu glauben, es habe ihm nicht geschmeckt, wenn er es nicht tat.

Natürlich war Rico bereits mit dem Essen fertig. Er nahm ein Stück Weißbrot aus dem Korb und fuhr damit kreisförmig über den Teller.

»Das hat gut geschmeckt.« Julika wischte sich wieder mit der Serviette über den Mund.

»Danke«, sagte Marlen.

Rico betrachtete seinen nahezu sauberen Teller.

»Hast du noch Hunger?«, fragte Marlen.

Rico schüttelte den Kopf.

»Ich hab noch Ananas«, sagte Marlen. »Allerdings aus der Dose.« Sie sah Julika an, die einen abwesenden Eindruck machte. Zuerst hatte sie befürchtet, das Mädchen habe Drogen genommen. Beim Tischdecken, nachdem sie Rico gefragt und er mit einem lauten Nein reagiert hatte, dachte sie dann, Julika sei wahrscheinlich müde. Im Verlauf des Essens war Marlen sich nicht mehr sicher. Überhaupt empfand sie angesichts des Mädchens, das allem Anschein nach nicht so rasch wieder gehen würde, eine Ratlosigkeit, die sie nicht kannte und die sie mehr beunruhigte als die Frage, wie lange Julika vorhatte zu bleiben. Ohne dass sie sich dagegen wehren konnte, löste die Anwesenheit Julikas eine Art Brand in ihrem Körper aus, den sie bis in die Finger hinein spürte. Sie begann zu schwitzen, und im nächsten Moment zitterten ihr die Beine, sie presste die Knie unter dem Tisch aneinander und legte die Hände in den Schoß und ballte die Fäuste. Obwohl Rico, der ihr gegenübersaß, nicht erkennen konnte, was sie tat, verwirrte ihn ihr Verhalten so, dass er sie merkwürdig ansah. Aber er sagte nichts.

Dafür sagte Julika: »Danke.«
Marlen erschrak. Sie bildete sich ein, ihre Haut würde sich dunkelrot färben. Sie spitzte den Mund und blies unhörbar auf ihre entblößten Unterarme, was ihr sofort lächerlich vorkam. Sie saßen im Wohnzimmer. Am Tisch in der engen Küche wäre es für drei Personen zu eng gewesen. Normalerweise aßen sie nie im Wohnzimmer. Marlen nahm sich vor, dies in Zukunft zu ändern. Nicht wegen des Mädchens.
»Du solltest deine Eltern anrufen«, sagte sie. Jetzt erschrak sie über ihre eigene Stimme.
»Hat sie schon gemacht«, sagte Rico sofort.
»Wann?«
»Heute Morgen«, sagte er.
»Warst du dabei?«
»Nein!«, sagte er in dieser ungewohnten Lautstärke, in der er, seit das Mädchen aufgetaucht war, schon ein paar Mal mit ihr gesprochen hatte.
»Was hast du ihnen gesagt?«
Julika zögerte nicht lange.
»Ich hab gesagt: ›Es geht mir gut, ich werd nicht wiederkommen, und wenn du die Polizei auf mich hetzt, bring ich mich um.‹«
Ihr Blick, mit dem sie die Möbel und das ganze Zimmer betrachtete, ließ Marlen die seltsamen Vorgänge in ihrem Inneren vergessen. »Was soll das?«, fragte sie laut und meinte auch ihren Sohn. »Was denkst du denn, wer du bist? Glaubst du, wir …«
Julika hatte keine Ahnung, was mit der Frau los war.
»… sind ein Haus für Asylbewerber, die aus dem Westen geflüchtet sind? Tauchst hier auf, bringst meinen Sohn in Schwierigkeiten und …«

Julika fragte sich, welche Schwierigkeiten Ricos Mutter meinte, er hatte kein Wort davon erwähnt.
»… nistest dich hier ein, als hätten wir dir das erlaubt. Ich möchte, dass du wieder gehst. Ich kenne dich nicht, ich weiß nicht, was du im Schilde führst. Hast du was mit Rico? Das geht mich nichts an. Aber ich möchte, dass du verschwindest, hörst du mir zu?«
Ja, sagte Julika zu sich.
»Ich red nicht gerne mit Taubstummen, ich kann nämlich ihre Sprache nicht. Wenn du dich mit Rico treffen willst … ich kann dich nicht daran hindern und ich will es auch nicht, macht, was ihr wollt, sucht euch ein billiges Zimmer in der Stadt, irgendwo musst du ja wohnen, falls du unbedingt in dieser Stadt bleiben willst, was ich zwar nicht verstehen würde, macht ja nichts. Ich finde es frech von dir, hier einfach aufzutauchen und dich breit zu machen, ich mag so etwas nicht, du kommst aus … woher kommst du eigentlich?«
Julika brauchte eine Weile, bis sie begriff, dass Marlen ihr eine Frage gestellt hatte.
Ihre Antwort, ihre Stimme, die auf einmal schwach und kränklich klang, brachten Marlen aus dem Konzept. Sie wiederholte den Namen der Stadt nur deshalb, weil sie ihn deutlich und bestimmt aussprechen, weil sie irgendetwas damit beweisen, irgendetwas ein für alle Mal klarstellen wollte. Weil die Ratlosigkeit zurückkehrte, die sie vorhin erschüttert hatte.
»Wenn sie bleiben will, bleibt sie«, sagte Rico in Marlens schwankendes Schweigen hinein.
»Das wird sie nicht!«
»Warum nicht?«

»Weil ich es nicht will!«
»Warum nicht?«
Marlen betrachtete Julikas bleiche Finger, deren Nägel abgekaut waren, mit Ausnahme der schwarz lackierten der beiden kleinen Finger. Nicht, dass Marlen überrascht gewesen wäre, in die Bibliothek kamen alle möglichen jungen Leute, auch solche, von denen sie, würde sie ihnen auf der Straße begegnen, kaum vermutet hätte, dass sie je einen Roman oder einen Gedichtband in die Hand nehmen. Manche trugen stachelige Ringe, an jedem Finger zwei, und die Bandbreite ihrer Klamotten reichte von Designerware bis zu zerlumpter Leder-Punk-Montur, worin sie aussahen, als wären sie aus den siebziger Jahren herübergebeamt worden, inklusive Irokesenschnitt. Schwarz lackierte Fingernägel waren für Marlen Keel nichts Spektakuläres.
Und doch starrte sie Julikas Hände an, die zwei kleinen Finger, deren Nägel in Marlens Vorstellung zu glänzen begannen wie magische ovale Spiegel, in denen sie ihr Gesicht sehen konnte.
»Warum nicht?«, fragte Rico ein drittes Mal.
Sie hatte nicht das Bedürfnis zu widersprechen. Und dasselbe zu sagen wie zuvor: Weil sie es nicht wollte. Sie rieb die Knöchel ihrer Fäuste aneinander und presste die Knie zusammen.
»Mutti!«
Rico wischte mit der flachen Hand durch die Luft. »Ist dir schlecht?«
Krampfhaft suchte sie nach einem einzigen Wort. Wenn es ihr gelänge etwas zu sagen, wäre die Verkrampfung vorbei und alles wieder normal, wie immer, keine Gespinste mehr, kein Gespinne.

»Trinken Sie was!«

Julika hielt ihr ein Glas Wasser hin. Marlen nahm es, trank und zögerte nach jedem Schluck, leerte das Glas und betrachtete ihre Hand, als wäre es die Hand einer Fremden. Julika stellte das Glas auf den Tisch. Marlen legte die Hand in den Schoß.

»Du hast wieder Gedanken«, sagte Rico.

Diese Bemerkung war wie eine Erlösung. »Ja«, sagte Marlen. »Du hast Recht.«

»Ich pack dann meine Tasche«, sagte Julika.

»Warte.« Marlen griff nach ihrem Arm. Und ließ ihn sofort wieder los. »Ich wollte dich nicht verletzen.«

»Nein«, sagte Julika.

»Warum bist du von zu Hause weggelaufen?«

Julika warf Rico einen Blick zu, der ihn zwang, nervös mit dem rechten Bein zu wippen. Er wusste nicht, wieso.

»Ich bin nicht weggelaufen«, sagte Julika. »Ich bin ausgezogen. Sie brauchen keine Angst zu haben, ich ziehe nicht bei Ihnen ein.«

»Was ist passiert?«, fragte Marlen und fühlte sich eigenartig erleichtert, als Julika die Hände vom Tisch nahm und in die Hosentaschen steckte.

»Das ist alles Vergangenheit«, sagte Julika. »Jetzt fang ich an zu leben. Vorher hab ich nur so getan.«

Daraufhin schwieg sie, saß reglos da mit gestrecktem Rücken, die Hände in den Hosentaschen, und blickte zur offenen Tür.

»Hast du Verwandte oder Bekannte, bei denen du vorübergehend bleiben kannst?«, fragte Marlen.

»Nein«, sagte Rico.

»Ja«, sagte Julika gleichzeitig. »Zu denen geh ich aber nicht. Ich miete mir ein Hotelzimmer.«
»Hast du so viel Geld?«
»Es reicht.«
»War deine Mutter am Telefon?«, fragte Marlen.
»Was?«
»Heute Morgen, als du zu Hause angerufen hast.«
»Mein Vater.«
»Er hat schon einmal die Polizei auf sie gehetzt«, sagte Rico.
Marlen nickte, unschlüssig, ob sie weiterfragen sollte. Weiterfragen bedeutete: mehr Interesse zeigen, und mehr Interesse zeigen bedeutete: mehr Nähe, und mehr Nähe bedeutete: weniger Entfernung. Und sie wollte immer noch nicht, dass das Mädchen in der Wohnung blieb, und noch weniger würde ihr gefallen, wenn morgen die Polizei auftauchte. Sie duldete es nicht, vor vollendete Tatsachen gestellt zu werden. Und es war ihr ein Rätsel, weshalb ihr Sohn sich das bieten ließ.
Dann sah sie ihn an, und was sie sah, verblüffte sie so, dass sie nicht anders konnte, als ein kurzes Lachen auszustoßen.
Julika nahm Ricos Hand, die auf seinem Oberschenkel lag, und hielt sie fest. Und er rückte mit dem Stuhl und machte ein Gesicht, als wäre er Knirps Nimmerklug in Sonnenstadt.

Sie bestand darauf allein abzuspülen. Anschließend telefonierte sie und zwang sich, nur ein Glas Marillenschnaps zu trinken und nicht noch ein weiteres, worauf sie Lust hatte. Am liebsten hätte sie den ganzen Rest ausgetrunken, mindestens drei Gläser.
»Ich muss mit dir reden«, sagte sie in ihr Handy. Das kleine Glas hatte sie zur Hälfte geleert, sie schob es von sich weg und legte

den Ellbogen auf den Tisch. Schon die wenigen Schlucke hatten eine beruhigende Wirkung auf sie.
»Dann sprich mit mir, das hindert mich am Schokoladeessen«, sagte ihre Freundin am anderen Ende.
»Und mich am Schnapstrinken«, sagte Marlen.
»Was ist passiert?«
Marlen erzählte Hanna vom unerwarteten Auftauchen Julikas und erwähnte auch die erste Begegnung zwischen ihrem Sohn und dem Mädchen nach Weihnachten.
»Und du hast nichts bemerkt?«, sagte Hanna.
»Er war wie immer. Er ist immer wie immer. Außer dass er neuerdings manchmal rumschreit.«
»Er schreit dich an?«
»Nein, er … redet laut, so … entschieden, und du weißt, Entschiedenheit und Rico, das passt selten zusammen.« Sie überlegte, ob sie einen Schluck trinken sollte. »Warum sagst du nichts?«
»Tschuldige«, sagte Hanna. Sie machte eine Pause, dann hörte Marlen sie schlucken. »Brauchte dringend ein Stück Schokolade, die ist aus Belgien, hat mir meine Kollegin mitgebracht …«
»Dann trink ich einen Schluck.« Marlen trank und hielt das Glas schräg in der Hand. Auf einmal war es leer. »So was Blödes!«
»Was ist?«, fragte Hanna.
Marlen stellte das Glas hin. »Ich weiß nicht, was passiert, wenn ich sie wegschick, einerseits macht sie einen offenen Eindruck, andererseits kommt sie mir vor wie eine Schauspielerin, die eine Rolle spielt, und ich kann nicht einschätzen, welche Wirkung sie auf Rico hat.«
»Schlafen sie zusammen?«

»Weiß ich nicht.«
»Hast du ihn nicht gefragt?«
»Natürlich nicht. Was glaubst du, wie er reagiert, wenn ich ihn so was frage! Und ich hab auch kein Recht dazu, würdest du das tun?«
»Klar.«
»Du bist anders als ich.«
»Genau«, sagte Hanna. »Ich werd fett vor lauter Schokolade, und du wirst nachgiebig vom Schnaps.«
»Dann sag mir, was ich machen soll.« Marlen stand auf, ging zum Kühlschrank, öffnete ihn, schaute die schmale Flasche mit dem österreichischen Etikett an, die in der Tür neben der Milchtüte und der Ketschupflasche stand, schmeckte im Gaumen einen Hauch von Aprikose und schloss die Tür.
»Schick sie weg«, sagte Hanna.
»Und wenn sie nicht geht?«
»Dann schmeißt du sie raus.«
Wieder hörte Marlen ein leises Schmatzen am anderen Ende der Leitung.
»So wie du deine Männer immer rausschmeißt«, sagte Marlen.
»Genau so«, nuschelte Hanna.
Marlen horchte. Aus dem Wohnzimmer war nichts zu hören, keine Stimme, kein Geräusch. Was machten sie, warum unterhielten sie sich nicht? Hatten sie sich auf die Couch gesetzt und hielten weiter Händchen? Normalerweise schaltete Rico nach dem Essen sofort den Fernseher ein.
»Das Zeug ist eine Droge«, sagte Hanna.
»Ich hab versucht sie rauszuschmeißen«, sagte Marlen mit gedämpfter Stimme.

»Ich hab dich nicht verstanden.«

Marlen lehnte sich mit dem Rücken ans Fensterbrett. »Sie geht nicht, sie sagt, sie geht, aber sie geht nicht. Und Rico verteidigt sie.«

»Und Weihnachten? Hat er dir nicht erzählt, was da gelaufen ist?«

»Er war betrunken, das hat er erzählt. Und sie waren auf der ›Independia‹, er und sie.«

»Und was haben sie da gemacht?«

»Das weiß ich nicht. Und eigentlich geht mich das nichts an. Rico ist zweiundzwanzig!« Jetzt war sie laut geworden, wie er. Sie drückte das Handy an die Schulter und lauschte wieder.

»Ja«, sagte Hanna. »Er ist zweiundzwanzig und er wohnt bei dir.«

»Bitte?« Sie hatte das Gerät nicht wieder ans Ohr gehalten.

»Ich sag, dafür, dass dein Sohn zweiundzwanzig ist, lebt er ganz schön wohlig bei dir.«

»Wir leben zusammen, das ist ein Unterschied«, sagte Marlen.

»Wie klingt das denn? Ihr lebt zusammen!«

Marlen hörte ein Rascheln am Telefon. »Gib mir einen Rat, Hanna, ich mag das Mädchen nicht in der Wohnung haben, ich kann dir nicht erklären, wieso, sie … sie löst was in mir aus, das möcht ich nicht, das ist …«

»Was löst sie in dir aus? Wut? Schmeiß sie raus, Marlen, es ist deine Wohnung, dazu hast du ein Recht, wie du immer sagst. Schmeiß sie raus und schick sie zurück in den Westen.«

»Darum gehts doch nicht.«

»Worum gehts nicht?«

»Ob sie aus dem Westen kommt.«

»Woher willst du das wissen?«
»Bitte?«
»Woher willst du wissen, dass es nicht darum geht? Sie benimmt sich, wie sich die ganze BRD benommen hat, besitzergreifend und arrogant.«
»Fang nicht wieder damit an! Komm endlich in der Gegenwart an, Hanna! Bei jeder Gelegenheit packst du deine Vorurteile aus, ich will davon nichts mehr hören.«
»Das sind keine Vorurteile, das sind Erfahrungen. Und die hast du genauso gemacht wie ich.«
»Hab ich nicht«, sagte Marlen.
»Hast du, mein Schatz«, sagte Hanna und kaute, während sie weiterredete. »Wo ist dein Exmann hin? An den Aralsee? In den Westen ist er! Wie meiner. Und Ilse, hast du unsere Ilse vergessen? Weißt du nicht mehr, warum sie sich aus dem Fenster gestürzt hat?«
»Weil sie Depressionen hatte.«
»Und warum hatte sie Depressionen?« Hanna hustete. »Weil das alles sie fertig gemacht hat, weil die anderen so viel geschickter waren als sie, die haben die Wenderei prima verkraftet, aber sie nicht. Und niemand hat sich um sie gekümmert. Der neue Hausbesitzer hat sich geweigert, die Renovierung der Wohnung zu bezahlen, dafür musste Ilses alter Vater aufkommen, eine Schande war das, der Hausbesitzer hat gesagt, das ist alles Ostkacke hier, dafür ist er nicht zuständig, er kommt aus Rottach-Egern, wo alles sauber ist, da gibts keine Ostkacke, nur Westkacke, aber die sieht man nicht …«
»Hör auf!«
»Hast du das alles vergessen, Marlen?«

»Nein!«

Nichts hatte sie vergessen. Wenn es sein musste, erinnerte sie sich an alles, an die unbedeutendsten Begebenheiten, Kohlschneiden mit Ilse zum Beispiel, Kohlschneiden mit Hanna. Aber war dieses Erinnern ein Wert? Angesichts der Gegenwart, die über sie gekommen war wie ein Sturm, gegen den jeder Widerstand zwecklos war. Von einem Tag auf den anderen war das wirkliche Leben nicht mehr privat, wie früher, sondern öffentlich, und in den Nischen duckten sich die Verweigerer oder solche wie Ilse, die der Sturm innerlich verwüstete. Nacht um Nacht saß Marlen bei ihr in der Küche, sie redeten, was sollten sie sonst tun? Und Ilse beschwor die alten Zeiten und warf der neuen Zeit vor, sie sei kalt und verächtlich. Vielleicht hatte sie Recht. Bestimmt hatte sie Recht. Aber in Wahrheit, daran glaubte Marlen bis heute, hasste ihre Freundin nicht nur die gut gekleideten Besserwisser aus dem Westen und ihre alten Nachbarn, die alles unternahmen, um genauso gut gekleidet zu sein und sich so rasch wie möglich an- und einzupassen, in Wahrheit hatte Ilse begonnen, sich selbst zu hassen, weil es ihr nicht gelang, das Neue zu genießen. Sie sah immer nur in den Spiegel anstatt aus dem Fenster. In ihrer kleinen Zweiraumwohnung fühlte sie sich beobachtet und bedrängt, weil sie hier plötzlich dieselbe Person wie auf der Straße sein musste, die Realität war überall die gleiche, und sie war ein Teil davon, sosehr sie sich auch duckte. Sie führte ein überrolltes Leben und sie wollte es so. Und irgendwann kam Marlen die Sanftmut abhanden. Und dann hielt Ilse ihr vor, sie sei jetzt wie alle anderen, verleugne die eigene Geschichte und begreife nicht, wie die Wenderei jeden Einzelnen von ihnen in eine dumme Gans verwandelte. »Ihr dummen Gänse!«, sagte sie noch kurz vor ihrem Tod zu Marlen und Hanna und den drei Freundinnen, die ihr geblieben waren. Sie hatte keine Schuld, dachte Marlen am Tag von Ilses Beerdigung, sie hatte einfach nicht begriffen, dass das Gute, das es früher gab, sich nicht von selbst erhalten konnte, sie waren jetzt eine offene Gesellschaft, und es würde etwas anderes Gutes geben, das man lernen und begreifen musste. Manchmal, an Ilses Grab oder in den ewigen Telefongesprächen mit Hanna, überlegte Marlen, was das neue Gute wohl war und ob es Ilse vielleicht überzeugt hätte, sodass sie nicht länger hätte von Erinnerungen zehren müssen und wieder ein echtes Leben beginnen können, unvorhersehbar, kurios, voller ungebetener Gäste.

»Schmeiß das Mädchen raus, und du hast deine Ruhe!«, sagte Hanna. »Du bist doch sonst kein zimperlicher Mensch.«

»Was mach ich, wenn die Polizei kommt?«, fragte Marlen. Die Vorstellung, sie öffnete die Tür und zwei Uniformierte forderten sie auf, aus dem Weg zu gehen, vermischte sich mit Bildern aus der Vergangenheit … Wir müssen mit Ihrem Sohn reden, er ist einer der Verdächtigen, das wissen Sie doch, es besteht Verdunkelungsgefahr, und wenn Sie nicht aufpassen …

»Dann sagst du ihnen, sie sollen sie mitnehmen«, sagte Hanna und stöhnte schokoladenschwer.

»Ich muss mit Rico sprechen«, sagte Marlen. »Er muss eine Lösung finden. Ich weiß keine, ich weiß einfach keine.«

»Verlass dich auf ihn«, sagte Hanna. »Aber mein Rat ist, pack ihr Zeug, stell es vor die Tür, und erklär ihr, wenn sie nicht verschwindet, rufst du die Polizei. Kapiert?«

»Ja«, sagte Marlen mutlos.

»Gut«, sagte Hanna. Marlen hörte ein Knistern, offenbar zerknüllte ihre Freundin das Stanniolpapier. »Und nun zur Eine-Million-Euro-Frage: Mit welchen Qualitäten hat Mr Blue-Eyes Lady Marlen verzaubert? a) mit Humor? b) mit Charme? c) mit unglaublichen technischen Fähigkeiten?«
Marlen nahm das leere Glas vom Tisch und roch daran.
»Er ist verheiratet«, sagte sie. »Das genügt.«
»Verheiratet ist schnell mal einer. Verheiratete Männer haben die saubersten – du weißt schon – Werkzeuge. Etwa nicht?«
»Verheiratete Männer haben vor allem Ehefrauen und Terminkalender und sonntags nie Zeit. Ich muss jetzt aufhören, danke, dass du mir zugehört hast, Hanna.«
»Tu, was ich dir gesagt hab! Und nichts anderes!«
»Ja«, sagte Marlen.
Nachdem sie das Handy weggelegt hatte, setzte sie sich auf den Stuhl wie vorher, senkte den Kopf und tat minutenlang nichts. Sogar das Atmen hätte sie am liebsten sein lassen.

Was sie dann tat, blieb ihr noch lange ein Rätsel. Sie hatte eine vage Ahnung, warum sie es tat, aber sie wollte nicht darüber nachdenken. An diesem Abend war es zu spät für Selbstbespiegelungen, sie war müde und musste um sechs Uhr raus, weil in der Bibliothek zwei neue Regale geliefert wurden, endlich, nachdem sie viermal gemahnt hatte. Das bedeutete, sie würde den halben Vormittag damit verbringen, Bücher neu zu sortieren, die Einbände abzuputzen, die Ecken zu säubern, wo sie seit Wochen alte Bände stapelte, und andere Arbeiten erledigen. Im Augenblick war nichts wichtiger, als ins Bett zu kommen. Falls sie es schaffte, das Metallgestell um die letzte Treppenbiegung zu bugsieren. Das Teil war nicht schwer, nur unhandlich, und es gab keinen vernünftigen Grund, wieso sie es vom Keller bis in die Wohnung allein trug und sich nicht von ihrem Sohn helfen ließ.

Sie war aus der Küche gegangen und hatte einen Blick ins Wohnzimmer geworfen, wo Rico und Julika Schulter an Schulter auf der Couch saßen und sich vermutlich an den Händen hielten, was sie von der Tür aus nicht sehen konnte. Wortlos hatte sie sich umgedreht und auf den Weg gemacht, wie selbstverständlich, als habe sie eine bewusste Entscheidung getroffen.

Sie hatte den Verdacht, sie tat es aus Pflichtbewusstsein, weil man, ganz gleich, ob man die Situation guthieß oder nicht, nachts um halb zehn kein Mädchen, das zu Besuch war, auf die Straße schickte. Zuerst musste man eine Lösung für den Moment finden, dann sah man weiter. Nichts in die Zukunft hineindramatisieren, auch wenn zwischen jetzt und der Zukunft nur eine Nacht lag. So hatte früher das Zusammenleben funktioniert, und alles andere war alles andere gewesen.

»Was machst du da?«, fragte Rico. Er stand in der Tür seines Zimmers, Julika hinter ihm.

»Ich stell ein zweites Bett auf«, sagte Marlen. Das Gestell roch nach Keller. Sie holte ein Duftspray, das sie manchmal in der Toilette benutzte, und sprühte das Klappbett vom Kopf- bis zum Fußende ein. Anschließend legte sie eine Wolldecke darüber und holte aus ihrem Schlafzimmer ein Plumeau, ein Leintuch und ein Kopfkissen. »Man schläft gut darauf, auch wenn es nicht so aussieht.«

»Danke«, sagte Julika leise.

»Wieso hast du mir nichts gesagt …«
»Morgen, Rico«, unterbrach sie ihn. »Besuch mich morgen in der Mittagspause.« Sie hatte den Eindruck, Julika würde schwanken. »Willst du ein Aspirin?«
»Nein.« Julikas Stimme war kaum zu verstehen.
Als Marlen vom Flur aus die Tür schließen wollte, sagte Julika: »Ich hab Geld für ein Hotel, ich bin selbstständig, ich fahr jetzt in die Stadt.«
»Du bleibst hier«, sagte Marlen und machte die Tür zu.
»Willst du wirklich fahren?«, fragte Rico.
Julika strich ihm durch die zerwühlten Haare und lehnte ihre Stirn an die seine. Von draußen hörten sie Gläserklirren und Geschirrklappern.
»Wahrscheinlich hab ich alles falsch gemacht«, sagte Julika.
Rico hatte sie nicht verstanden, doch er traute sich nicht nachzufragen.
»Schick mich weg«, sagte sie, und er verstand sie wieder nicht, obwohl ihr Mund nah vor seinem Gesicht war. Er sah, wie sich ihre Lippen bewegten. Er hatte nicht aufgepasst, ihre Nähe und ihr Geruch hinderten ihn daran, sich selbst wahrzunehmen. Die Berührung an der Stirn kam ihm schon vertraut vor, und er fürchtete sich vor dem Ende. Und weil dieser Gedanke noch mehr Furcht in ihm auslöste, verlagerte er sein Gewicht nach vorn und drückte mit dem Kopf fester gegen ihre Stirn.
Leise sagte sie: »Ich krieg ein Kind von dir.«
Durch seinen Körper ging eine Erschütterung wie ein Riss durch ein Haus, wenn die Erde bebt. Vielleicht riss tatsächlich etwas in ihm. Er wich zurück und wunderte sich, wieso Julika plötzlich so weit weg war und seine Stirn ohne Halt. Er sah zu

ihr hin. Sie stand an derselben Stelle wie vorher, am Fußende des Klappbetts. Und er stand ebenfalls dort. Er spürte doch die Berührung! Etwas stimmte nicht.
Dann begriff er, was nicht stimmte. Julika hatte ihren weißen Pullover ein Stück nach oben geschoben und entblößte ihren Bauch. Rico starrte hin. Der Bauch war weiß und flach, so wie er ihn in Erinnerung hatte, als sie auf dem Schiff waren, in der Nacht …
Und er sagte: »Warum denn?«
Warum denn? Es war ihm klar, wie absurd die Frage klang, aber nichts anderes wollte er sagen. Seine Gedanken schoben die Worte zum Mund hinaus, und er hörte ihnen zu.
»Warum denn?«
»Hab keine Angst«, sagte Julika.
Er hatte wieder nicht zugehört. Er horchte noch seiner Frage nach.
»Was?«, sagte er.
»Ich werd es nicht bekommen, hab keine Angst.«
»Was?«, sagte er. Dann drückte er beide Hände, so fest er konnte, gegen seine Wangen und die Daumen in die Ohren. Er hörte sich sprechen, als hause ein anderer in ihm. »Du kannst doch gar nicht schwanger sein. Ich hab doch gut aufgepasst!«
Sie antwortete nicht. Er nahm die Hände herunter. Unter der Tür sah er, wie im Flur das Licht ausging.

9 Er hatte Gedanken. Das mochte er nicht. Wenn er zu viel denken musste, verirrte er sich, das war früher schon so gewesen, in der Schule. Er lernte Dinge auswendig, er begriff sie auch, er merkte sich Namen von Städten, mathematische Gleichungen und Geschichtsdaten, Jahrestage von Revolutionen, in Prüfungen rief er sein Wissen ab und danach vergaß er das meiste, und das war ihm recht. Wenn er darüber nachdachte, was er einmal werden wollte, bekam er Kopfschmerzen, oder wenn seine Mutter mit ihm über russische Romane sprach oder etwas anderes, das ihn überforderte.

»Was meinst du damit?«, fragte er plötzlich und holte Luft und hielt sie an wie ein Kind. Dann sagte er: »Mit dem von vorhin. Was meinst du damit?« Aus einem Grund, der ihn erschreckte und zugleich eigenartig ermutigte, wünschte er, seine Mutter käme ins Zimmer, er bildete sich ein, im Flur ihre Schritte gehört zu haben. Es war nichts Konkretes, was er von ihr erhoffte, und schon gar nicht hätte er ein Wort von dem erwähnt, was Julika ihm gerade gesagt hatte. Er dachte nur, durch das bloße Hereinkommen seiner Mutter würde sich seine Erstarrung vielleicht lösen.

Rico hatte Gedanken, und sie hörten nicht auf. Niemand kam herein. Und darüber war er froh. Er atmete aus.

»Sag was«, sagte Julika.

Er sagte: »Leg dich neben mich.«

Seine rechte Hand ruhte auf ihrem Bauch, unter dem Pullover, ihre linke Hand darüber, auf dem Pullover, die Finger in entgegengesetzter Richtung. Manchmal hörten sie auf der Straße ein Auto.

Wenn Julika zu Hause in ihrem Bett lag, war es nie so still, obwohl ihr Zimmer zum Hinterhof ging. Stimmen von Leuten vor dem Kino und den Kneipen, das Aufheulen von Motoren und Hupen waren durch das gekippte Fenster trotzdem zu hören, und seit sie ein Kind war, empfand sie in dieser Geräuschumgebung Geborgenheit. In ihr Tagebuch hatte sie geschrieben: *Solange ich die Stadt höre, bin ich ein Teil dieser Welt, und auch wenn ich nichts Besonderes bin, will ich versuchen, einen Schatten zu werfen, für den die Sonne sich nicht schämen muss.*

In der Stille von Ricos Zimmer dachte sie an ihre Stadt wie an einen Ort, der nur noch in ihrer Vorstellung existierte. Und in dieser Vorstellung war alles aus tiefer Erde hervorquellende Furcht.

Unter seiner Hand hob und senkte sich ihr Bauch.

»Entschuldige«, sagte sie und blinzelte zur Zimmerdecke hinauf.

»Woran denkst du?«, fragte Rico.

Sie war sich sicher gewesen, er hätte ihre Gedanken auf ihrer Stirn lesen können wie einen Teletext auf dem Fernseher, er sah sie doch die ganze Zeit an! Sie antwortete nicht.

»Dein Herz explodiert gleich«, sagte er.

»Dann musst du den Zünder entschärfen«, sagte sie und kam sich vor wie eine Schauspielerin in einem Actionfilm.

Weil Rico die Hand nicht von ihrem Bauch nehmen wollte, sein linker Arm aber unter seinem schräg daliegenden Körper eingeklemmt war, beugte er sich vor und legte behutsam den Kopf auf ihren Busen. Er spürte die Wolle des Pullovers und traute sich nicht, mit der Wange fester zu drücken.

Gefangen in der Beobachtung des anderen, weniger durch

Blicke als durch übernahe Hautbeschattung, blieb ihnen ein Schweigen, das sie einander fast entfremdete, so ungeübt waren sie darin.

Als Julika den Kopf hob, ging ihr Blick an Rico vorbei hinauf zu einem Holzbrett voller Bücher in unterschiedlichen Farben und Größen. Ein Buch mit einem roten Rücken ragte hervor, und Julika richtete sich auf, Ricos Hand rutschte von ihrem Bauch, und sie streckte den Arm aus.

Es war ein Kinderbuch. Die Seiten waren vergilbt und die Illustrationen in Schwarzweiß. Auf dem bunten Umschlag kletterte ein Junge mit gelben Haaren und einem großen blauen Hut die Strickleiter zu einem Ballon hinauf, der aussah wie die Erdkugel und einen einer goldenen Krone ähnelnden Korb hatte, mit Fenstern zum Rausschauen. Julika begann zu blättern. Rico drehte sich auf den Rücken, die rechte Hand auf ihrem Bein.

»*Wir sollten lieber in die entgegengesetzte Richtung fahren*«, las Julika, »*denn hier ist die Erde ja schon zu Ende, schlug Nimmerklug vor. Ja, fand auch Buntfleck, wir haben uns ein bisschen verschätzt. Fahr auf jeden Fall langsam, sonst kannst du nicht mehr rechtzeitig bremsen, und wir fallen kopfüber herunter. Am besten kehrst du gleich um … – Nein, widersprach Nimmerklug, ich wollte schon längst sehen, was da beginnt, wo die Erde zu Ende ist … – Unversehens kamen sie zu einer Wegkreuzung. Nimmerklug hielt den Wagen an, um festzustellen, welche Richtung sie einschlagen sollten, nach rechts, nach links oder geradeaus. An der Kreuzung stand ein Pfahl mit drei beschrifteten Pfeilen. Auf dem Pfeil, der geradeaus wies, stand ›Steinhausen‹. Auf dem Pfeil, der nach links zeigte, war ›Erdstadt‹ geschrieben, und der Pfeil, der nach rechts wies, trug die Aufschrift ›Sonnenstadt‹. Die Sonne ist sehr heiß, aus ihr kann man keine Häuser bauen, meinte Pünktchen. – Dann fahren wir hin und sehen es uns an, schlug Nimmerklug vor. – Ich möchte am liebsten die Erdhäuser sehen, mich interessiert, welche Knirpse darin wohnen, erklärte Buntfleck. – Wir fahren nach Sonnenstadt und damit Schluss, entschied Nimmerklug. – Du hast kein Recht zu befehlen!, schrie Buntfleck empört ... Am besten ist, wir streiten uns nicht länger, sagte Pünktchen schließlich, und warten ab. Ein Zufall soll uns die Richtung weisen. – Da tauchte von links ein Auto auf und verschwand in Richtung Sonnenstadt ...«*

»Das ist ein Buch aus Russland«, sagte Rico, »wir haben es alle gelesen, alle, die ich kenne, sogar Juri und Steffen, und die lesen noch weniger als ich.« Er roch Julikas Körper, als sie sich wieder nach vorn beugte, um das Buch ins Regal zurückzustellen. Dann bemerkte er, dass er nur zu sich gesprochen hatte.

Er spürte Julikas Finger auf der Stirn.

»Hattest du einen Unfall?«, sagte sie leise.

»Ja«, sagte er sofort, froh darüber, dass die Sprache sich wieder an ihn erinnerte. »Ja, bin von einem Balken gefallen.«

»Von einem Balkon?«

»Von einem Balken. In der Bootshütte. Hab nicht aufgepasst und bin abgerutscht.«

»Das ist gefährlich«, sagte sie und strich mit dem Finger über die Narbe, von rechts nach links, von links nach rechts, und Rico berührte mit der Nasenspitze ihren Pullover.

»War doch ein Spiel«, sagte er zu ihrer Haut. »Wir haben oft Auferstehung gespielt ...«

»Was habt ihr gespielt?« Ihr Finger verschwand von seiner Stirn.

»Auferstehung«, sagte Rico.

»Und was ist passiert?«
»Erzähl ich dir später.«
»Erzähl es mir jetzt.«
»Später.«
Ohne ein weiteres Wort legte sie sich auf den Rücken und blickte wieder zur grauen Decke hinauf.
»Und bei der Auferstehung bist du verunglückt«, sagte Julika leise.
»Ich bin nicht verunglückt«, sagte Rico und drehte sich auf die Seite, Julika zugewandt wie vorher, nur dass er diesmal die Hand nicht auf ihren Bauch legte, nicht aus Unsicherheit, er dachte einfach nicht daran. »Ich bin abgerutscht, ich hab nicht aufgepasst. Den Kopf hatte ich natürlich schon frei.«
»Wie meinst du das?«
Nach einer Weile schob er die Hand unter ihren Pullover, ließ sie lange dort und fragte: »Bist du wirklich schwanger?«
Sie nahm seine Hand und rieb mit ihr über ihren Bauch, behutsam, in kleinen Kreisen, dann höher, dann zurück.
Es war still. Im Zimmer war es warm.

10

Als sie aufwachte, war sie allein. Sie hörte, wie jemand eine Tür schloss, und erinnerte sich an die Stille der Nacht. Sie lag in Ricos Bett, in Jeans und Pullover, mit Haaren über den Augen und einem klebrigen Geschmack im Mund. Sie richtete sich auf und musste würgen und hielt sich die Hand vor den Mund. Die Hand roch anders als sonst und fühlte sich anders an, als wäre sie über Nacht von einer Kruste befreit worden oder als wäre ihr eine neue Haut gewachsen.

Die Finger der linken mit der rechten Hand umklammernd, ging Julika in der Wohnung umher, durch deren Fenster welkes Licht hereinfiel. In jedem Zimmer blieb sie stehen, betrat aber nicht Marlens Schlafzimmer, dessen Tür geschlossen war, sie drehte sich im Kreis, betrachtete die Möbel und fragte sich, wie man hier leben konnte, ohne zu ersticken. Für diesen Gedanken schämte sie sich so, dass sie sich auf die Couch setzte und über den rauen Bezug strich, als würde sie ein Tier streicheln. Mehrere Minuten saß sie da, mit Blick zum Fenster, zu den grünen Pflanzen.

Den Wohnzimmertisch hatte Marlen abgeräumt und die Zeitschriften, die gestern vor dem Fernseher auf dem Boden gelegen hatten, neben dem Gerät gestapelt. Das Zimmer kam Julika groß vor, größer als das ihrer Eltern, wenn auch niedriger und schäbiger. »Ist nicht schäbig«, sagte sie leise und strich noch einmal über das Sitzkissen der Couch, bevor sie aufstand und in die Küche ging.

Im Ausguss standen zwei Tassen und zwei Teller, daneben lagen zwei Messer und zwei kleine Löffel. Auf dem Tisch mit der rosafarbenen Wachstuchdecke fand Julika ein weißes Din-A4-

Blatt, mit Kugelschreiber beschrieben: *Für Julika*. Sie drehte die Seite um. Die Unterschrift wirkte ebenso ungelenk wie der Rest: *Rico*.

Julika nahm ein Glas aus dem Wandregal und die Milchtüte aus dem Kühlschrank, setzte sich an den Tisch, goss das Glas voll, trank einen Schluck, legte das weiße Blatt vor sich hin und schaute die krumme, blassblaue Schrift an. Und je länger sie hinsah, desto lebendiger erschienen ihr die Buchstaben, als würden sie untergehakt einen Tanz vollführen, Zeile für Zeile.

Wieder griff Julika nach den Fingern ihrer linken Hand und roch an den Kuppen. Dann las sie die Nachricht.

Hoffentlich hast du gut geschlafen, ich habe dich nicht weken wolen, ich hab mich leise angezogen, das war schön dir beim Schlafen zuzusehen. Heute frü hab ich gewartet bis meine Mutter weg ist, dan hab ich dir schnell geschrieben. Was sollen wir tun? Darüber hab ich die ganze Nacht nachgedacht. Denn es mus eine Enscheidung getrofen werden. Hast du deinen Eltern bescheit gesagt? Wissen die was? Ich hab vergesen ob du das erwehnt hast. Wen es nach mir geht, kanst du eine Weile bei uns bleiben, aber was ist wen wirklich die Polizei komt? Du bist doch abgehauen, die werden dich verfolgen, die bringen dich zurück, das ist alles sehr gefärlich. Unten steht die Adrese von der Firma, wo ich arbeite, da trefen wir uns, bitte komm hin, ich kan mittag eine Stunde weg. Du färst mit der S-Bahn, wie es da steht. Sei nicht mehr traurig, eine Lösung wird gefunden. Rico.

Sie faltete den Brief so oft zusammen, bis er in ihre Faust passte. Sie trank das Glas leer, spülte es mit Wasser aus und stellte es zum Geschirr im Ausguss. Dann ging sie ins Badezimmer, wo zwischen Wanne, Waschmaschine, Waschbecken, einem Wandschrank und zwei niedrigen Holzkästchen kaum Platz war, um sich auszuziehen. Auf dem Wannenrand lagen zwei saubere grüne Handtücher.

Nachdem sie in der Wanne kniend geduscht hatte, föhnte sie ihre Haare, schlug sich das Knie an einem der Holzkästchen an, auf dem mehrere Jeans gestapelt waren, las noch einmal Ricos Nachricht, setzte sich im Wohnzimmer auf die Couch und schaltete den Fernseher ein. In der Serie »Ein Schloss am Wörthersee« brachte Roy Black einen Skinhead dazu, Ausländer zu mögen, vielleicht – Julika hatte sofort den Ton abgestellt – drohte er ihm damit zu singen, falls der Neonazi sein Leben nicht ändere, was diesen aus Verzweiflung zur Einkehr und Umkehr zwang. Später lief »Eine schrecklich nette Familie«, da hatte Julika schon das schwarze Tagebuch aus ihrer Sporttasche geholt und schrieb.

Bevor sie anfing, malte sie jedes Mal ein Gesicht oben links auf die Seite, rund wie eine Sonne, dessen Augen und Mund ihre momentane Stimmung wiedergeben sollten. Am Ende des Tages malte sie noch einmal ein Gesicht und verglich die beiden, ob sie sich verändert hatten. Meist sahen die Sonnen identisch aus.

Heute zog sie nur waagrechte Striche für Augen und Mund und einen kurzen senkrechten Strich für die Nase. Darunter schrieb sie: *Ich habe Rico die Wahrheit gesagt, und das war vielleicht ein Fehler, jetzt fragt er, was wir tun sollen, aber ich habe ihm schon gesagt, was passieren wird: Das Kind wird diese Welt nicht erleben, es ist ein Versehenskind, und ein zufällig entstandenes Kind wird immer spüren, dass es ein Versehen ist. So wie ich. Auch ich bin ein Versehenskind, doch meine Mutter traute sich nicht, konsequent zu sein, sie presste das Versehen aus sich heraus. Das werde ich nicht tun. Diese*

Wunde füge ich diesem Kind nicht zu, unverwundet wird es verschwinden, und niemand wird es vermissen. Ich hätte Rico nicht davon erzählen dürfen. Ich habe alles falsch gemacht. Ich werde ihm sagen, ich habe gelogen, ich hätte mit meinem Arzt telefoniert …

Mitten im Satz sprang sie auf und stellte sich ans Fenster. Draußen fiel dünner Regen. Auf dem lehmigen Rasen zwischen den fünfstöckigen Häusern mit den Flachdächern spielten drei Jungen Fußball, schossen die Skulpturen an, dribbelten um sie herum, stießen Schreie aus. In dem winzigen Garten wucherte Unkraut, und der knospenlose Strauch sah aus, als wäre er längst verdorrt. Eine schmale Straße führte am Haus vorüber, gesäumt von mageren Bäumen.

Julika fühlte sich am richtigen Platz. Die Monotonie und Anonymität der Gegend entsprachen so sehr ihrer inneren Landschaft, dass sie nahe daran war, die Balkontür zu öffnen, hinauszulaufen und die Luft zu umarmen.

Wenn sie nicht in dieser Wohnung bleiben durfte, womit sie rechnete, würde sie eine billige Pension finden. Und bestimmt bekäme sie einen Job als Bedienung, solche Jobs gab es überall, auch in einer Plattenbausiedlung außerhalb der Stadt. Sie wollte hier nicht wieder weg, hier würde sie dazugehören und gleichzeitig niemandem lästig sein, niemand würde sie heimlich beobachten oder verfolgen. Sie wäre nur eine Bewohnerin, eine von Zehntausenden, die ihrer schlecht bezahlten Arbeit nachging, doch das Geld würde reichen, und vielleicht … vielleicht …

Vielleicht gab es ein Theater in der Stadt, in dem sie hospitieren und kleinere Rollen übernehmen könnte, wenn jemand krank wurde. Und nach der Vorstellung würde sie mit der S-Bahn in

diesen Vorort fahren, erfüllt von einem reichen Tag, unbelästigt, aufgehoben in einer von ihr selbst geschaffenen Gegenwart.
Sie drehte sich zum Sofa um und wollte sich gerade wieder hinsetzen, als sie ihr Foto im Fernsehen sah.
Für einen Moment vergaß sie zu atmen. Dann begriff sie, dass das, was sie sah, ein normales Ereignis war, sie hatte es erwartet, nicht bewusst, aber jetzt, da es eintrat, erschien es ihr logisch und unvermeidbar. Sie schaltete den Ton ein.
Eine Reporterin interviewt einen unrasierten Mann mit halblangen Haaren, dessen Name und Funktion eingeblendet werden. Einen Beamten der Kriminalpolizei hat sich Julika anders vorgestellt. Dann kommt ihr Vater ins Bild. Er ist in ihrem Zimmer, wieso auch nicht, er betritt ihr Zimmer und lässt fremde Leute rein, das Zimmer ist sein Eigentum, wie sie. Wo ist ihre Mutter? Er hat ihr untersagt sich einzumischen, wie immer, und sie fügt sich, natürlich. Jetzt wieder dieser Mann in der Lederhose …
Sie schaltete den Ton aus, setzte sich und schaute hin. Die eingeblendete Telefonnummer der Polizei notierte sie in ihrem Tagebuch. Noch einmal prangte ein großes farbiges Foto von ihr auf dem Bildschirm, das Foto, das im Wohnzimmer ihrer Eltern auf dem Bücherschrank stand.
Wieder sah sie das Gesicht des Polizisten. Vor der Werbung kündigte die Reporterin einen Bericht über zwei verschwundene Kinder an. Julika schaltete das Gerät ab, zog ihre Stiefel und die Wildlederjacke an und band sich den langen Schal um den Hals. Ihr Tagebuch, Ricos Zettel und das Handy hatte sie eingesteckt, doch erst als sie auf der Wolgaster Straße ging,

vorbei an dem Park, der zu einem Kindergarten gehörte, stellte sie fest, dass sie keinen Wohnungsschlüssel hatte. Und ihre Tasche lag in der Wohnung.

Abrupt blieb sie stehen. Sie blickte zur Tür des braunen Plattenbaus, aus dem sie gekommen war, und biss sich auf die Lippen. Sie ging weiter und erreichte ein flaches Gebäude mit großen Fenstern, das aussah wie eine Kantine. An der Tür hing ein Schild: »St. Thomas, evangelisch-lutherische Gemeinde«. Julika betrachtete es eine Weile. Drei Stufen führten zur Straße hinunter. Die Hände in den Jackentaschen, stieg sie hinab, sah nach rechts auf eine graue Sandfläche, die übersät war von altem Laub und Abfall. Sie überlegte, welche Richtung sie einschlagen solle, und schaute noch einmal um.
An einer unverputzten Ziegelwand lehnte ein etwa ein Meter hohes Kreuz aus zwei Holzbrettern, vor das jemand einen Stein gelegt hatte, damit es nicht umkippte. Auf dem Querbalken stand mit Kreide geschrieben: »Mary 25 J.«, auf dem Längsbalken ein Datum.
Der Anblick des Kreuzes versetzte Julika in Panik.
Alles, was sie soeben überlegt hatte – wohin sie gehen, ob sie die S-Bahn nehmen und in die Stadt fahren solle, um Rico zu treffen, ob es klug wäre, bei einem hiesigen Arzt den Eingriff vornehmen zu lassen –, zerbarst in einer Sekunde. In ihrem Kopf breitete sich ein loderndes Nichts aus, das sie vorantrieb. Sie rannte. Der dünne kalte Regen, der einsetzte, schlug ihr in die Augen. Sie lief von der Wolgaster über die Güstrowstraße zu einem betonierten Platz und dort vor einem Supermarkt auf und ab, als wisse sie nicht, wohin, und sie wusste es auch nicht.

Leute blieben stehen und beobachteten sie. Sie starrte in die Schaufenster eines flachen Neubaus, in dem Teppichböden, Tapeten, Bettwäsche und Gardinen verkauft wurden. Sie lief bis ans Ende des Platzes. Und wieder zurück. Zweimal hin und her. Vorn auf der Straße rasten Autos vorbei, und auf der Brücke, die von der S-Bahnstation über den Grünstreifen neben der Schnellstraße führte, tauchten immer mehr Leute auf. Julika bildete sich ein, sie wären hinter ihr her und würden sie jagen und schließlich umzingeln.

Sie sank auf die Knie. Sie spuckte auf den Boden, rang nach Luft und stützte die Hände auf den nassen Beton. Von ihren Haaren tropfte der Regen auf ihre Finger.

Mit einem Stechen in der Brust richtete sie sich auf. Sie wusste nicht, wo sie war. Aus den Augenwinkeln bemerkte sie Leute auf Balkonen. Unzählige Balkone waren über ihr, es mussten Hunderte sein. Doch sie schaffte es nicht, den Kopf höher zu heben. Stattdessen fiel ihr ein rotes rundes Schild mit einem schwarzen Telefonhörer in der Mitte auf, das an einem der Fenster im Parterre klebte. Vor dem Fenster befand sich wie in Ricos Wohnung ein Balkon mit zwei Halterungen für Blumenkästen. Die Wohnung war leer, über dem Telefonsymbol standen »Vermietung« und eine Nummer.

Endlich hatte sie die Kraft aufzustehen. Der Regen wurde stärker.

Sie befand sich vor einem zehnstöckigen Gebäude mit gelben, grünen, blauen und weißen Balkonen, die Fassade aus Klinkerplatten, mehrere hundert Meter lang. An einigen Türen hingen Schilder: »Magic Tattoo by Marco«, »Zoofachgeschäfte«, »Allianz, Flexible Zusatzrente«. An der rechten Schmalseite prangten drei riesige Sonnenblumen, und Julika legte den Kopf in den Nacken und bestaunte die monumentalen, in die Ziegel gebrannten gelbbraunen Blüten.

Von diesem Haus hatte sie gehört, als Journalisten aus der ganzen Welt wochenlang von hier berichteten. Sie war ein kleines Mädchen gewesen, aber jetzt erinnerte sie sich nicht mehr daran. Auch später nicht, als Rico in die Vergangenheit zurückkehrte und sie ihm folgte.

Dann fiel ihr das kleine Kreuz neben der Kantinenkirche ein. Sie sah wieder den mit Kreide geschriebenen Namen: »Mary«. Und zum zweiten Mal erschrak sie, ohne zu wissen, worüber. Um sich zu beruhigen, holte sie das Handy und das schwarze Tagebuch aus der Jacke. Regen fiel darauf. Rasch steckte sie beides wieder ein und lief zurück vor die leer stehende Wohnung, neben der ein Durchgang zu den Hauseingängen führte. Julika stellte sich unter, schlug ihr Tagebuch auf und tippte eine Nummer ins Handy.

»... Ich möchte Ihnen sagen, dass es mir gut geht ...«, sagte sie. Und als der Mann am anderen Ende sie unterbrach, sagte sie: »Ich bin, wo ich bin.« Sie redete sich in eine Wut hinein, die sie hinterher ärgerte, weil sie diesem Fremden etwas von sich preisgegeben hatte. Außerdem hatte sie ihn allen Ernstes gefragt, weshalb er nicht verhindert habe, dass ihr Vater das Fernsehen auf sie hetzte.

Von der Brücke oberhalb des Grünstreifens blickte sie noch einmal zu dem Mammutgebäude mit den Sonnenblumen, gegen die der Regen schlug.

»Was wolltest du dort?«, fragte Rico erschrocken.
»Ist das verboten, da hinzugehen?«, fragte sie.
»Nein«, sagte er. »Meine Mittagspause ist zu Ende.« Er trug einen grauen Kittel und hatte schmutzige Hände. Sie standen vor dem Eingang eines Fabrikgebäudes am Petri-Damm. Aus den Hallen hinter den Büros drang Pfeifen und metallisches Hämmern.
»Danke für deinen Brief«, sagte Julika.
Unruhig kratzte er sich im Gesicht. »Ich kann nicht gut schreiben, tut mir Leid, sind bestimmt tausend Fehler drin.«
»Nur ein paar.«
»Ein paar hundert«, sagte er.
»Hast du Urlaub, Keel?« Ein junger Mann mit einem Aluminiumkoffer ging an ihnen vorbei, er trug ein blaues Sakko, einen dunklen Rollkragenpullover und blaue Sportschuhe.
»Das ist der Personalassi«, sagte Rico. »Der ist stolz drauf, dass seine ABM-Stellen immer noch nicht gestrichen worden sind, der hält sich für einen Netten.«
»Was machst du da drin?«
»Wir machen alles Mögliche, Schallschutz, Isolierung, Kühlungen, alles für Schiffe natürlich.«
»Natürlich«, sagte Julika.
Sie schwiegen.
»Ich muss rein«, sagte Rico.
Sie erwiderte nichts.
Er sagte: »Morgen macht Juri ein Fest, da sind wir eingeladen, du auch.«
»Wer ist Juri?«
»Ein alter Freund, kenn ich schon ewig, er feiert die Verlobung mit Ale.«

»Heiratet er einen Fisch?«, sagte Julika wie aus Versehen.

Rico lachte. Julika sah ihn zum ersten Mal lachen, und es kam ihr vor, als gehöre das Lachen nicht ihm, sondern bloß zu seinem Mund und einem Teil seiner Stimmbänder.

»Er heiratet keinen Fisch«, sagte Rico ernst. Nichts in seinem Gesicht deutete darauf hin, dass er sich gerade gefreut hatte. »Aber jeder sagt Ale zu ihr, schon immer. Sie war auch dabei, damals bei …«

Mehr wollte er nicht sagen.

Julika sah ihn an.

»Wir sind eingeladen«, wiederholte er. »Du auch.«

»Der kennt mich doch gar nicht«, sagte Julika.

»Er war auch im ›Eisenhans‹, im Dezember, genau wie Steffen und die anderen, erinnerst du dich nicht mehr?«

Julika zog ihr Handy aus der Tasche.

»Wen rufst du an?«, fragte Rico.

»Niemand«, sagte Julika. Das gefiel ihr nicht, dass Rico über ihre Zeit verfügte.

»Hast du Lust, meine Mutter zu besuchen?«, fragte Rico und sah auf die Uhr. Inzwischen war er in der Werkshalle seit fünfzehn Minuten überfällig.

»Nein«, sagte Julika. Das Handy piepte, und sie hielt es ans Ohr. Jemand hatte auf die Mailbox gesprochen, vermutlich Miriam, die sie gerade anrufen wollte.

»Sie hat gesagt, sie würd sich über deinen Besuch freuen.« Ungeduldig steckte er die Hand in die Kitteltasche, zog sie aber gleich wieder heraus.

Julika nahm das Telefon vom Ohr.

»Wo arbeitet deine Mutter?«

»Ihre Bibliothek ist im Hansa-Viertel, du fährst mit der Straßenbahn …«

»Ich geh zu Fuß.«

»Das dauert ein bisschen.«

»Rico?«

Er zuckte zusammen.

»Du darfst mich nicht verplanen.«

Er verstand nicht, was sie meinte. Er schaute sie an, als hätte sie ihn aufgefordert, das Wort Rhododendron zu schreiben.

»Du musst mich fragen, bevor du über mich bestimmst.«

Er schaute sie immer noch an.

»Ich mach schon, was du willst«, sagte sie. »Aber du musst mit mir vorher sprechen.«

»Ja«, sagte er und wunderte sich, wo das Wort herkam.

Sie küsste ihn auf den Mund, flüchtig.

»Gehst du heut Abend mit mir in eine Kneipe?«, fragte sie.

Der Mann mit den blauen Sportschuhen kam aus dem Büro, ohne Koffer.

»Immer noch Urlaub, Keel? Zack jetzt, ja?«

»Ja, Herr Spahn«, sagte Rico.

»Fiesling«, sagte Julika.

»Er ist in Ordnung«, sagte Rico.

»Hauptsache, du hast deine Ruhe.«

Er wollte etwas sagen, aber bevor er dazu kam, strich ihm Julika übers Gesicht, und er war augenblicklich versöhnt.

»Sag mir, wie ich zu deiner Mutter komme.«

»Das ist nicht schwer«, sagte er.

Als säße sie jeden Tag an diesem Schreibtisch, schrieb sie mit vier Fingern auf der Tastatur des Computers, flinker als Marlen Keel es mit zehn Fingern schaffte, überflog die Zeilen und druckte sie aus. Unter die letzte Zeile setzte sie ihre Unterschrift.

»Ich muss das faxen«, sagte Julika.

Marlen zeigte auf das Gerät. Julika legte das Blatt ein und wählte die Nummer. Außer Marlen schaute ihr noch eine zweite Frau zu, die dick war und eine starke Brille trug.

»Die war heute Mittag im Fernsehen«, sagte die dicke Frau zu Marlen.

»Das hast du mir schon erzählt, Paula.«

»Die Polizei sucht die.«

Julika riss das Blatt in Fetzen und warf diese in den Papierkorb.

»Ich muss mit dir reden«, sagte Marlen zu ihr.

Paula ließ Julika nicht aus den Augen.

»Lass uns bitte allein, Paula«, sagte Marlen.

»Rufen Sie die Polizei nicht an«, sagte Julika. »Ich hab denen ein Fax geschickt, dass es mir gut geht. Und mit dem zuständigen Kommissar hab ich telefoniert.«

Paula nahm die Brille ab. »Dann ist es ja gut.«

»Ja«, sagte Julika.

Als sie allein waren, sagte Marlen: »Ich will keine Polizei in meiner Wohnung, hast du das begriffen? Ich hatte schon zu oft die Polizei im Haus.«

»Niemand wird mich suchen«, sagte Julika.

»Paula erzählte, dein Vater hat dich in der Sendung aufgefordert zurückzukommen. Hast du mit ihm auch telefoniert?«

»Nein.«

»Dann tu es.«
»Nein.«
Marlen setzte sich an ihren Schreibtisch. Julika blieb stehen, die Hände in den Taschen ihrer Jacke.
»Gut«, sagte Marlen, schob den Stapel Bücher, der vor ihr lag, zur Seite und kniff die Augen zusammen. »Sag mir, warum du ausgerechnet zu uns gekommen bist, dann kannst du bis Ende der Woche bleiben. Danach fährst du, und ich versprech dir, ich werd dich nicht fragen, wohin du fährst.«
»Ich wollte Rico wiedersehen«, sagte Julika.
»Das ist alles?«
»Ich hab immer an ihn denken müssen, ich hab ihm sogar geschrieben.«
»Hat er dir geantwortet?«, fragte Marlen überrascht.
»Nein.«
Dann sagte Marlen: »Nein, er ist nicht besonders gut in … im Schreiben.«
»Das weiß ich.«
»Das weißt du also schon. Habt ihr zusammen geschlafen, im Dezember, auf diesem Schiff, oder sonst wo?«
»Geht Sie das was an?«
»Nein.«
»Wir haben nicht zusammen geschlafen.«
Es war Marlen unmöglich, in Julikas Gesicht zu lesen.
»Hat Rico was angestellt?«, fragte Julika.
»Wieso denn?«
»Weil Sie die Polizei so oft im Haus hatten.«
»Das ist alles vorbei.«
»Okay«, sagte Julika und nahm die Hände aus den Taschen.

»Ich war bei dem Haus mit den Sonnenblumen. Was ist da passiert, über das Rico nicht sprechen will?«

»Warum warst du bei dem Haus?«

»Zufällig.«

»Zufällig.«

»Ja.«

Nach einem Schweigen sagte Marlen: »Hat er dir von der Feier morgen erzählt? Von seinem Freund Juri?«

»Ja«, sagte Julika. »Und von Ale.«

»Dann werdet ihr also hingehen.«

»Rico möchte, dass ich mitkomme.«

»Und du tust, was er möchte?«

»Ja.« Die Antwort klang so entschieden, dass Marlen sich vorbeugte, wie um Julika besser in die Augen sehen zu können.

»Das Haus hat gebrannt, alles andere soll dir Rico erzählen, wenn er *möchte.*« Sie stand auf und nahm den Bücherstapel in beide Hände.

»Ich krieg schon raus, was damals passiert ist«, sagte Julika.

»Und hinterher wirst du dir wünschen, es nicht rausgekriegt zu haben«, sagte Marlen.

»Warum denn?«

Auf dem Flur stand Paula, hauchte ihre Brille an und putzte die Gläser mit einem Geschirrtuch.

11

Die Namen, die Rico ihr nannte, vergaß sie sofort wieder. An die Leute, denen sie angeblich schon einmal begegnet war, konnte sie sich nicht erinnern. Auf Deck des Motorschiffs »Markgraf« drängten sich mehr als hundert Gäste zwischen Anfang zwanzig und Ende dreißig, manche Männer trugen Anzüge, einige Frauen teure Kleider, über die sie bei denen, die gewöhnliche Sachen anhatten, Rechenschaft ablegen mussten.

»Hast du eine Gehaltserhöhung gekriegt, oder hat dir dein Mann mal was gegönnt?«

»Das Kleid ist aus dem Sonderangebot, achtzig Euro.«

»Achtzig Euro? Na, viel Stoff ist ja nicht dran.«

»Hallo, ich bin Annalena.«

Julika lehnte, eine Bierflasche in der Hand, an der Eisentreppe, die zum Oberdeck führte.

»Du bist die neue Freundin von Rico?«

»Ich bin Julika.« Die andere gab ihr die Hand. Julika fand, dass die junge Frau krank aussah. Sie trug ein rotes Kleid mit schwarzen Punkten und darüber eine Jeansjacke. Ihre blonden Haare hatte sie hochgesteckt, einige fielen ihr ins Gesicht, und sie entfernte sie mit einer fahrigen Bewegung.

»Willst du einen Schluck?«, fragte Julika.

»Danke«, sagte Annalena. »Hab heut schon Sekt getrunken, ich vertrag nichts, weißt du, ich muss aufpassen.«

»He, Ale, komm hoch, Juri will mit dir tanzen!« Über das Geländer auf dem Oberdeck beugte sich ein junger Mann, der wie einige Männer auf dem Fest einen fast kahl rasierten Kopf hatte. Auch seinen Namen und sein Gesicht hatte Julika vergessen.

»Beeil dich!«, schrie er. Dann klopfte er mit seiner Bierflasche gegen eine Metallleiste und verschwand.

»Jeder nennt dich Ale«, sagte Julika.

»Ich hasse den Namen, ich sag allen, sie sollen mich nicht so nennen, aber sie machens trotzdem. Früher wars mir egal, jetzt find ich ihn nur noch blöd.«

»Warum zwingst du sie nicht, dich bei deinem richtigen Namen zu nennen?«

»Wie denn zwingen?«

»Du redest einfach nicht mehr mit ihnen. So lange, bis sie es kapiert haben.«

»Das kann ich nicht. Ich denk dann, ist ja egal, ich weiß ja, dass ich gemeint bin.«

»Aber es gefällt dir nicht«, sagte Julika.

»Nein. Du bist aus dem Westen, stimmts?«

Julika sagte ihr, woher sie kam.

»Das ist eine schöne Stadt«, sagte Annalena und zog die Schultern hoch, ihr war kalt. »Ich war noch nicht dort, aber ich seh das immer im Fernsehen, schöne Häuser und die Seen, ich würd gern mal hinfahren. Aber Juri hat nie Zeit, er ist jetzt Meister geworden, er wird die Werkstatt bald übernehmen, da kann er keinen Urlaub machen, weißt du, da muss man dann anwesend sein. Vielleicht arbeite ich dann bei ihm anstatt im Rathaus, ich bin ausgebildete Sekretärin. Und du? Was machst du?«

»Ich bin noch in der Schule«, sagte Julika.

»Ach so. Entschuldige, da hab ich dich jetzt älter geschätzt.«

»Ich bin achtzehn.«

»Ich dreiundzwanzig.«

Leute drängelten sich an ihnen vorbei und rempelten sie an. Aus dem Bauch des Schiffes drang das Wummern von Bässen. Einer der Laderäume diente als Saal, in dem ab und zu Rockkonzerte stattfanden. Hinter Julika an der Reling klebte ein verwaschenes Ankündigungsplakat.
»Willst du auch mal eine Familie?«, fragte Annalena.
Julika zuckte mit der Schulter.
»Ich möcht zwei Kinder«, sagte Annalena. »Juri auch. Wir ziehen raus aus der Stadt, auf dem Land ist es besser für die Kinder, das ist eine hübsche Gegend hier, warst du schon öfter hier?«
»Ich bin das zweite Mal hier …«
»He, Ale!« Der junge Mann von vorhin beugte sich wieder über das Geländer.
»Gleich, Steffen, ich komm gleich.«
Jetzt fiel Julika ein, wo sie Steffen schon einmal begegnet war, im »Eisenhans«, wo sie getanzt hatten … Und gestern hatte Rico von ihm gesprochen.
»Wir sehen uns bestimmt später noch«, sagte Annalena und zog die Jacke fester um die Schultern.
»Du frierst«, sagte Julika.
»Mir ist heut schon den ganzen Tag kalt«, sagte Annalena. »Ich hab gedacht, vom Sekt wirds besser, ist aber nicht so.«
»Kennst du Juri schon lange?« Julika wollte, dass die junge Frau noch eine Weile bei ihr blieb.
»Seit der Schule«, sagte Annalena. »Wir haben schon viel gemeinsam erlebt, schon ganz viel, ich kenn den Juri gut.«
»Und du liebst ihn.«
Annalena sah sie an, mit einem Ausdruck von Verwunderung. »Ja, klar! Und er mich auch.«

Julika trank. Das Bier schmeckte ihr nicht. Um sie herum redeten laut die Gäste, die meisten schienen sich zu kennen, viele kauten, während sie sich unterhielten, und hatten Sandwiches in der Hand. Unten war ein Büfett aufgebaut, mit belegten Broten, selbst gemachten Salaten, Würsten, Gurken und Tomaten.

»Und wann werdet ihr heiraten?«, fragte Julika.

»Im Mai«, sagte Annalena. »Am zwölften Mai, das ist mein Geburtstag. Du darfst auch kommen, wenn du willst. Ich lade dich hiermit ein.«

»Danke«, sagte Julika.

»Wo ist denn dein Rico?«

Julika hatte schon nach ihm Ausschau gehalten. Vermutlich war er bei Juri. Die beiden hatten sich nach der Begrüßung ununterbrochen umarmt, und Rico hatte ihr ein Zeichen gegeben, auf ihn zu warten. Von Juri war sie mehr oder weniger ignoriert worden. Was Rico ihr in der vergangenen Nacht über die Ereignisse im Sonnenblumenhaus berichtet hatte und über die Rolle, die er und Juri und ein paar andere dabei gespielt hatten, fand sie mysteriös, doch ihre Versuche mehr zu erfahren, waren an Ricos Schweigen gescheitert.

Eine Stimme fegte zwischen ihr und Annalena hindurch.

»Jetzt mach, dass du nach oben kommst! Das ist deine Verlobungsfeier! Geh endlich!«

Steffen packte Annalena am Arm und stieß sie in Richtung Treppe. Sie klammerte sich, umringt von Leuten, ans Geländer. Als sie den Fuß auf die erste Stufe setzte, schlug ihr Steffen auf den Hintern.

»Spitzenkleid, Ale!«

Er drehte sich zu Julika um und ließ seine Flasche gegen die ihre krachen.
»Prost, Mädel! Hab dich heut im Fernsehen gesehen. In echt siehst du noch schärfer aus!«
Sie hatte die Sendung auch gesehen, gemeinsam mit Rico, der sich freigenommen hatte, um am Nachmittag auf die Verlobungsfeier gehen zu können. Dieser Kommissar hatte von ihrem Fax erzählt und sogar behauptet, er wisse nicht, wo sie sich aufhalte. Dabei stand auf dem Fax die Nummer der Bibliothek, die er nur hätte anzurufen brauchen. Was er nicht getan hatte, wie sie von Marlen wusste. Und er hatte gesagt, man könne sie nicht zwingen zurückzukommen. Das war wahr. Niemand konnte sie zwingen, nun wussten es alle, ein Polizist hatte es öffentlich erklärt, die Leute konnten sie angaffen, solange sie wollten.
»Komm tanzen!«, sagte Steffen und packte sie am Arm. Sie schüttelte seine Hand ab.
»Finger weg!«, sagte sie.
»Zart besaitet, das ist gefährlich, hier gehts härter zu als bei euch!«
»Wo ist hier?«, fragte sie.
»Hier ist hier«, sagte er.
Julika fiel auf, dass seine Pupillen starr wirkten. Wenn er in eine andere Richtung schaute, bewegte er jedes Mal den Kopf, nicht nur die Augen.
»Warst du dabei, als das Sonnenblumenhaus gebrannt hat?«, fragte Julika.
»Was?«, schrie er. Einige Leute, die um sie herumstanden, hörten zu. »Hat Rico dir das erzählt? Was?« Ohne Rücksicht auf

das Gedränge schob er Julika an der Reling entlang bis zum Bug, vorbei an fluchenden Gästen, die sich vor Steffens Ellbogen duckten und seinen ausladenden Schritten in den Springerstiefeln auswichen.

Er drückte Julika gegen einen Stahlpfeiler. Sie spürte einen Schmerz im Oberarm und versuchte mit aller Macht nicht daran zu denken.

»Maul auf!«, schrie Steffen.

»Lass sie los!«

Von irgendwoher war Rico aufgetaucht. Er griff mit einer Entschlossenheit nach Steffens Hand, die ihm Julika nicht zugetraut hätte, und schubste ihn weg.

»Mach das nie wieder, klar?« Rico schlug Steffen vor die Brust. »Und jetzt hau ab!«

»Was hast du der erzählt? Das geht die einen Scheiß an!«

»Gar nichts hab ich ihr erzählt«, sagte Rico. »Ich hab mit Juri alles besprochen, frag ihn!«

Steffen spuckte auf den Boden und bahnte sich einen Weg durch den Pulk der Zuschauer. Julika rieb sich den Arm.

»Tut mir Leid«, sagte Rico.

Julika drehte sich zur Seite.

»Das ist alles lang her, das hab ich dir doch gesagt, damals ist ein Mann ums Leben gekommen, und die Polizei hat rausfinden müssen, wie das passiert ist. Haben die aber nicht geschafft, dafür haben sie uns verdächtigt. Vor allem Juri. Ich war dauernd in der Blücherstraße, jeden Tag, und Juri auch, die haben uns nicht mehr rausgelassen, meine Mutti war völlig fertig …«

»Was ist in der Blücherstraße?«, fragte Julika. Jetzt hätte sie gern einen Schluck Bier getrunken. Aber Steffen hatte ihr die Fla-

sche aus der Hand gerissen, bevor er sie die Reling entlanggescheucht hatte.
»Die Polizei«, sagte Rico. »Wir sind fast noch Kinder gewesen, aber die haben gedacht, wir wissen was.«
»Habt ihr was gewusst?«
»Nein«, sagte Rico.
Sie konnte sich nicht erklären, warum sie ihm nicht glaubte. Vielleicht, weil er so demonstrativ aufrichtig dreinschaute.
»Wenn das alles so lang her ist, warum rastet der Typ dann aus?«, fragte sie.
»Die Polizei ist neulich bei Juri gewesen, da gibts eine Staatsanwältin, und die hat behauptet, sie will den Fall noch mal aufrollen, noch mal von vorn, und sie will uns alle vorladen, Juri, Steffen, Ale …«
»Annalena war auch dabei?«
»Wir waren alle dabei.«
»Was ist da genau passiert? Warum hat das Haus gebrannt? Wegen den Vietnamesen, die da drin waren? Ich hab das nicht verstanden, was du mir heut Nacht erzählt hast. Habt ihr die vertreiben wollen? Warst du mal ein Nazi?«
»Ich war doch kein Nazi!« Wieder sahen einige Leute her, und Rico kratzte sich am Kopf und zerwühlte seine Haare. »Du hast doch keine Ahnung, was da los war! Hat Ale dir was erzählt?«
»Sie will, dass ihr Annalena zu ihr sagt.«
»Das sagt sie immer. Aber wenn sie einen Brief an Juri schreibt, schreibt sie Ale drunter.«
»Du kannst ehrlich zu mir sein, Rico«, sagte Julika.
Er sagte: »Ich möcht jetzt ein Bier trinken.«

»Ich auch«, sagte sie. In diesem Moment fiel ihr Blick auf ein Skelett, das grinsend an einem Kran hing.

Sie hatte sie in den Arm genommen und ließ sie nicht mehr los. »Sei doch wieder munter!«, sagte Annalena. »Du darfst dich nicht erschrecken, das darfst du doch nicht.«
»Ich hab mich aber erschrocken!« Gierig trank Julika aus der Bierflasche. Der Raum unter Deck, in dem ein Discjockey Musik auflegte, war verraucht. Ständig schoben sich neue Leute herein, und jeder versuchte im Gedränge zum Büfett vorzudringen. Julika stand, die Bierflasche an den Körper gepresst, eingezwängt zwischen dem Tresen und einem Schrank aus rötlichem Holz, und das Herz schlug ihr bis zum Hals.
Rico hatte zuerst nicht verstanden, was mit ihr los war, bis er an ihrem Blick merkte, wo sie hinstarrte. Danach hatte er sie an der Hand genommen und nach unten geführt. Sie war froh gewesen, seine Hand zu spüren, seine rauen knochigen Finger. Kaum hatte er zwei Bierflaschen organisiert gehabt, tauchte Juri in der Tür auf und machte merkwürdige Gesten. »Wir spielen gleich was«, hatte Rico zu ihr gesagt und mit ihr angestoßen. Dann war er verschwunden.
Sie fragte sich, wieso sie mitgekommen war. Zum Glück hatte sie kein Geschenk gekauft, worüber sie gestern Abend allen Ernstes nachgedacht hatte. Doch Ricos Mutter hatte aus der Bibliothek eine neue DVD mitgebracht, einen Martial-Art-Film aus Hongkong. Rico hatte gesagt, sein Freund sei ein Fan von solchen Filmen. Juri war ihr genauso unheimlich wie Steffen, nicht nur, dass sie die beiden nicht mochte, sie misstraute ihnen, sie traute ihnen gemeine Dinge zu.

»So ein Skelett bringt den Seeleuten Glück«, sagte Annalena. »Du darfst dich nicht erschrecken.« In Julikas Ohren klang dieser Satz wie eine Beschwörungsformel. Du darfst dich nicht erschrecken. Du darfst dich nicht erschrecken. Als sei es verboten erschrocken zu sein.

»Musst du nicht zurück zu deinem Verlobten?«, sagte Julika.

»Der hat jetzt keine Zeit, die spielen bestimmt schon.«

»Was spielen die denn?«

»Wirst du schon sehen«, sagte Annalena. »Das haben die schon als Kinder gemacht, um die Mädchen zu schocken. Und um sich was zu beweisen, weißt du. Ich glaub, ich möcht jetzt auch ein Bier.«

»Trink meins aus«, sagte Julika und hielt ihr die Flasche hin.

»Danke, das ist aber nett von dir.« Sie trank und lächelte, und Julika hatte den Eindruck, dass sie noch erschöpfter aussah als vorher. »Jetzt, wo wir uns schon ein bisschen kennen, verrat ich dir was.« Sie senkte die Stimme, und Julika hatte Mühe, sie bei der Lautstärke der Musik zu verstehen. »Eigentlich ist das Fest hier nicht wegen der Verlobung. Das schon auch. Aber das Wichtigste ist, dass Juri seine Meisterprüfung geschafft hat. Das ist toll, er ist ja erst vierundzwanzig, das ist eine totale Ausnahme. Sein jetziger Chef hat da bei der Kammer nachgeholfen, glaub ich, der ist krank, der muss die Werkstatt bald übergeben, und Juri ist der Beste. Der kann mit Autos umgehen wie Ärzte mit Menschen. Gute Ärzte, weißt du, Professoren und so Leute, weißt du. Und so eine Verlobung muss man ja nicht groß feiern, oder? Wir haben ja auch keine Ringe, das kostet alles bloß Geld, und wir wissen ja, dass wir bald heiraten. Am zwölften Mai, hab ich das schon gesagt? An meinem Geburtstag, das wird schön. Da gehen wir ins ›Neptun-Hotel‹, das steht direkt am Strand, direkt am Meer, vom Restaurant aus kannst du bis zum Horizont schauen, bis nach Dänemark. Ich weiß nicht, ob das stimmt, immer wenn ich dort bin, ist schlechtes Wetter, blöde. Aber an unserer Hochzeit ist bestimmt schönes Wetter. Und wenn nicht …«

Mitten im Satz drehte sie sich zur Bar um. »Gib uns bitte zwei Bier. Danke.« Eine Flasche reichte sie Julika. »Nachschub muss sein. Bitte.«

»Ich mag eigentlich keins mehr.«

»Zum Anstoßen.« Sie hob die Flasche. »Auf dich und Rico und dass das schön wird mit euch und ganz lang.«

»Danke«, sagte Julika. »Und dir alles Glück für deine Hochzeit.«

»Danke, das ist gut, dass wir uns getroffen haben.«

Ja, wollte Julika sagen, aber sie kam nicht dazu. Jemand riss ihr die Flasche aus der Hand.

»Komm nach oben, da gibts was zu staunen!«, rief Steffen und trank aus ihrer Flasche. Er hielt sie ihr wieder hin, aber sie nahm sie nicht.

»Ja, komm!«, sagte Annalena. »Da wirst du echt staunen.« Sie schob Julika sanft zur Treppe.

Auf Deck, an der Stelle, an der das Skelett gehangen hatte, baumelte Rico an einem Seil, den Kopf gebeugt, die Augen geschlossen, und seine Arme hingen schlaff herunter.

Vor Schreck bekam Julika keine Luft. Dann, nach Sekunden vollkommener Erstarrung, während sie in einem Kreis von Leuten stand, die ebenfalls den reglosen Körper betrachteten, stieß sie einen Schrei aus. Sie schrie so laut, dass sich einige Frauen die Ohren zuhielten.

Julika hatte vergessen, wo der Steg zum Pier war. Sie stieß jeden zur Seite, der ihr in den Weg kam. Sie tastete sich am nassen Eisengeländer entlang, Meter um Meter, in irgendeine Richtung. Schließlich erreichte sie den Steg, auf dem Gäste hockten, die zu betrunken waren, um zu verstehen, was passierte. Julika stieg über ihre Schultern, trampelte jemandem auf die Hand. Sie schrie immer lauter.
Auf dem Asphalt spritzte das Wasser unter ihren Schritten. Zwischen den Schienen eines großen Krans standen Pfützen. Julika rannte durch sie hindurch, Wasser schwappte in ihre Schuhe, sie bemerkte es nicht. Jemand rief ihren Namen, sie hörte nicht hin. Eine Gruppe neuer Gäste mit Weinflaschen unter dem Arm kam ihr entgegen, sie sah sie nicht und rannte in sie hinein.
»Hoppala«, sagte einer.

»Ist doch nur ein Spiel!«
Und wieder schrie sie nicht: Nein. Sie kniete auf dem regennassen Boden, das graue schwere Wasser der Unterwarnow schlug gegen die Planken der Schiffe, und das schreckliche Bild verschwand nicht. Als wäre es auf die Netzhaut ihrer Augen gelasert worden. Vor der weißen Wand baumelt ein lebloser Körper. Ricos lebloser Körper. Er ist tot. Er hat sich erhängt, und sie weiß nicht, wieso. Und die Arme schlenkern im Wind.
»Wir haben das schon als Kinder gespielt«, sagte eine Stimme. »Wer am längsten ausgehalten hat, hat einen Preis gekriegt, ein Eis oder Bonbons. Ich war immer gut im Aufhängen, Juri ist eine tolle Wasserleiche, und Steffen kann die Luft so lange

anhalten, bis er blau anläuft, das kann der, da ist der ein Meister, wir sind alle sehr …«

Sie sprang in die Höhe und schlug ihm ins Gesicht. Er knickte zur Seite und rutschte aus. Er fiel nicht, aber er taumelte. Und als sie ihn taumeln sah, kehrte sie in die Wirklichkeit zurück.

»Du Kindsmann!«, brüllte sie. Dann riss sie den Mund auf und atmete die kalte Luft ein. Der Himmel war ein Grab aus Wolken.

»Ich wollt dich nicht erschrecken«, sagte er und tätschelte seine Wange, auf die sie ihn geschlagen hatte. »Du hast ganz schön Kraft.«

»Du hast mich aber erschreckt!« Sie senkte den Kopf. »So ein Scheißspiel!«

»Das ist doch kein Scheißspiel«, sagte er und machte einen Schritt auf sie zu, und sie wich zurück. »Wir haben das schon als Kinder gespielt und heut wollten wirs noch mal machen, weil Juri doch bald heiratet und dann keine Kinderspiele mehr machen kann.«

»O Gott!«, sagte sie.

Sie lief zum Rand des Piers, kniete sich wieder hin und übergab sich in den Fluss.

Nachdem sie sich mit Papiertaschentüchern den Mund abgewischt und tief ein- und ausgeatmet hatte, sagte sie: »Können wir morgen den Tag für uns allein haben?«

»Morgen muss ich arbeiten«, sagte Rico. »Ich hab nur heut frei gekriegt. Juri wollte das Fest unbedingt noch machen, bevor er nach Spanien fliegt, deswegen ist die Fete mitten in der Woche, das ist eigentlich schlecht, ich darf nicht so oft fehlen.«

»Fliegt Annalena mit?«

»Nein, er hilft einem Kumpel beim Einrichten einer Werkstatt, und wenn er zurückkommt, muss er sich um seinen eigenen Betrieb kümmern, und dann heiratet er schon gleich.«

»Wieso fliegt Annalena nicht mit?«

»Die kann nicht weg aus dem Rathaus, die ist doch die Sekretärin vom Bürgermeister. Komm, wir gehen zurück, später gibts noch ein Feuerwerk.«

»Hast du morgen Abend Zeit?«, fragte Julika.

»Ja. Komm!«

»Nein.«

»Ich mach so was nie wieder, ich versprechs dir, sollt eine Überraschung sein, ist misslungen, tut mir Leid.« Er ging zu ihr und legte den Arm um sie, ungelenk. Und sie stand da, steif, mit einem schlechten Geschmack im Mund und zitternden Knien.

»Aber nur, um mich von Annalena zu verabschieden«, sagte sie. »Ich trink kein Bier mehr.«

»Ja«, sagte er.

Doch Annalena war verschwunden.

Julika fragte den Barkeeper und andere Leute, niemand hatte sie gesehen. Aus der Entfernung bemerkte sie, wie Juri Rico auf die Schulter klopfte und lachte. Steffen stand daneben und rieb sich über den rasierten Schädel. Sie achtete darauf, nicht in sein Blickfeld zu geraten.

»Ich glaub, die hat sich im Klo eingesperrt«, sagte eine junge Frau unter Deck.

»Annalena? Bist du da drin?« Zaghaft klopfte Julika an die Toilettentür. Von drinnen war ein Stöhnen zu hören. »Annalena. Bist du da?«

»Komm gleich«, sagte eine dünne Stimme.

»Die hat Wodka gesoffen mit ihrem Typ«, sagte die junge Frau, die eine grüne, viel zu enge Hose trug. »Das verträgt nicht jeder.«

»Den Typ verträgt auch nicht jeder«, sagte Julika.

»Bist du die aus dem Westen?«

»Ja.«

»Hab ich mir gedacht«, sagte die Frau in der grünen Hose.

Als Julika ansetzte, etwas zu sagen, krachte es zum ersten Mal. Und dann, ein paar Sekunden später, krachte es zum zweiten Mal. Und dann hörte es nicht mehr auf zu krachen. Und aus einem der Räume kamen Flammen. Und die Gäste fingen an übereinander herzufallen.

Bevor Julika reagieren konnte, wurde sie von der Toilettentür zur Treppe getrieben, ohne Chance sich irgendwo festzuhalten. Und hätte sie sich fest gehalten, wäre sie niedergetrampelt worden.

»Julika!«, rief Rico. Sie konnte ihn sehen, als sie auf Deck stolperte. Von allen Seiten strömten die Leute in Richtung Steg. Einige rutschten aus, andere kletterten über sie hinweg. Aus den Luken schlugen immer größere Flammen. Das Krachen war ohrenbetäubend.

»Julika!«, rief Rico wieder. Er hatte sich fast bis zu ihr durchgekämpft.

»Wir müssen Annalena befreien!«, schrie sie.

»Komm!«, rief Rico. Er schlang den Arm um ihre Taille und zerrte sie mit sich, durch die Menge, umringt von Geschrei und Hilferufen. Hinter den Bullaugen loderten geifernde Flammen.

»Annalena!«, rief Julika. »Sie ist eingesperrt!«

»Wo eingesperrt?«, schrie Rico.

»Im Klo! Sie hat zu viel getrunken!«
»Sie kommt schon raus, sie schafft das schon!«
Sie hatten den Pier erreicht, wurden weitergeschoben, weitergestoßen, weitergejagt.
Auf dem Schiff zerbarsten Scheiben, und aus den Bullaugen kamen Dinge geschossen, die man nicht erkennen konnte.
»Das Feuerwerk!«, schrie jemand. »Das Feuerwerk ist explodiert!«
Julika und Rico rannten an der »Independia« und anderen Schiffen vorüber, über den Parkplatz auf die Straße zu, wo die Autos lange Schlangen bildeten.
Die Explosionen an Bord hörten nicht auf.
»Siehst du Annalena irgendwo?«, flüsterte Julika. »Siehst du sie? Siehst du sie?«
Mit einem Mal war es dunkel geworden. Menschen irrten umher und umarmten einander. Die »Markgraf« schien zu zerbersten.

12

Gegen drei Uhr morgens kamen Rico, Julika und Marlen Keel nach Hause. Sie hatten hunderte von Fragen beantworten müssen, und alles, was sie den Polizisten erklärten, führte zu noch mehr Fragen, zu noch größerer Verunsicherung. Einmal schrie Marlen Kommissar Halberstett an, und dieser drohte, wenn sie sich nicht beruhige, würde er sie samt ihrem Sohn und dessen Freundin in die Blücherstraße schaffen lassen, wo sie die ganze Nacht bleiben müssten.

»Der glaubt mir nicht«, sagte Rico.

Sie saßen in der Küche und tranken Tee. Sie hatten trockene Sachen angezogen, und Julika trug einen warmen Wollrock und einen Pullover von Marlen.

»Der muss dir glauben«, sagte Marlen. »Du hast nichts zu verbergen, du hast überhaupt nichts getan.« Als sie am Warnowufer angekommen war und ihren Sohn und Julika in einer Gruppe von Menschen stehen gesehen hatte, musste sie weinen, was ihr selten passierte.

»Der Kommissar glaubt, ich bin mit schuld an ihrem Tod«, sagte Julika.

»Woher weiß der, dass du da unten warst, kurz bevor das Zeug in die Luft geflogen ist?«, sagte Rico.

»Ich war ja unten, ich hab ja mit ihr gesprochen!« Julika zog den Kopf tief ein, als erwarte sie Schläge. »Das stimmt ja auch, sie hat sich eingesperrt, und dann ist die Panik ausgebrochen, und ich wollt noch … ich hab … ich hab zu dir gesagt, wir müssen sie rausholen, aber …«

»Ich hab gehört, wie Steffen zu Halberstett gesagt hat, er hätt mich bei der Kajüte gesehen, wo das Feuerwerk drin gelegen

hat«, sagte Rico. Seine Haare waren zerwühlt, dauernd kratzte er sich mit beiden Händen am Kopf, und er sah weder seiner Mutter noch Julika ins Gesicht, wenn er redete.
»Was hat er gesagt?«, fragte Marlen laut.
»Ich war nicht in der Kajüte!«, sagte Rico. »Ich hab überhaupt nicht gewusst, wo das Zeug ist.«
»Den stell ich zur Rede!«, sagte Marlen. In ihrer Erinnerung tauchten Bilder auf, die sie sicher verwahrt geglaubt hatte, nun schälten sie sich wie Fratzen aus altem Gemäuer. »Ich zeig ihn an, den Kerl! Das ist Verleumdung, das lassen wir uns nicht gefallen, Rico!«
»Ich hätt Annalena mitnehmen müssen«, sagte Julika. »Ich hätt sie nicht allein lassen dürfen! Der Polizist hat Recht, ich war an der Tür und hab nichts gemacht, ich bin einfach weggelaufen!«
»Das bist du nicht«, sagte Marlen. »Da waren noch viele andere Gäste, jeder hätte die Tür aufbrechen können, die Leute waren konfus, das ist ein tragischer Unfall, Julika, und es ist ein Glück, dass sonst niemand gestorben ist, das ist wirklich ein Wunder.«
»Sie ist tot!«, schrie Julika.
Marlen streckte die Hand nach ihr aus, aber Julika schlug sie weg. Rico starrte vor sich hin.
Dann klingelte das Telefon. Niemand stand auf. Marlen sah ihren Sohn an, der den Kopf gesenkt hatte. Das Telefon klingelte zehnmal.
Nach einigen Minuten sagte Rico mit hohler Stimme: »Ich war nicht bei dem Zeug fürs Feuerwerk.«
»Sie wollten heiraten«, sagte Julika. »Am zwölften Mai, an ihrem Geburtstag.«

»Das hast du schon erzählt«, sagte Marlen.
»Der Typ hat sie betrunken gemacht.«
»Wer?« Marlen wartete auf eine Antwort. »Wer hat sie betrunken gemacht?«
»Sie ist alt genug«, sagte Rico.
»Du nimmst ihn in Schutz!«, schrie Julika.
Rico zuckte zusammen.
»Du bist ein Schwein!« Sie sprang auf und lief über den Flur in Ricos Zimmer, knallte die Tür zu und sperrte ab. Man hörte, wie sie sich aufs Bett warf, wie sie wimmerte und mit der Hand gegen die Wand schlug. Einige Zeit später war es still.
»Was ist passiert?«, fragte Marlen und sah Rico so lange an, bis er ihren Blick erwiderte. »Du musst mir alles sagen, vor allem das, was du der Polizei nicht gesagt hast. Was ist auf dem Schiff passiert, Rico?«
Er krümmte sich, kratzte sich am Kopf, holte Luft, öffnete den Mund, schloss ihn wieder, nahm die Teetasse in die Hand, stellte sie auf den Tisch zurück, zog die Stirn in Falten.
»Bitte sprich mit mir«, sagte seine Mutter.
»Wir haben gespielt, wie früher. Aufhängen. Julika ist so erschrocken, sie hat gedacht, ich bin wirklich tot, es war ein Spiel, wie früher …«
Marlen schwieg.
»Ich weiß, du magst das nicht, aber ich habs für Juri und Ale gemacht. Julika ist ausgeflippt, sie ist vom Schiff runtergerannt, sie wollt nicht mehr zurück. Und dann haben wir Ale gesucht, um uns zu verabschieden, und dann hats gebrannt.«
»Warum hat Juri sie betrunken gemacht, Rico?«
»Hat er doch nicht!«, sagte er in einer Lautstärke, die ihr nicht

gefiel. »Die hat freiwillig getrunken, erst sagt sie immer, sie hat keine Lust zu trinken, dann kann sie nicht mehr damit aufhören, die ist selber schuld. Wieso ist die nicht rausgelaufen aus dem Klo? Wieso ist die da drin geblieben? Die andern sind doch auch alle runter vom Schiff, jeder hats geschafft, nur sie nicht, wieso nicht?«

Die Ringe unter seinen Augen waren schwarz. Vielleicht kam es Marlen in dem kalten Licht auch nur so vor. Sie wollte Rico in die Arme nehmen und traute sich nicht. Mit seinen chaotischen Haaren und dem bleichen Gesicht sah er erbarmungswürdig aus.

»Hast du eine Ahnung, wer die Raketen angezündet haben könnte?«, fragte Marlen.

»Das hat mich der Halberstett auch tausendmal gefragt. Da sind lauter Leute dagewesen, die ich nicht gekannt hab, ich glaub, Juri hat sie auch nicht gekannt, die sind einfach mit andern Leuten mitgekommen, die haben gehört, da ist was los, da gibts umsonst was zu essen und zu trinken und … Den Steffen mach ich morgen fertig, der sagt so was nicht mehr!«

Dann schwiegen sie.

Rico sah zur Tür seines Zimmers.

»Habt ihr über die Sache von damals gesprochen?«, fragte Marlen.

»Die ganze Zeit«, sagte Rico. »Juri wollt genau wissen, ob ich was gehört hab, von der Staatsanwaltschaft oder von der Polizei. Ich hab gesagt, ich weiß nur das, was in der Zeitung gestanden hat, dass diese Staatsanwältin uns noch mal verhören will, uns alle. Juri hat gesagt, er hat mit Ale geredet und sie hätt geschworen, dass sie nichts sagt, so wie damals, sie hält den Mund.«

»Und jetzt ist sie tot.«
Rico stutzte. »Ja, aber … das hat doch damit nichts zu tun, das war ein Unfall auf dem Schiff …«
»Damals«, sagte Marlen, »das war auch ein Unfall. Das hast du immer behauptet, und Ale auch.«
»Ich will darüber nicht sprechen.«
»Die Polizei wird darüber sprechen wollen.«
Nach einem Schweigen sagte Rico: »Ale ist tot. Und ich weiß nichts.«
Marlen schüttelte den Kopf. Er hatte ihr nie genau erzählt, was damals in dem brennenden Haus wirklich geschehen war, er hatte immer nur dasselbe ausgesagt, vor der Polizei, vor ihr, vor den Journalisten, vor seinen Freunden, immer dasselbe, wie auswendig gelernt, und alle, die verdächtigt worden waren, mit dem Tod des Vietnamesen etwas zu tun gehabt zu haben, mussten nach und nach wegen Mangels an Beweisen freigelassen werden. Auch Juri. Er war der Hauptverdächtige gewesen. Und Rico sein Hauptentlastungszeuge.
»Wann musst du morgen in der Blücherstraße sein?«, fragte Marlen.
»Um elf.«
»Dann geh jetzt schlafen. Soll ich morgen zu Hause bleiben?«
»Nein.«
Sie küsste ihn auf die Wange, die voller Stoppeln war.

Er hatte ein paar Mal anklopfen müssen, bevor sie die Tür aufsperrte. Ohne ihn anzusehen, legte sie sich aufs Klappbett, das Gesicht unter den Armen vergraben. Rico fiel sofort auf, dass sie vorher auf seinem Bett gelegen hatte.

Er kniete sich neben sie und strich ihr vorsichtig über den Kopf. Sie bewegte sich nicht. Er hörte auf und behielt die flache Hand weiter in der Luft, genau über ihrem Hinterkopf.
»Ich wollt dich nicht erschrecken«, sagte er leise. »Das ist bloß ein Trick, ganz ungefährlich, man darf sich nur nicht falsch bewegen, das wär riskant, oder eckige Bewegungen, die könnten auch gefährlich werden. Mir ist noch nie was passiert. Okay, einmal bin ich abgerutscht, aber da hab ich die Wette schon gewonnen gehabt.«
Er wusste nicht recht, wohin mit seiner Hand, die leicht zitterte. Er berührte ihren Rücken. Julika bewegte sich nicht.
»Du bist nicht schuld, dass Ale tot ist«, sagte er. »Niemand ist schuld. Es war ein Unglück.«
Er hörte ihre Stimme, verstand aber nichts, weil Julika ins Kopfkissen redete.
»Was?«, sagte er. »Was ist?«
Mit einem Ruck drehte sie den Kopf. »Ihr Name ist Annalena!«, sagte sie mit gepresster Stimme, sah ihm, wie er fand, unfassbar traurig in die Augen und vergrub ihr Gesicht wieder im Kissen.
»Annalena«, sagte er, als habe ihre Stimme in seinem Kopf ein ebenso unfassbar trauriges Echo entfacht.

Marlen Keel hatte das Haus noch keine zehn Minuten verlassen, als es klingelte. Rico, der die ganze Nacht über wach gelegen und gerade eine Tasse Kaffee getrunken hatte, ging zur Tür, während Julika in der Küche sitzen blieb, den Kopf in die Hände gestützt, verstört von wirren Träumen, deren Bilder eine klamme Furcht zurückließen wie eine Eisschicht in ihrem Gehirn.

Rico öffnete die Tür und spürte sofort die Hand in seinen Haaren. Jemand zerrte ihn in den Hausflur, stieß ihn die Treppe hinunter und packte ihn im Genick. Jemand anderes betrat die Wohnung und schloss die Tür hinter sich.

Als er den Angreifer erkannte, tropfte schon Blut aus seiner Nase.

Juri hatte ihm in kurzen Abständen mitten ins Gesicht geschlagen. Rico sackte zu Boden. Wieder packte Juri ihn an den Haaren und stemmte ihn in die Höhe.

»Du hast sie da unten verrecken lassen, wegen dir ist sie tot!« Rico roch den Alkohol. Juri redete, als wäre er heiser. Dann schlug er wieder zu, wieder auf die Nase. Rico schluckte Blut.

»Und deine Westschlampe hat ihr nicht geholfen! Glaubst du, du kannst jetzt reden? Mit den Bullen? Mit dieser Staatsanwältin?«

Rico versuchte den Kopf zu schütteln. Da schoss Juris Stirn auf ihn zu und traf sein Nasenbein. So einen Schmerz hatte er noch nie verspürt. Er dachte, er würde auf der Stelle ersticken. Er rang nach Luft und schluckte mehr Blut. Seine Beine knickten ein. Juri packte ihn an den Haaren und warf seinen Kopf hin und her, unaufhörlich.

»Ein Wort, und du bist so tot wie Ale! Du hast sie da unten nicht rausgeholt! Du hast gewusst, dass sie im Klo ist! Du hast sie gesehen, und deine Alte hat sogar mit ihr gequatscht!« Juri schlug Ricos Kopf gegen die Wand.

Im ersten Stock wurde eine Tür geöffnet. Eine Frau beugte sich übers Geländer. Juri warf ihr einen Blick zu, und die Frau ging zurück in die Wohnung.

»Ein Wort, und du bist ein Unglücksfall! Bei den Bullen

sagst du, dass Ale so scheißbesoffen war, dass sie nichts mehr mitgekriegt hat, verstanden? Die wollen mich wieder drankriegen! Sie hat freiwillig gesoffen, und du wirst das bestätigen. Verstanden? Hast du das verstanden?« Er schlug Ricos Kopf in kurzen Abständen gegen die Wand wie einen Fußball. »Die wollen mir das anhängen, und die Staatsanwältin hat auch schon angerufen, heut Morgen! Die wusste schon, was passiert ist, die wusste alles! Und die reimt sich jetzt was zusammen, die ist hinter mir her! Die ist auch aus dem Westen, wie deine Schlampe!« Er gab ihm eine Ohrfeige. Dann packte er ihn an den Ohren und schleuderte ihn in die Ecke. Rico brachte keinen Ton heraus, nicht einmal ein Wimmern, sehen konnte er nichts. Juris Worte steckten in seinen Ohren wie Zecken.

Starr stand Steffen im Türrahmen der Küche. Er trug einen schwarzen langen Mantel und die Stiefel, die Julika schon gestern an ihm gesehen hatte. Sie war aufgestanden. Sie hatte dieselben Sachen an wie in der Nacht, Marlens Wollrock und Pullover.

»Hau ab!«, sagte sie. Sie überlegte, wie sie die Schublade erreichen könnte, in der die Messer lagen.

Steffen sagte nichts. Die Hände hielt er hinter den Rücken, mit seiner bulligen Gestalt füllte er fast den Türrahmen aus. Auf seiner Stirn glänzten Schweißtropfen. Julika roch Alkohol und Zigarettenrauch.

»Wo ist Rico?«, fragte sie.

Sie bekam keine Antwort. Steffen glotzte ihr abwechselnd auf die Brust und zwischen die Beine.

»Hau ab!«, schrie sie. Er schien sie nicht zu hören. Daran, das Fenster zu öffnen und um Hilfe zu rufen, dachte sie nicht. Stattdessen machte sie einen Schritt auf die Ablage zu, wie auf ein Zeichen hin, und sie wunderte sich kurz. Dann zog sie die Schublade auf und nahm das Brotmesser heraus. Sie hob die Hand und zeigte mit der Spitze des Messers auf Steffens Gesicht. Unverändert, als wäre er hypnotisiert, stierte er ihr auf die Brust und zwischen die Beine.

An das, was mit ihr geschehen würde, wenn sie ihn verfehlte, verschwendete sie keinen Gedanken. Sie stürzte sich auf ihn, das Messer in der erhobenen Hand, und bemerkte noch, wie gleichgültig sein Blick blieb. Da traf sie seine Hand im Gesicht. Sie schlug mit der Schulter gegen den Kühlschrank, ließ das Messer fallen und sackte zu Boden.

Im Flur hörte sie eine Stimme. Sie hob den Kopf. Steffen gaffte ihre Beine an. Als sie feststellte, dass ihr Rock hochgerutscht und ihr Slip zu sehen war, stand Steffen schon nicht mehr in der Tür.

Sie zog sich hoch, tastete nach der Wand und hörte ein Geräusch. Auf Knien rutschte sie in den Flur und blickte nach rechts.

Durch die Wohnungstür kroch Rico herein, das Gesicht von roten Schlieren entstellt, die Kleidung über und über mit Blut verschmiert. Er gab ein Krächzen von sich, das Julika mehr Angst einjagte als sein Anblick. Dann hielt er inne, wimmerte und riss den Mund auf, ohne einen Ton von sich zu geben.

Willenlos hob er die linke Hand. Julika dachte, er wolle ihr winken. Sein rechter Arm knickte ein, und er schlug mit dem

Gesicht auf den Teppich, und sein Körper schlotterte vom Kopf bis zu den nackten Füßen.

Julika faltete die Hände und flüsterte: »Wir gehen weg hier, wir gehen weg hier, und für immer.« Sie horchte. Sie begriff nicht, dass es ihre Stimme war.

13

Als Tabor Süden kurz nach fünf Uhr nachmittags das ockerfarbene Bahnhofsgebäude verließ, saß Julika in einem überhitzten engen Holzhaus, den Kopf an Ricos Schulter gelehnt, und sagte wieder mit leiser Stimme: »Wir gehen weg hier, und für immer.«

Und Rico sagte: »Ich bin hier zu Hause, woanders gehör ich nicht hin.«

»Ich pass auf dich auf«, sagte Julika.

»Woanders geh ich verloren.«

»Ich bin doch da«, sagte sie.

»Du musst doch wieder dahin zurück, von wo du weggelaufen bist«, sagte er.

»Ich bin nicht weggelaufen«, sagte sie.

Dünner Regen schlug gegen die Scheibe des kleinen Fensters. Ricos Atem rasselte, wenn er mit halb geöffnetem Mund Luft ausstieß. Seine Nase, die ihm bei jedem Atemzug wehtat, wurde von einem weißen Verband verdeckt, sein rechtes Auge war geschwollen, und er hatte ein Pflaster auf der Stirn und eines am Hinterkopf, wo seine Mutter ihm die Haare abrasiert hatte, damit der Arzt, der ihn für zwei Wochen krankschrieb, die Wunden behandeln konnte. Das Sitzen auf der schmalen Holzbank verursachte ein Stechen in seinem Rücken. Seine Unfähigkeit, Julikas Geruch auch nur ein wenig wahrzunehmen, obwohl sie sich eng an ihn schmiegte, ließ ihn beinah weinen vor Wut. Und auch, dass er sie in dieser Hütte verstecken musste.

»Manchmal«, sagte er, und seine Stimme klang lauter, als ihm recht war, »manchmal glaub ich, du lebst gar nicht in der Wirklichkeit.«

»Wo denn sonst?«

»Irgendwo daneben. Wo es nur dich gibt.«

»Und dich.«

Nach einer Weile sagte er: »Ich glaub, ich möcht schon in der echten Wirklichkeit leben.«

»Aber ich bin wirklich«, sagte sie.

»Ja«, sagte er, »du bist wirklich.«

»Ja«, sagte sie.

Wie einen unerwarteten Trost empfand er jetzt ihr gemeinsames Schweigen. Er fing an zu rätseln, warum. Dann hörte er auf zu rätseln.

Teil 2
DORT

»Wir waren wie Haustiere,
die in den Wald mussten«

14

Als er aus dem Taxi stieg, wurde ihm bewusst, dass er ebenso gut durch eine andere Stadt hätte fahren können. Auch hatte er nicht zugehört, was der Fahrer ihm erzählt hatte. Vage erinnerte er sich an einige Antworten.

Für einen Augenblick schien er sogar vergessen zu haben, wozu er vor dem sechsstöckigen Gebäude aus Beton und Backstein stand. Er trat aus dem dunklen Durchgang zurück auf den Gehsteig, stellte die braune Reisetasche neben sich, steckte die Hände in die Jackentaschen und legte den Kopf in den Nacken. Der Himmel war dunkelgrau, es nieselte, was ihm bisher nicht aufgefallen war.

Eine Weile stand Tabor Süden im matten Schein einer Straßenlampe wie einer, der dabei war aufzubrechen und nicht wusste, wohin.

Früher, als er manchmal verreist war, einer Frau zuliebe oder in der vergeblichen Vorstellung, anderswo könne er sich von sich selbst erholen, hatte er festgestellt, dass er zu lange brauchte, um in der neuen Umgebung gelassen zu werden und fähig zu schauen. War er dann wieder in seinem Zimmer, dauerte es Monate oder Jahre, bis seine Eindrücke – wie Fotos im chemischen Bad – zu konkreten Bildern wurden, die er einordnen und ablegen und hervorholen konnte. Zudem entwickelten sich in der Rückschau die kleinsten Begebenheiten zu Panoramen großer Empfindungen, und er war machtlos dagegen. Wie ein von Staunen überwältigtes Kind im Kino kam er sich dann vor, eines, das Zuschauer, Hauptfigur und Regisseur zugleich war, eines, das sich selbst vollkommen genügte.

Jetzt kehrte er erleichtert in die Gegenwart zurück und wandte

sich der Tür zu, hinter der er erwartet wurde und eine Aufgabe zu erfüllen hatte.
»Hier ist ein Herr Süden, Kollege aus Bayern«, sagte der Uniformierte ins Telefon. Dann legte er auf. »Herr Halberstett holt Sie ab.«
Süden stand im Vorraum neben dem Pförtnerkabuff. An der Tür mit den vier quadratischen Milchglasscheiben hing ein Schild: »Ab 12 Uhr öffentlicher Mittagstisch«. Auf einer schwarzen Tafel an der Wand waren die Büros der Polizeidirektion aufgelistet.
»Kollege Süden?«
Er drehte den Kopf.
»Halberstett, Inspektion Zentrale Dienste. Wir machen alles.«
»Grüß Gott«, sagte Süden.
»Guten Tag«, sagte Halberstett. »Einen Kollegen aus Bayern hatten wir noch nie zu Gast. Erschrecken Sie bitte nicht! Bei uns siehts anders aus als bei Ihnen. Das meiste hier stammt noch von früher.«
»Bei uns ist das meiste auch von früher«, sagte Süden.
»Aber bei Ihnen sahs früher besser aus als bei uns«, sagte Henry Halberstett.
Von der Eingangshalle mit den Stellwänden und dem verlassenen Informationstisch, auf dem ein altes Telefon stand, gingen sie durch einen Flur zum Treppenhaus.
»Die Einrichtungen in den Büros haben wir zusammengeschustert«, sagte Halberstett auf der Treppe. »Nach der Wende haben wir gedacht, wir werden eine moderne Polizei. Und was sind wir geworden? Sehen Sie sich um!«
Süden sah sich um. Schränke mit Orden und Pokalen und

Ausrüstungsgegenständen der Polizei, abblätternder Verputz, Linoleumböden, schäbige Stühle, Bilder mit Symbolen der Volkspolizei. Ein grauer, unabwaschbarer Schleier überzog Wände und Türen und Möbel. Es war die trostlose Sauberkeit staatlicher Behörden, die Süden gut kannte, multipliziert mit dem offenkundigen Desinteresse des Ministeriums, auch nur einen Cent mehr in bessere Arbeitsbedingungen zu investieren.

»Im Winter regnets hier rein«, sagte Halberstett.

Im Vorbeigehen warf Süden einen Blick durch die halb offene Tür einer Toilette. Er musste an die Zustände in Gefängnissen denken, in denen er zu tun hatte, als er in der Mordkommission arbeitete.

»Wir sind gleich da.«

Eine Tür reihte sich an die nächste. Niemand kam ihnen entgegen, aus den Zimmern war kein Geräusch zu hören.

»Hier, bitte«, sagte Halberstett. Er hielt Süden die Tür zu seinem Büro auf. »Die Kantine hat schon zu, ich hab uns Orangensaft im Supermarkt besorgt. Trinken Sie Saft?«

»Unbedingt«, sagte Süden.

Auf einem niedrigen Tisch lagen zwei Aktenordner, ein dünner mit einem grünen Deckel und einer mit einem orangefarbenen, der mindestens hundert Seiten umfasste. Zwei Gläser standen davor, halb voll mit Orangensaft, daneben die Papptüte.

»Bitte.« Halberstett deutete auf einen der beiden Stühle.

»Ich stehe lieber«, sagte Süden.

»Das ist erlaubt«, sagte Halberstett und setzte sich.

Im Gegensatz zur abweisenden Atmosphäre auf den Fluren

fand Süden das Büro behaglich. Drei Grünpflanzen in weißen Übertöpfen, an den Wänden eine riesige Landkarte von Deutschland, Poster von Landschaften und sparsam bekleideten jungen Frauen, die an Rennwagen lehnten, bunte Kalender, auf dem Schreibtisch ein Computer und eine Unmenge an Krimskrams: grüne Spielzeugautos, die als Briefbeschwerer dienten, Glaskugeln, ein kleines Buddelschiff, Stifte und Schreibblocks in allen Farben, die Figur eines Streifenpolizisten aus Plastik, deren Arme beweglich waren, im Moment hielt sie die Hand an die Mütze und salutierte in Richtung des Gesundheitsstuhls hinter dem Schreibtisch.

»Sie hätten sehen sollen, wie das früher hier aussah«, sagte Halberstett, der gekrümmt am kleinen Tisch saß. Er trug die gleiche Uniform wie das Männchen auf seinem Schreibtisch, das übliche polizeiliche Beige und Grün, mit drei Sternen auf den Schulterklappen. Nur die Mütze fehlte.

An der Wand gegenüber hing eine Mütze der Nationalen Volksarmee, davor thronte auf einem niedrigen Aktenschrank ein altes Röhrenradio.

»Das war früher eine Bezirksverwaltung hier, deswegen im Treppenhaus die Wappen. Als wir hier eingezogen sind, hab ich gedacht, wir werden jetzt modern. Aber das dauert. Meine Truppe ist jederzeit startklar, aber das Umfeld ... Ich hab fünfzig Leute unter mir, auch eine Hundestaffel, ich bin der Zugführer, viele Kollegen kenn ich von früher, wir sind eine eingespielte Mannschaft. Wir machen auch Demonstrationen und sind in Fußballstadien. Wenn wir auftauchen, hauen die Hools ab, das ist keine Übertreibung. Wir haben dann natürlich andere Uniformen an, das wissen Sie ja, meine steckt da unten im Rucksack, alles bereit, wir können in zehn Minuten rausrücken, wenns sein muss … Wir waren auch dabei, als es hier gebrannt hat, darüber sprechen wir noch. Vielleicht hat unsere Sache was damit zu tun, ich bin mir noch nicht sicher. Ich war jedenfalls vor Ort, und das war mit das Schlimmste, was ich je erlebt hab. Dazu das totale Versagen der Politik, totales Versagen … Und das ist auch in der Verwaltung so, die lassen uns allein. Seit ich hier bin, hab ich drei Strukturreformen erlebt, und das Personal ist immer weniger geworden und die Bezahlung nicht besser. Meine Frau ist arbeitslos, wir kommen gerade so über die Runden. Ich will mich nicht beklagen, aber Sie in Bayern sind natürlich viel besser dran. Wir machen dieselbe Arbeit, Sie und Ihre Kollegen und ich und meine Kollegen, aber wir hier kriegen zehn Prozent weniger Gehalt, immer noch, und das wird sich auch nicht ändern. Manchmal denk ich, die Zustände sind wie bei der NVA, wir haben neue Uniformen und ein paar neue Waffen, das ist alles. Ansonsten leben wir immer noch in der Vergangenheit. Entschuldigen Sie, Kollege …«

»Ich bin zum ersten Mal in Ostdeutschland«, sagte Süden. »Als Jugendlicher war ich mit der Schulklasse einmal in Ostberlin, danach nie wieder. Ich komme nicht raus.«

»Sie waren doch in Afrika«, sagte Halberstett. »Als ich Sie vorhin sah, hab ich Sie wiedererkannt, Sie haben das schwarze Mädchen begleitet, mit ihrem Vater.«

»Ich habe sie begleitet«, sagte Süden, »aber ich konnte ihr nicht helfen.«

»Damit müssen wir uns abfinden«, sagte Halberstett. »Wir tun unsere Pflicht, wir riskieren unser Leben, und dann können wir doch nichts bewirken. Wir erfüllen unseren Auftrag, mehr ist oft nicht drin.«

Süden lehnte an der Wand und schwieg. Halberstett sah ihn von der Seite an, trank einen Schluck Saft und schlug die grüne Mappe auf.

»Waren Sie mal in Westdeutschland?«, fragte Süden.

Irritiert klappte Halberstett die Akte zu.

»Einmal!«

Er überlegte, was sein Kollege mit der Frage bezweckte. Zudem dachte er plötzlich, er habe ihn womöglich mit seinem Gerede überfallen und sich als Jammerer entlarvt. Er hatte Vertrauen zu diesem Kollegen gefasst, der ihm nicht vorkam wie einer, der alles besser wusste und sich erst einmal jovial gab, bevor er anfing, seine Überheblichkeit auszuspielen. So wie jener Kollege vom LKA Nordrhein-Westfalen, der bei den Ermittlungen in einer landesübergreifenden Mordsache nach einem halben Tag seinen eigenen Laptop aus Wiesbaden anforderte, weil die hiesigen Computer seiner Meinung nach zu langsam arbeiteten.

Vielleicht aber täuschte er sich in diesem Süden, vielleicht sprach der nicht deshalb so wenig, weil er neugierig war, sondern weil er sich langweilte und nur darauf wartete, endlich zur Sache zu kommen, um möglichst rasch aus dieser Bruchbude zu verschwinden. Dass er jetzt fast ein schlechtes Gewissen bekam, ärgerte Halberstett. Weder hatte er einen Grund sich zu schämen, noch wollte er sich von einem gleichrangigen Kollegen, nur weil dieser aus dem Westen kam, in die Defensive drängen lassen. Immerhin machte er, Halberstett, gerade Überstunden, und zwar wegen ihm, um ihm Akteneinsicht zu gewähren, und zwar an einem Samstagabend, er hätte ihn auch bis zum Montag warten lassen können. Er hatte nur entgegenkommend sein wollen, denn trotz aller negativen Erfahrungen zählte unbürokratische Amtshilfe in Halberstetts Augen immer noch etwas, gerade in Zeiten, in denen die Polizei von innen und außen unter Druck stand. Außerdem mochte er Bayern. Aber das zählte nicht.

»Wo?«, fragte Süden.

»In Burghausen«, sagte Henry Halberstett. »Auf Einladung des Lions Clubs, die haben fünf Kollegen aus den neuen Ländern eingeladen, zum Ausspannen, das machen die wohl öfter.«

»Hat es Ihnen gefallen?«

»Wundervolle Landschaft. Sie haben eine Idylle vor der Haustür, das ist beneidenswert. Ich wollte immer mal mit meiner Frau hinfahren, hat sich bislang nicht ergeben. Tolle Gegend da unten.«

Das Schweigen, das folgte, mochte Halberstett nicht. Für Schweigen hatte er nichts übrig, nach seiner Überzeugung war Schweigen in erster Linie ein Beweis für Mundfaulheit, manchmal für Arroganz. Menschen hatten die einmalige Gabe Worte auszutauschen, also sollten sie diese Gabe auch nutzen, genauso wie Vögel ihre Flügel und Fische ihre Flossen nutzten. Menschen, die viel schwiegen, misstraute Halberstett, es war wie ein Reflex. Er glaubte dann, sie würden etwas aushecken.

»Sie sind wegen etwas anderem gekommen«, sagte er.

Süden sagte: »Wäre es Ihnen lieber, wir treffen uns morgen?«

»Morgen hab ich keinen Dienst.«

»Ich möchte Sie nicht aufhalten. Leihen Sie mir die Akten über

Nacht, ich bringe sie morgen früh zurück. Und wenn ich noch Fragen habe, rufe ich Sie am Montag im Dienst an.« Er sagte es mit gleichmäßiger Stimme, die Hände hinter dem Rücken verschränkt, ohne jede Betonung.

»Ich bitte Sie«, sagte Halberstett.

Dann schwieg auch er. Dieses Schweigen stürzte wie ein unhörbarer Wortschwall aus ihm heraus. Verblüfft schüttelte er den Kopf.

»Was ist?«, fragte Süden.

Halberstett betrachtete das Glas, aus dem Süden noch keinen Schluck getrunken hatte. »Was halten Sie davon, wenn wir woanders ein Bier trinken? Ich nehm die Akten mit.«

»Können Sie mir ein Hotel empfehlen?«

»Nein«, sagte Halberstett. »Ich ruf meine Frau an, die kennt sich da aus. Die hat eine Freundin, die arbeitet in der Branche.«

Vor der Tür waren Schritte zu hören. Dann ging die Tür auf, und ein Rottweiler präsentierte seine Zähne.

Sein Name war Varus und sein Mundgeruch teutonisch. Süden ging in die Hocke, und Varus blies ihm seinen Atem ins Gesicht, während ihm der Sabber aus dem Maul tropfte.

»Der tut nichts«, sagte der uniformierte Polizist, der sich mit dem Namen Kellerfink vorgestellt hatte.

»Natürlich nicht«, sagte Süden. Der Hund keuchte ihn an, als habe er seinen Atem gerade zum Geburtstag geschenkt bekommen und probiere ihn freudestrahlend aus.

»Danke, Ingrid«, sagte Halberstett und legte den Telefonhörer auf. »Gute Idee, die ›Sonne‹, ist nicht billig, aber Sie sollen unsere Bekannte erwähnen, dann bekommen Sie Ermäßigung.«

»Danke«, sagte Süden.

»Morgen fahren wir ans Meer«, sagte Kellerfink. »Da kann er sich austoben.«
Süden erhob sich, und Varus musste niesen.
»Wir können zu Fuß zum Hotel gehen, ist nicht weit«, sagte Halberstett.
»Tragische Sache«, sagte Kellerfink auf dem Weg zur Treppe. Varus wachte haarscharf über Südens Schritte. »Da hat einer was ganz Dummes gemacht, und leider ist jemand dabei zu Tode gekommen. Möglicherweise ist das Mädchen aus dem Westen eine Zeugin. Und der junge Mann, den sie zusammengeschlagen haben.«
»Welcher junge Mann?«, fragte Süden.
»Rico Keel«, sagte Halberstett. »Er sagt nicht, wers getan hat, er sagt, er ist in der Nacht überfallen worden. Er erstattet keine Anzeige, was sollen wir machen?«
»Wir müssen das Mädchen finden«, sagte Kellerfink.
»Die war ja schon mal spurlos verschwunden«, sagte Halberstett.
»Wann?«, fragte Süden.
»Weihnachten, als sie mit ihren Eltern hier war. Ihr Vater hat uns benachrichtigt, wir hatten aber keine Anhaltspunkte, er auch nicht. Sie war weg, und dann tauchte sie wieder auf, wir wissen nicht, wo sie gesteckt hat, angeblich wusste ihr Vater auch nicht, wo sie war. Und jetzt wieder.«
Vor dem sechsstöckigen Gebäude verabschiedeten sie sich, und Süden machte sich mit Halberstett auf den Weg zum Hotel. Aus unerfindlichen Gründen schickte Varus Süden ein Bellen hinterher.

»Warum haben Sie uns nicht früher benachrichtigt?«, fragte Süden in der »Alten Apotheke«, wo sie Bier tranken und grünen Hering mit Bratkartoffeln aßen. Das Lokal befand sich im Keller des Hotels »Sonne«, in dem Süden ein Zimmer für fünfundachtzig Euro die Nacht bekommen hatte. Das Zimmer hatte ein Doppelbett und Möbel aus poliertem Holz und kostete, wie Süden auf einem Schild an der Schranktür las, normalerweise zweihundertzehn Euro. Für Gäste, die nicht im Restaurant speisen wollten, gab es die Kneipe im Keller und für diejenigen, die Erholung brauchten, eine Sauna, ein Solarium und ein Dampfbad, vielleicht mit Anisaufgüssen, dachte Süden, *stimmungsaufhellend, angstlösend*.
»Wir sind nicht auf die Idee gekommen, einen Abgleich zu machen«, sagte Halberstett. »Das war eine Panne, für die ich mich entschuldige.«
»Noch zwei?«, fragte die Bedienung.
»Unbedingt«, sagte Süden.
»Ich muss aufpassen«, sagte Halberstett. »Ich muss noch fahren.«
»Sie sind doch bei der Polizei«, sagte die Bedienung, »Sie können sich doch nicht selber rauswinken!« Sie lachte verdruckst.
»Manche Kollegen sind gnadenlos«, sagte Halberstett.
»Jetzt trinken Sie erst mal noch eins, und dann sehen wir weiter, in Ordnung, Herr Kommissar?«
Sie nahm die leeren Gläser mit.
»Rico Keel behauptet, er wurde von Unbekannten zusammengeschlagen?« Süden hatte die grüne Akte durchgeblättert und die Seiten überflogen. Die dicke Mappe lag neben ihm auf dem Stuhl.

»Er behauptet das, und ich glaub ihm nicht«, sagte Halberstett. »Ich glaub ihm nicht, weil sein Kumpel Juri da mit drinnesteckt, und wenn der wo mit drinnesteckt, dann bedeutet das nichts Gutes. Ich will nichts Negatives über ihn sagen, er ist ein tüchtiger Junge, er ist nicht mal fünfundzwanzig und schon Kfz-Meister, deswegen hat ja auch die Fete auf dem Schiff stattgefunden.«

»Ich habs gelesen.« Süden hatte es nur so gesagt, ohne Unterton. Halberstett sah ihn an und überlegte, ob er sich schon wieder täuschte. Die Art, wie sein Kollege sich benahm, gefiel ihm nicht, jedenfalls gefiel sie ihm nicht ständig. Und allmählich fragte er sich, ob der andere ein Spiel trieb, ob er ihn manipulierte, ob er mehr aus ihm herauskriegen wollte, als er bereit dazu war.

Was Informationen anbelangte, das hatte Halberstett vorhin in der Direktion beschlossen, würde er dem Westkollegen keine weiteren geben als die, die in den Akten standen, nur diese waren für den Fall relevant. Und wenn der Kollege glaubte, spezielle Hintergründe erfahren zu müssen, dann war er auf sich selbst angewiesen.

»Zum Wohl, die Herren!«, sagte die Bedienung und wandte sich an Süden. »Sind Sie auch von der Polizei?«

»Ja.«

»Aber nicht von hier.«

»Aus Bayern.«

»Aus Bayern!«, sagte die Frau laut. »In Bayern mach ich in diesem Jahr Urlaub, in Dießen am Ammersee, stellen Sie sich das vor! Es muss wundervoll dort sein.«

»Landschaftlich reizvoll«, sagte Süden.

»Darauf freu ich mich schon. Und auf die Fahrradtouren, ich hab mir sagen lassen, man kann um den See herumradeln, das ist genau das Richtige für mich. Und hinterher gibts original bayerischen Schweinebraten. Aus Bayern sind Sie! Sind Sie auch bei der Kripo?«

»Vermisstenstelle.«

»Ach«, sagte die Bedienung. »Suchen Sie jemand bei uns?«

»Ein Mädchen, es war auf dem Schiff, auf dem das Feuerwerk explodiert ist.«

»Furchtbar! Das Fernsehen hat Berichte gebracht, ich hatte noch gar keine Zeit, mal hinzugehen und mir das Wrack anzusehen. Und da war ein Mädchen, das Sie suchen?«

»Ja«, sagte Süden. Beim Anblick des frischen Bieres tropfte ihm fast wie Varus der Sabber aus dem Mund. »Zum Wohl.« Er konnte nicht widerstehen.

Sie tranken, und die Bedienung ging zum nächsten Tisch.

»Der Name Juri steht hier nirgends«, sagte Süden.

»Das ist ein Spitzname, jeder nennt ihn so. Er heißt Thorwald Gottow, hier stehts, sehen Sie? Hier, und dann weiter hinten.«

»Sein Name stand in Ihrem Fax an uns.« Süden las ein paar Sätze, dann schlug er die eine Akte zu und legte sie auf die andere. »Glauben Sie, Juri hat etwas mit dem Überfall auf Rico zu tun? Die Frau, die ums Leben kam, war Juris Verlobte.«

»Ich weiß es nicht«, sagte Halberstett. Hier war die Grenze, hier ging es um die eigenen Leute, hier durfte nur er selbst spekulieren. Juris Vater war sein Kollege gewesen, viele Jahre, bis …

»Ich suche diese Julika«, sagte Süden. »Sie haben uns informiert, und wir waren der Meinung, wir sollten die Vermissung überprüfen, bevor der Vater wieder die Presse einschaltet. Ich muss wissen, ob sie auch beim zweiten Mal freiwillig verschwunden ist. Ich will mit ihr sprechen, ich will mir ein Bild von ihrem Zustand machen. Ich mische mich nicht in Ihre Ermittlungen, ich will nur mit den Leuten sprechen, mehr nicht.«

Er trank, strich sich die Haare aus dem Gesicht, roch an seinen Fingern, wie sein Vorgesetzter das immer tat, und stellte fest, dass er sie nicht mehr mit Seife gewaschen hatte, seit er an diesem Morgen gegen sieben Uhr seine Wohnung verlassen hatte.

»Sie haben mir die Akte über die Vorgänge damals im Sonnenblumenhaus rausgesucht«, sagte Süden. »Ich werde sie lesen, aber ich möchte auch, dass Sie mir erzählen, was passiert ist und in welcher Weise Juri und Rico darin verwickelt waren. Wie ist Ihre persönliche Einschätzung? Gibt es einen Zusammenhang zwischen der Explosion auf dem Schiff und dem brennenden Haus, in dem ebenfalls ein Mensch gestorben ist? Was wissen Sie, was nicht in den offiziellen Protokollen steht?«

»Nichts«, sagte Halberstett.

»Wir wissen immer mehr als das, was wir niederschreiben, damit ein Richter später daraus ein Urteil ableiten kann«, sagte Süden. »Wir wissen etwas über die Leute, was wir niemals hinschreiben, weil kein Richter damit was anfangen kann, weil es niemanden interessiert, nicht mal die Leute selber. Wenn es uns gelänge, bloß unseren Job zu machen, die Täter zu stellen, die Fakten aufzulisten, die Protokolle zu unterschreiben und das alles an die Staatsanwaltschaft zu schicken, wären wir ausgeglichen und zufrieden, und jeder Fall wäre wie der andere, die Fakten ähneln sich wie die Leute, Täter, Opfer, immer dieselbe Prozedur. Wir haken nur noch ab, und am Ende gehen wir in

Pension, Lob und Anerkennung dem pflichtbewussten und pünktlichen Beamten, Asche zu Asche.«

Halberstett fragte sich, ob er Südens Dienstausweis überprüfen sollte.

»Entschuldigen Sie«, sagte Süden und trank. »Möchten Sie nicht doch etwas zu dem Fall sagen?«

15

»Es gibt nichts zu sagen«, sagte Halberstett. »Sie sind hierher gekommen, um Erkundigungen über das Mädchen einzuziehen, und dabei werd ich Sie unterstützen, das ist selbstverständlich. Alles andere ist unsere Sache. Ich bitte Sie, das zu akzeptieren und unsere Arbeit zu respektieren.«
Süden winkte der Bedienung. Dann legte er die orangefarbene Mappe auf den Tisch und blätterte darin. Nachdem er ein Kännchen Kaffee bestellt hatte, während Halberstett unschlüssig mit dem Bierglas auf den Tisch klopfte, legte er die Hände auf einer Seite der Akte übereinander.
»Damals ist ein Vietnamese gestorben«, sagte Süden. »Er ist aus dem Fenster gesprungen, und es gab den Verdacht, dass er gestoßen wurde ... von Thorwald Gottow, genannt Juri ... Sie haben gegen ihn ermittelt, Sie haben auch Rico Keel und Annalena Prinz vernommen, über mehrere Wochen hin, Sie konnten ihnen nichts nachweisen, vor allem, weil Annalena von einem bestimmten Zeitpunkt an die Aussage verweigert hat, sie deckte ganz offensichtlich ihren Freund ...«
»Sie waren alle fast noch Kinder, Kollege!«, sagte Halberstett und schob das Bierglas von sich weg. »Wir haben sie vernommen, weil der Druck von außen so stark war, sie hatten mit dem Tod des Mannes nichts zu tun.«
»Warum lügen Sie sich an?«
Halberstett verkniff sich die Entgegnung, da die Bedienung den Kaffee brachte.
»Bitte, Herr Kommissar, darf ich fragen, wie Sie heißen? Ich bin neugierig, entschuldigen Sie.«
»Tabor Süden.«

»Süden«, sagte die junge Frau und nickte Halberstett zu. »Da haben Sie ja den richtigen Namen für dort, wo Sie herkommen.« Wieder lächelte sie, etwas unbeholfen, aber Süden sah lange hin. »Noch eins für Sie, Herr Halberstett?«

»Nein.«

»Auch einen Kaffee?«

»Später.« Halberstett starrte auf den Tisch.

Die Bedienung schob ihre Brille zurecht und ging.

»Ich lüge nicht«, sagte Halberstett und dämpfte seine Stimme, um die Gäste an den Nebentischen, die immer wieder hersahen, nicht an dem teilhaben zu lassen, was er dem Westkollegen ein für alle Mal klar machen musste.

»Wir sprechen hier von Jugendlichen, Kollege Süden, wir sprechen von einer anderen Zeit. Und jetzt hören Sie bitte zu, diese Geschichte damals, die hat uns alle belastet, jeden in der Stadt, ob er wollte oder nicht, ob er mit den Glatzköpfen sympathisierte oder nicht. Und ich, damit Sie mich nicht missverstehen, ich sympathisiere nicht mit denen, damals nicht und heute nicht. Ich sympathisiere mit niemandem, dafür habe ich keine Zeit, wenn ich im Dienst bin. Und wenn es nach uns gegangen wäre, damals vor dem brennenden Haus, dann hätten wir den Mob in der ersten Nacht platt gemacht. Glauben Sie im Ernst, wir hätten uns das gefallen lassen?

Diese Leute haben Steine nach uns geworfen, ich dachte, es regnet Steine vom Himmel, so war die Situation, und wir mittendrinne. Noch am Tag vorher gingen wir rein und holten die Besoffenen raus und brachten sie weg, Sie können sich nicht vorstellen, was da los war, wie die gesoffen haben, die Glatzen.

Da sind wir rein, und fertig. Aber am nächsten und übernächsten Tag war alles anders, da hatten wir unsere Befehle, und die Befehle lauteten: Abwarten. Abwarten. Angeblich sollten die Kollegen vom Grenzschutz kommen, mit Hubschraubern und Wasserwerfern, wir sollten die Lage nur sichern.
Die Typen holten sich Schottersteine von den S-Bahn-Gleisen und bewarfen uns damit. Und wir durften nichts tun.
Wenn es nach mir gegangen wär, das sag ich Ihnen ganz klar, dann wären wir da rein, hätten die Hools eingekesselt und platt gemacht. Wie zu DDR-Zeiten. Dafür war die NVA da, dass sie für Ordnung sorgt. Und dafür ist die Polizei da, damit sie für Ordnung sorgt. Wir durften aber nicht.
Inzwischen fing es an zu brennen, Müllcontainer gingen in Flammen auf, Sie werden sich an die Bilder erinnern. Es war Nacht, überall Flammen und dazwischen tausende von Leuten, natürlich waren auch Kinder und Jugendliche da. Natürlich waren die da. Da war ja was los, da war Action, die sind da mit reingeraten, wie man in so was eben mit reingerät.
Wir waren mit unserer Hundestaffel vor Ort, aber wir kamen nicht voran. Erst hieß es, wir sollten die Straße sichern, Deeskalation, großartig! Deeskalisieren Sie mal Leute, die gar nichts machen! Die machten doch nichts! Manchmal flogen Steine, ja, es war zu dunkel, um zu erkennen, woher die kamen, man sah die brennenden Container, und dann brannte es auch im Haus, aber sonst war es dunkel, und es waren auch viel zu viele Leute unterwegs.
Irgendwann wandte sich alles gegen uns, irgendwann waren wir die Zielscheibe des Mobs, nicht mehr das Haus und die Vietnamesen, die da drin eingeschlossen waren. Die sollten wir

ja auch noch rausholen, aber wie? Wir kamen nicht an das Haus ran. Dann war der Wasserwerfer leer.
Und jetzt zu den Jugendlichen. Die liefen da rum, das haben wir erst später mitbekommen, die haben natürlich auch getrunken, hat ja jeder getan. Das Ganze ging doch schon seit Tagen. Das war ja friedlich am Anfang, da lungerten die Rumänen rum, die auf ihren Asylantrag warteten, campierten auf der Wiese, war ja Sommer, das war erst friedlich. Dann gab es Proteste von Anwohnern, die Proteste wurden nicht gehört, die Behörden waren überfordert, die Rumänen fingen an zu randalieren. Da haben sich die Leute gewehrt. Verständlich.
Es war Sommer, Wochenende, die Leute hatten Zeit.
Dass die jungen Leute ins Haus rein sind und Feuer gelegt haben, das haben wir erst viel später begriffen. Und ob sie wirklich die Ersten waren, ist nicht einmal erwiesen. Sie waren im Haus, das steht fest. Eine ganze Gruppe. Sie haben die Namen in der Akte gelesen, Rico war dabei, Juri, seine Freundin – die Ale war damals schon seine Freundin, ich kannte die ja gut. Und dann sprang dieser Mann aus dem Fenster.
Sie können sich vorstellen, wie lange es dauerte, bis der Sanitätswagen durch die Menschenmassen kam. Ich war dort, ich selbst hab den Verletzten nicht gesehen, mein Kollege hat ihn gesehen, Wilhelm, übrigens der Vater von Juri. Der ist jetzt nicht mehr bei der Polizei, das ist eine andere Geschichte.
Wilhelm war direkt am brennenden Haus, der bewusstlose Vietnamese wurde abtransportiert und starb im Krankenhaus. Er ist verblutet. Der Arzt sagte aus, der Mann sei vermutlich

nicht vom Sturz gestorben, eine Glasscherbe habe seine Halsschlagader aufgeschlitzt, vor dem Sprung.
Wir haben jeden Einzelnen verhört, der in dem Haus war, darauf können Sie sich verlassen, Kollege Süden. Trotz des Chaos und der vollkommen unübersichtlichen Situation ist es uns gelungen, die, die drinne waren, rauszufiltern. Wobei man sagen muss, das Haus, also in diesem Teil des Hauses – in dem ganzen Komplex leben ja an die zweitausend Leute, es gibt sieben Eingänge –, in diesem speziellen Teil des Gebäudes also befand sich zu diesem Zeitpunkt niemand mehr. Die Bewohner waren alle weg, vorher weg, die flohen übers Dach, eine andere Möglichkeit gab es nicht, weil die Türen im Treppenhaus versperrt waren. Das ist eine andere Geschichte, die mit den Ereignissen vor dem Haus ursächlich nichts zu tun hat.
Obwohl wir es mit ungefähr dreitausend Schaulustigen zu tun hatten, gelang es uns, einzelne Zeugen zu ermitteln. Schließlich stellte sich heraus, der Vietnamese hatte sich eingeschlossen und sah in seiner Panik keinen anderen Ausweg, als aus dem Fenster zu springen. Das war ein schreckliches Ereignis. Sie müssen bedenken, dass trotz des Krawalls, trotz der Steine, die geflogen sind, trotz des massiven Einsatzes unserer Polizeikräfte niemand ernsthaft verletzt worden ist. Am Ende sind wir alle mit einem blauen Auge davongekommen. Einer meiner Vorgesetzten wurde entlassen, angeblich hatte er die Einsätze falsch koordiniert, das ist lächerlich. Er war ein Bauernopfer des Ministeriums.
Der Vietnamese war der einzige Tote, ich beschönige seinen Tod nicht, das habe ich nie getan, öffentlich nicht und auch privat nicht. Ich habe nie gesagt, er hätte sich selbst in diese

Situation gebracht, ich habe nie gesagt, er hätte rechtzeitig das Haus verlassen müssen wie seine Landsleute. Ich sage so etwas nicht, weil es nicht meine Überzeugung ist. Meine Überzeugung ist, er hatte Angst und wusste nicht, dass es harmlose junge Leute waren, die an der Tür klopften, er hatte die Tür verriegelt, das wurde eindeutig bewiesen. Die anderen haben die Tür erst eingetreten, als sie das Splittern des Glases und Schreie von unten hörten. Das Ganze passierte im ersten Stock. Deshalb hätte er den Sturz auch überlebt, vermutlich.

Die Anschuldigungen bestimmter Leute, die Jugendlichen hätten ihn aus dem Fenster geworfen, sie hätten ihn gepackt und ihn vorher so schwer verletzt, dass er schon mehr oder weniger halb tot war, als er unten aufschlug, hielten keiner genauen Überprüfung stand. Und wir haben alles überprüft, immer wieder, wir haben die Familien über Monate hinweg verhört. Bei Ricos Mutter gingen meine Kollegen praktisch ein und aus, ebenso bei Juri, gegen den sich einige Verdachtsmomente ergaben, weshalb er in Untersuchungshaft kam. Steht alles in den Akten, Sie werden darin widersprüchliche Aussagen finden, das ist klar! Die Leute hatten massiv getrunken.

Was gegen Juri sprach, war, dass er schon mehrmals wegen Körperverletzung auffällig geworden war, er war auch schon mal nach dem Jugendstrafrecht auf Bewährung verurteilt worden. Und er war so etwas wie der Anführer. Behaupteten einige Zeugen. Seine Freundin sagte aus, sie seien alle gemeinsam rein ins Haus und hätten hier und da eine Gardine angezündet. Das hört sich schlimmer an, als es ist. Sie gingen davon aus, dass sie allein in den Wohnungen waren, jeder auf der Straße hatte mitbekommen, dass die Vietnamesen, die normalerweise als Gastarbeiter dort wohnten, das Gebäude verlassen hatten, und zwar alle. Sie waren in Bussen weggebracht worden. Genau wie einen Tag vorher die Rumänen. Alle waren weg, die Leute hatten immer noch eine Wut, das muss man verstehen. Die lebten dort friedlich und plötzlich sehen sie nur noch fremde Gesichter, Leute, die auf den Wiesen urinieren, die Tauben grillen, das weiß ich aus erster Hand, die im Supermarkt klauen. Was wollen Sie tun, wenn Sie so eine junge Rumänin erwischen, die auf ihren Asylantrag wartet? Einsperren? Sie wird sowieso abgeschoben. So ist es dann ja auch passiert. Die wurden alle abgeschoben, nicht zurück in ihre Heimat, in ein anderes Bundesland, wo mehr Platz ist als bei uns.

Was ich sagen will, ist, und ich bitte Sie, das bei Ihren Ermittlungen hier bei uns nicht zu vergessen, diese junge Menschen sind da mit reingeraten, eine schlimme Sache, ich beschönige nichts, sie waren dabei und sie mussten zur Verantwortung gezogen werden. Und wir haben sie zur Verantwortung gezogen, wir haben sie verhört und wieder verhört und immer weiter verhört, Sie sehen ja, wie viele Seiten Protokoll sich angesammelt haben. Und das Ergebnis unserer Untersuchungen war: Der junge Vietnamese ist aus dem Fenster gesprungen, und zwar ohne Beteiligung von Dritten. Rico, Juri, seine Freundin und die anderen Jugendlichen wurden auf freien Fuß gesetzt, der Verdacht auf gemeinschaftlich begangenen Mord ließ sich nicht aufrechterhalten. Der Haftrichter hatte keine andere Wahl, als Juri freizulassen.

Das sind die Fakten, Kollege Süden, und das ist meine persönliche Einschätzung. Das ist das, was früher passiert ist, jetzt geht es um etwas anderes, nämlich um ein tragisches Ereignis auf einem Schiff. Um eine junge Frau, die sich in der Toilette eingeschlossen hatte und im Feuer zu Tode gekommen ist. Und es geht um ein Mädchen aus Ihrer Stadt, die mit Rico befreundet ist oder war und jetzt verschwunden ist. Bei der Suche nach ihr will ich Ihnen, soweit ich das kann, helfen, auch logistisch.

Ich wollte Sie mit meinen Ausführungen nicht belehren, Kollege, ich wollte nur die Dinge klarstellen, damit Sie sich nicht wundern, wenn Sie bei Kollegen auf Reaktionen stoßen, die Sie sich nicht erklären können. Das ist nie persönlich gemeint.«

Süden sagte: »Haben die Leute damals nicht gebrüllt: ›Deutschland den Deutschen!‹ Und: ›Ausländer raus!‹ Auch die jungen Leute?«

»Ich bitte Sie«, sagte Halberstett, »wes politischen Geistes jemand ist, des darf man ihn nicht gleich einsperren!«

Süden trank noch einen zweiten Kaffee. Halberstett bestellte die Rechnung.

»Wie lange haben Sie vor, in der Stadt zu bleiben?«

»Bis ich das Mädchen gefunden habe.«

»Glauben Sie, sie ist noch hier?«

»Wo sollte sie sonst sein?«

»Das stimmt so«, sagte Halberstett zur Bedienung.

»Danke schön, das ist aber nett von Ihnen! Sie müssen heim zu Ihrer Frau.«

»Ja.«

»Noch einen Wunsch, Herr Süden?«

»Im Moment nicht.«
»Ich komm dann noch mal vorbei.«
»Unbedingt.«
Halberstett stand auf. »Sie können mir die Akten am Montag bringen, keine Eile damit. Ich wollte Sie wirklich nicht maßregeln, ich hoffe, Sie haben das nicht so verstanden.«
»Nein«, sagte Süden. »Ich habe Sie um Ihre Meinung gebeten.«
»Da bin ich sehr froh.« Sie gaben sich die Hand. »Meine Frau wartet immer, bis ich komm. Das macht sie, seit ich bei der Polizei bin. Sie kann erst ruhig schlafen, wenn ich da bin. Da kann man nichts machen. Jetzt hab ich Ihnen so viel von mir erzählt, und Sie haben mir gar nichts erzählt.«
»Ein andermal«, sagte Süden.
»Auf Wiedersehen, Kollege.«
Er ging zu der Treppe, die nicht in die Hotelhalle, sondern auf die Straße führte. Süden lehnte sich zurück, verschränkte die Arme und schloss die Augen.
Ganz allmählich begriff er, dass die Fremde, in der er sich befand, eine dreifache Fremde war. Er war nicht nur einer aus dem Westen, der im eigenen Land ein noch immer unbekanntes Territorium betrat. Er war nicht nur ein Polizist, der unter besseren, zeitgemäßen Bedingungen arbeitete und schon immer gearbeitet hatte. Er war vor allem ein Mensch, dessen Empfindungen und Schlussfolgerungen einer inneren Freiheit entsprangen, die er nie in Frage gestellt, die er von Kindesbeinen an für selbstverständlich gehalten hatte.
Wozu er sich zwingen musste, das wurde ihm in der »Alten Apotheke« bewusst, war, bei jeder Begegnung daran zu denken, dass sein Gegenüber sein Auftreten vielleicht missverstand,

in seinen Sätzen Untertöne vermutete, die er nicht beabsichtigte, und in sein Schweigen Überheblichkeit hineinlas, auch wenn es nichts anderes bedeutete als die Abwesenheit von Worten.

Mehrmals ging die Bedienung an ihm vorüber, und er bemerkte sie nicht.

16

»Hab ihn seit Tagen nicht gesehen, ich hab gedacht, er sitzt in U-Haft.«
»Wer hat dir denn das erzählt, Willi?«
»Du hast ihn doch festgesetzt, oder nicht?«
»Ich hab ihn nicht festgesetzt«, sagte Henry Halberstett. »Er wurde befragt wie alle anderen, die auf dem Schiff waren.«
»Was willst du von mir? Ich hab hier eine Runde Karten laufen.«
»Ich wollt dir nur sagen, falls du Juri triffst, sag ihm, er soll nicht gleich ausflippen, wenn ihm der Westkollege ein paar Fragen stellt. Dein Junge soll sich normal verhalten.«
»Wenn ich richtig verstanden hab, sucht der Westkollege ein Mädchen. Was hat die mit Juri zu tun?«
»Sie war auch auf dem Schiff«, sagte Halberstett.
»Ist unwahrscheinlich, dass er vorbeikommt, der kommt in letzter Zeit überhaupt nicht mehr. Er hat sein eigenes Leben, er muss die Werkstatt führen …«
»Gute Nacht, Willi, entschuldige die Störung.«
Wilhelm Gottow legte den Telefonhörer auf und nickte seinen Mitspielern am Tisch zu.
Er blickte eine Weile durchs Fenster in die Dunkelheit, zu den Holzbungalows, die an Gäste vermietet wurden. Am Haus Nummer fünfzehn brannte eine kleine weiße Laterne oberhalb der Eingangstür.

»Du siehst erschöpft aus.«
»Ich seh mir noch die Nachrichten an«, sagte Halberstett.
»Wars so schlimm mit dem Kollegen?«
»Wie erwartet.« Im Fernsehen ging gerade eine Talkshow zu Ende.

»Willst du einen Tee?«
»Nein, Ingrid!«
Sie zog die Strickjacke aus und legte sie über den Arm. Sie stand bei der Tür.
Halberstett sah zu ihr hin.
»Ich wollt nicht unhöflich sein«, sagte er.
»Was ist mit Juri? Hat er was damit zu tun?«
»Kann man noch nicht sagen.«
»Damals konnte man auch nie was sagen. Und er war trotzdem schuld.«
»Er ist nicht verurteilt worden.«
»Ja«, sagte Ingrid Halberstett.
Bei einem Bericht über den Nahen Osten schaltete ihr Mann den Fernseher ab. »Wir sind nicht der einzige Flecken auf der Erde, wo es keine Gerechtigkeit gibt.«
»Du magst Juri, du hast ihn immer gemocht.«
»Du etwa nicht?«
»Ich auch. Und jetzt ist seine Verlobte ums Leben gekommen, und niemand weiß, wie das geschehen konnte.«
»Sie hatte sich eingeschlossen.«
»Das weiß ich. Aber warum hat sie sich eingeschlossen? Sie hat sich doch nicht eingeschlossen, weil sie auf die Toilette musste. Oder? Das hast du mir erzählt, sie hatte Streit mit Juri.«
»Das ist nicht bewiesen. Es ist nichts bewiesen.«
»So wie damals.«
»Hör auf!«, sagte er. »Mir reicht, dass der Westkollege bei mir reinpfuscht.«
»Ich pfusch doch nicht bei dir rein!«
»Entschuldige, Ingrid. Ich bin müde.«

»Was ist das für ein Typ? Ist er wenigstens höflich?«
»Er hat ziemlich lange Haare, ist unrasiert und übergewichtig, ungefähr Mitte vierzig.«
»Dass die im Westen bei der Polizei so rumlaufen dürfen, mit langen Haaren und unrasiert.«
»Hauptsache, er hält sich an die Regeln«, sagte Halberstett.
Morgen war der erste Tag seit fünf Wochen, an dem er ausschlafen konnte.

17

Die gleiche Situation wie damals: Sie auf dem Stuhl, der Polizist an der Tür, steht da wie hereingebeten und schaut auf sie herunter, genau wie damals seine Kollegen. Und es hatte so kommen müssen, im Stillen hatte sie damit gerechnet. Beim ersten Blick auf das Mädchen war ihr klar gewesen, in spätestens einer Woche würde jemand auftauchen und so lange nachfragen, bis er eine Antwort bekam, die ihn überzeugte. Und sie wusste wie damals, ihr Sohn würde diese Antwort nicht geben können oder wollen, und dann musste sie für ihn das Wort ergreifen. Doch niemand würde ihr glauben, weil sie als Mutter auf der Seite ihres Sohnes stand, egal, wie bedrohlich die Situation war und mit welchen Konsequenzen sie bei einer Falschaussage zu rechnen hatte.

Natürlich stand sie auf Ricos Seite, bloß: Was war seine Seite? Welches Ziel verfolgte er? Hatte er einen Plan? War er darauf aus, die Wahrheit zu sagen oder zu lügen bis zum bitteren Schluss? Und wenn er log, welche Wahrheit gab es dann wirklich?

Die gleiche Situation wie damals: Die Polizei fragte, und sie antwortete und achtete darauf, sich nicht zu widersprechen. Bloß keine Widersprüche! Die Versuche der Polizisten, die Aussagen ihres Sohnes gegen ihre auszuspielen, hatte sie rasch durchschaut, und sie war stur bei dem geblieben, was sie bereits erklärt hatte.

Und heute? Was war auf dem Schiff wirklich passiert? Was hatte Julika wirklich getan? Was hatte Rico wirklich beobachtet? Natürlich schützte er das Mädchen, deswegen hatte er sie von hier weggebracht. Wohin? Wo war sie seit einer Woche? Alles,

was er verraten hatte, war, sie sei noch in der Stadt und er werde ihr, seiner Mutter, nicht mehr sagen, damit sie bei der Polizei nicht zu lügen brauchte. Er kapierte einfach nicht, dass die Polizei ihr nicht glauben würde. Henry Halberstett glaubte ihr nicht, und der Polizist aus dem Westen, der seit einer halben Stunde in ihrer Küchentür stand, glaubte ihr genauso wenig.
Nach dem Frühstück war Rico aufgestanden und gegangen. Natürlich hatte er gesagt, sie solle sich keine Sorgen machen, er wisse genau, was zu tun sei. Manchmal schreit seine Naivität zum Himmel, hatte sie gedacht und den Mund gehalten. Schon zum dritten Mal innerhalb einer Woche war er nachts nicht nach Hause gekommen. Hatte sie das Recht ihn zu fragen, weshalb? Natürlich! Also hatte sie ihn gefragt. Und er hatte geantwortet, sie solle sich keine Sorgen machen. Und nach der vierten Nacht hatte sie ihn noch einmal gefragt, und er hatte erwidert, er habe Julika nicht allein lassen wollen. Marlen machte ihm Vorwürfe, weil er keine Anzeige erstattete, und auch wegen seiner Aussagen gegenüber den Polizisten, die ihn im Krankenhaus besucht hatten, nachdem eine eifrige Krankenschwester in der Blücherstraße angerufen hatte. Er sei überfallen worden, hatte er gesagt, er habe aber kein Interesse an einer Strafverfolgung. Sehr überzeugend. Die Polizisten fertigten ein Protokoll an, kurz darauf meldete sich Henry Halberstett. Rico blieb bei seiner Entscheidung, und Marlen erfuhr von ihm nicht mehr als der Arzt und der Kommissar.
Und Julika hatte kein Wort gesagt. Marlen kam es vor, als würde sie sich in ein kleines Mädchen zurückverwandeln, das die Sprache verloren hatte und in einer Phantasiewelt herumspazierte, unerreichbar für die Menschen. Bei ihr war sich Marlen

sicher, dass sie genau wusste, was passiert war und wer Rico so zugerichtet hatte. Julika sagte nichts, weil Rico es so wollte. Warum verhielt er sich so? Hatte er Angst? Wurde er bedroht? Warum, fragte sich Marlen wieder und wieder, hat er das Vertrauen in seine Mutter verloren, warum vertraute er Julika mehr als ihr? Warum behandelte er seine Mutter wie eine Fremde? Sie kam sich ausgeschlossen und gedemütigt vor. Und nun auch noch von einem Mann unter Druck gesetzt, dessen Namen sie vergessen hatte.

»Ich höre Ihnen nur zu«, sagte Süden. »Die einzige Frage habe ich schon gestellt, und Sie konnten sie mir nicht beantworten, mehr Fragen habe ich nicht.« Er hörte so abrupt zu sprechen auf, dass Marlen sofort etwas sagen wollte. Im letzten Moment machte sie den Mund wieder zu.

»Das sah jetzt komisch aus«, sagte Süden. Er hatte den Reißverschluss seiner Lederjacke aufgezogen und die Hände hinter dem Rücken übereinander gelegt. Er trug ein sauberes weißes Hemd und eine schwarze Jeans, die ihm zu eng war.

Nachdem er bis halb drei Uhr morgens die Akten studiert hatte, war er eingeschlafen und um halb acht aufgestanden. Er hatte geduscht und sich angezogen und vergessen die Haare zu waschen. Er überlegte, ob womöglich eine beginnende Krankheit hinter dieser Art Vergesslichkeit steckte.

»Sie machen mich nervös mit Ihrem Geschweige«, sagte Marlen.

»Wo ist Julika?«, fragte er zum zweiten Mal.

»Leiden Sie unter Amnesie? Ich habe Ihnen gesagt, ich weiß es nicht.« Dann stieß sie einen Seufzer aus. »Ich wollte Sie nicht beleidigen.«

»Sie haben mich nicht beleidigt«, sagte Süden und ging zum Tisch. Sie hatte ihm Kaffee eingeschenkt, und er hatte abgelehnt. Er hatte eine Tasse im Restaurant des Hotels getrunken und Lust gehabt etwas zu essen. Als er die vollen Teller der Frühstücksgäste sah und beobachtete, wie sie Rühreiberge und Wursttürme verschlangen, flüchtete er. Später trank er in einem Stehcafé eine zweite Tasse Kaffee und aß dazu eine Semmel mit Käse, die ihm nicht schmeckte. Im Taxi knurrte sein Magen, und der Fahrer bot ihm einen Butterkeks an, den Süden dann so gierig verschlang, dass der Fahrer ihm zwei weitere Kekse schenkte.
»Bitte setzen Sie sich endlich!«, sagte Marlen.
Er setzte sich.
»Frischen Kaffee?« Sie stand auf, leerte seine Tasse, in der der Kaffee kalt geworden war, in den Ausguss und nahm die Kanne aus der Maschine. »Sind Sie schon lange bei der Polizei? Oder stört Sie die Frage?«
»Nein.«
Sie stellte ihm die Tasse hin. Er trank den Kaffee schwarz.
»Ich bin mit neunzehn zur Polizei gegangen und bis heute nicht mehr weggekommen.«
»Das klingt, als würden Sie es bereuen.«
Sein Schweigen zwang sie, sich schon wieder zu entschuldigen.
Süden sagte: »Mich stören Ihre Fragen nicht. Das ist jetzt beschlossen.«
Sie hielt die Kaffeetasse vor ihr Gesicht. »Sie sind ganz anders als unser Herr Halberstett. Sie haben ihn ja kennen gelernt, der ist … er ist ein direkter Polizist, man erkennt ihn gleich … nicht wegen der Uniform, er hat … er hat dieses Auftreten, er

war ja früher auch Boxer, ich glaub, er war immer ganz schön stolz auf seinen Namensvetter, den anderen Henry. So einer sind Sie nicht.«

»Ich habe nie geboxt«, sagte Süden.

»Ich meine das Auftreten, wenn man Sie so sieht ... In welcher Abteilung arbeiten Sie genau?«

»Vermisstenstelle. Ich suche Verschwundene.«

»Natürlich, deswegen sind Sie ja hier. Gibt es bei uns keine eigene Vermisstenstelle? Kann Herr Halberstett das nicht erledigen, das ist doch sein Gebiet hier, ist er nicht für Verschwundene zuständig?«

»Doch«, sagte Süden. »Aber ich bin es auch.«

Sie trank und stellte die Tasse hin und warf ihm einen schnellen Blick zu. Er betrachtete sie. Das störte sie. Alles an ihm störte sie, seine komplette Anwesenheit. Und sie war wütend auf ihre Freundlichkeit, sie konnte einfach nicht abweisend sein. Als besitze sie ein spezielles Gen dafür. Fragte sie jemand nach dem Weg, gab sie Auskunft. Klingelte jemand an der Tür, öffnete sie und ließ sich auf ein Gespräch ein. Nervte sie ihre Kollegin, hörte sie zu und gab Tipps. Kam die Polizei, machte sie Platz. Manchmal dachte sie, sie bewege sich noch immer in den alten Mustern. Früher durfte man sich nichts trauen, also traute man sich nichts. Man respektierte Obrigkeiten und bildete ansonsten eine verschworene Gemeinschaft im Alltag, jeder half jedem, so gut er konnte. Ob man den anderen mochte oder nicht, man musste zusammenhalten, um über die Runden zu kommen. Und wenn jemand an der Tür klopfte, dann konnte man nicht dahinter stehen und Mäuschen spielen, dann wurde geöffnet, und man hatte sich zu freuen. Und das war auch richtig. Der andere war ebenso wichtig wie man selbst, das Wir war entscheidend, nicht das Ich. Heute machte man nicht mehr einfach die Tür auf, wenn es klingelte. Man bat nicht fremde Leute in die Wohnung, auch wenn sie sich als Polizisten aus dem Westen auswiesen. Man hatte das Recht Fragen zu stellen und Nein zu sagen. Ein Polizist brauchte eine Genehmigung für das Betreten einer Privatwohnung, auch wenn Halberstett und seine Kollegen sich damals, nach den Ereignissen am Sonnenblumenhaus, nicht darum gekümmert hatten. Das war etwas anderes gewesen.

»Haben Sie eine Erlaubnis in meine Wohnung einzudringen?«, fragte sie, und ihre Stimme erinnerte sie an die ihres Sohnes und an die Art, wie er neuerdings öfter mit ihr sprach.

»Nein«, sagte Süden und stand abrupt auf.

Verblüfft fragte sie: »Wo wollen Sie hin?«

»Ich gehe, wenn Sie das möchten.«

»Das ist doch …« Was veranstaltete dieser Mann? Natürlich hatte er keine Genehmigung, andernfalls hätte er sie ihr gezeigt. Sie hatte ihn freiwillig hereingelassen, das war ja gerade das, was sie so aufbrachte! Am liebsten hätte sie ihm ins Gesicht gesagt, er solle auf der Stelle verschwinden. Aber genau das hatte er doch gerade vor. Oder nicht? Jetzt stand er da wie vorher und strömte diesen eigentümlichen Geruch nach Rasierwasser aus. Dabei hatte er sich nicht einmal rasiert.

»Ich wollte Sie nicht überfallen«, sagte er.

Warum hörte er jedes Mal so abrupt zu sprechen auf?

»Ich bitte Sie«, sagte sie. Das war nicht im Mindesten das, was sie sagen wollte. Und weil sie kein weiteres Wort herausbrachte und vor lauter Unentschlossenheit schon zitterte, stand sie ebenfalls auf, mit einer eckigen Bewegung. Nun stand sie ihm gegenüber, starrte ihm in die grünen Augen und kam sich wie ein Mädchen vor, das zum ersten Mal Bekanntschaft mit seinen Hormonen machte.

Süden lächelte. Sie starrte sein Lächeln an. Vermutlich würde sie anfangen zu kichern, wenn er mit den Ohren wackelte. Sie kannte diesen Mann nicht. Sie mochte diesen Mann nicht. Dieser Mann stellte eine einzige Belagerung dar.

»Entschuldigen Sie mich«, sagte sie und ging aus der Küche. Sie sperrte die Badezimmertür hinter sich ab und lehnte sich dagegen. Sie zwang sich an Rico zu denken und daran, weshalb dieser Polizist zu ihr gekommen war.

Sie hatte nichts verraten. Oder doch? Sie dachte nach. Nein. Ja, das Mädchen hatte hier übernachtet, Rico und Julika hatten sich im Dezember kennen gelernt, in einer Kneipe. Das war alles. Julika hatte ihr Kommen nicht angekündigt gehabt, sie war unverhofft vor der Tür gestanden, so wie er, der Polizist. Nein, sie hatte nichts verraten.

Da fiel ihr Blick auf ein weißes Sweatshirt, das über dem Wannenrand hing. Es gehörte Julika. Marlen hatte es mit ihrer Wäsche mitgewaschen, und als Julika Hals über Kopf verschwand, hatte sie es liegen lassen. Marlen faltete es zusammen und schob es zwischen einen Stapel Handtücher. Dann drückte sie die Klospülung und wusch sich die Hände.

In der Küche hatte sich Süden wieder an den Tisch gesetzt.

»Mehr kann ich Ihnen nicht sagen«, sagte Marlen.

Einen ähnlichen Satz hatte Süden schon einmal gehört.

»Vielleicht«, sagte er, »geben Sie mir noch eine Beschreibung des Mädchens, das hilft mir weiter.«

»Sie wissen doch, wie das Mädchen aussieht.«
»Ich meine keine äußerliche Beschreibung.«
Was blieb ihr übrig, als sich ebenfalls zu setzen?
»Eine verschlossene Person«, sagte sie. »Wir haben nicht viel miteinander geredet.«
»Auch nicht nach den Ereignissen auf dem Schiff?«
»Nein.«
»Ich möchte mit Ihrem Sohn sprechen.«
»Das hab ich Ihnen auch schon gesagt, ich weiß nicht, wann er wiederkommt. Er ist mit Freunden unterwegs.«
»Warum hat er keine eigene Wohnung?«
»Geht Sie das was an?«
»Nicht das Geringste«, sagte Süden. Er strich sich die Haare aus dem Gesicht und schloss die Augen. Er öffnete sie auch nicht, als er das Geräusch an der Wohnungstür hörte. Er spürte Marlens Unruhe. Dann drang eine laute Stimme durch den Flur.
»Ich brauch eine Decke, Mutti, hab ich vergessen, ich bin gleich wieder weg.«
Außer Atem tauchte Rico in der Tür auf.
»Grüß Gott«, sagte Süden.

18

In der ausgebleichten Jeansjacke mit dem grauweißen Pelzkragen und der grauen Stoffhose, die ihm um die Beine schlotterte, mit den abstehenden Haaren, dem blassen Gesicht und dem großen, halb geöffneten Mund, machte er auf Tabor Süden einen ebenso komischen wie traurigen Eindruck.

»Auf Sie habe ich gewartet«, sagte Süden.

Rico rang nach Luft, weil er den Weg von der S-Bahn-Station bis zum Haus im Dauerlauf zurückgelegt hatte, und er rang nach Luft, weil er den Mund nicht zubrachte.

»Hallo«, sagte Marlen, nachdem sie ihrem Sohn fast eine halbe Minute lang dabei zugesehen hatte, wie er sich den Mund fusselig schwieg. »Das ist Kommissar Süden. Du kannst dir denken, warum er hier ist.«

»Nein«, sagte Rico und sah Süden mit grimmigem Blick an.

Keiner sprach ein Wort. Mutter und Sohn tauschten umständlich Blicke, Süden saß wie abwesend nach vorn gebeugt, den Kopf gesenkt, die Ellbogen auf den Oberschenkeln, die Hände über Kreuz. Er hatte keinen Zweifel, dass Rico wusste, wo Julika sich aufhielt, und er hatte wenig Hoffnung, dass Rico ihr Versteck preisgeben würde. Der Schock war vorbei, nun würde der junge Mann eine Strategie der Täuschung entwickeln, und es würde kompliziert sein, ihn davon abzubringen.

»Hol dir einen Stuhl«, sagte Marlen.

Rico ging ins Wohnzimmer, warf die Jacke auf die Couch und zögerte keinen Moment, in die Küche zurückzukehren. Wortlos stellte er den Stuhl vor den Kühlschrank und setzte sich.

»Möchtest du eine Tasse Kaffee?«, fragte Marlen.

Er schüttelte den Kopf.
»Herr Süden?«, sagte Marlen, die nicht still dasitzen wollte.
Süden richtete sich auf, sah beide an, als müsse er ihnen einen Gefallen erweisen, erhob sich, zog die Lederjacke aus, was im Vergleich zu seiner bisherigen Reglosigkeit theatralisch wirkte, hängte sie über die Stuhllehne und setzte sich wieder. Die Ärmel seines weißen Hemdes waren hochgekrempelt, er zog sie herunter und knöpfte die Manschetten zu.
»Ist Ihnen kalt?«, fragte Marlen.
»Nein«, sagte Süden, und sie rechnete damit, er würde weitersprechen.
Das tat er nicht. Stattdessen passierte für Mutter und Sohn etwas Unerhörtes. Ihr Gast, der offensichtlich gerade dabei war, es sich gemütlich zu machen, stand erneut auf und ging aus der Küche, ohne eine Erklärung abzugeben. Er öffnete die Tür zum Badezimmer, warf einen Blick hinein, die Klinke in der Hand, den Kopf vorgebeugt, verharrte er einige Zeit, schloss dann die Tür und machte einen Schritt auf Ricos Zimmer zu.
»He!«, rief Rico aus der Küche.
Süden öffnete die Tür, blieb davor stehen, setzte keinen Fuß ins Zimmer, sah sich um, verharrte länger als vorher, schloss die Tür und ging ins Wohnzimmer.
Marlen und Rico kamen hinter ihm her.
»Was Sie hier machen, ist verboten«, sagte Marlen.
»Genau«, sagte Rico.
Als wäre er taub geworden, durchquerte Süden den Raum, hielt vor der geschlossenen Tür des angrenzenden Zimmers inne, stieß die Tür auf, knipste das Licht an, blieb mindestens eine Minute steif stehen und schloss die Tür wieder. Weder

Marlen noch ihr Sohn waren fähig, etwas zu sagen oder ihn daran zu hindern, an ihnen vorbeizugehen, bis zur Wand und wieder zurück, hinaus auf den Flur, bis zur Wohnungstür, die er mit einem Ruck aufriss, bevor er sie wieder schloss. Dann kam er ins Wohnzimmer zurück.

»Die Wohnung ist klein für drei Leute«, sagte er und setzte sich an den Tisch, an dem zwei Stühle standen. Rico ließ sich auf die Couch fallen, verschränkte die Arme und demonstrierte Megahass.

Süden nickte ihm zu, sagte aber nichts.

»Ich finde, so geht das nicht weiter«, sagte Marlen.

Was Süden besonders gefiel, war, wie Rico geradezu tobsüchtig und gleichzeitig unter größter Selbstbeherrschung nach einem Weg suchte, seiner Wut, die auch ein Echo seines ungeheuren Erschreckens war und sich allmählich verselbstständigte, loszuwerden. Er schaffte es nicht. Er wusste nicht, was clever war und was ihn verraten würde.

Mit vor Anstrengung verzerrtem Gesicht grübelte er darüber nach, ob seine Mutter womöglich aus Angst vor der Polizei ihr Versprechen, zu ihm zu halten, ganz gleich, was er tue, gebrochen hatte. Was hatte dieser Bulle vor? War er nur wegen Julika hier? Sie war volljährig, er hatte kein Recht, sie zu suchen, sie war frei, sie hatte ihr eigenes Leben. Oder war er ein Spitzel von Halberstett? Weil der nichts rausgekriegt hatte, schickte er einen Typen aus dem Westen, der mehr draufhatte.

»Was ist?«, fragte Rico.

»Ich sehe Sie an«, sagte Süden.

Marlen stand da, unentschlossen. Sie fand, was der Polizist getan hatte, war unerhört, das machte man nicht, in den Zimmern fremder Leute spionieren, schon gar nicht, wenn man keinen Durchsuchungsbefehl hatte.

»Ich möchte Sie bitten zu gehen«, sagte sie mit etwas zu wenig Nachdruck, wie ihr schien. Wenigstens hatte sie überhaupt etwas gesagt. Dieses dauernde Nichtssagen brachte sie noch dazu, einen Schnaps zu trinken.

»Was wollen Sie von meiner Mutter?«, fragte Rico.

»Kennen Sie ein Mädchen mit dem Namen Julika de Vries?«, fragte Süden.

Anscheinend erschreckte Rico die Frage. Er fing wieder an zu keuchen. Auch Marlen wirkte verwirrt, sie verzog den Mund und streckte den Kopf vor, als habe sie nicht richtig gehört.

Stille.

Noch mehr Stille.

Süden saß an der Schmalseite des Wohnzimmertisches, zurückgelehnt, in Gedanken an die Berichte, die er in der vergangenen Nacht gelesen hatte, an die Ereignisse, die geschehen und an denen die beiden Personen in diesem Zimmer beteiligt waren, auf unterschiedliche Weise, aber stärker, als sie zugaben. Und er fürchtete, sie würden sich, je länger er blieb, gegen ihn verschwören. Wieder fühlte er sich fremd. Er bildete sich ein, dies wären andere Menschen als die, die er kannte, sie hätten andere Instinkte, würden anderen Mechanismen folgen, die ihr Handeln und Denken bestimmten. Vielleicht sollte er später wiederkommen und die Befragung von neuem beginnen.

Seine Frage war noch immer unbeantwortet.

»Herr Keel«, sagte er.

»Das ist doch eine blöde Frage!«, sagte Rico. »Sie wissen, dass ich Julika kenn, deswegen sind Sie doch hier!«
»Hat sie Ihnen von ihren Eltern erzählt, von Problemen, die sie zu Hause hat, von ihrem Vater?«
»Weiß ich nicht«, sagte Rico.
»Julika hasst ihren Vater«, sagte Süden.
Wieder bekam er keine Antwort.
»Wollen Sie sich setzen?«, fragte er Marlen und stand auf.
»Bleiben Sie sitzen!«, sagte sie laut. »Ihr Hin und Her macht mich wahnsinnig!« Sie ging in die Küche. Dort atmete sie tief ein und aus, mit offenem Mund, wie vorhin ihr Sohn. Etwas verdunkelte sich in ihr, und sie hatte keine Macht darüber, etwas, das nicht nur mit der unerwarteten Rückkehr ihres Sohnes zusammenhing, nicht nur mit dem Auftauchen des Polizisten, nicht nur mit Julika. Sondern mit dem, was sie längst überwunden zu haben glaubte. Es war, als würden in ihr Schatten auferstehen und sie zwingen, sich selbst in einen Schatten zu verwandeln, und als wäre alles Lügen, alle Sorge, alles Mitgefühl vergeblich.
Schwerfällig platzierte sie den Stuhl in der Nähe des Tisches, wich Südens Blick aus und auch dem ihres Sohnes, der auf ein Wort von ihr wartete, was sie noch mehr bedrückte.
»Ich habe Julika bisher nicht kennen gelernt«, sagte Süden. »Ich habe mit ihren Eltern gesprochen, mit ihren Freunden und Lehrern. Sie haben alle ein Bild von ihr, aber sie hat ein ganz anderes von sich selbst. Ich bin nicht hier, um sie zurückzuholen. Ich bin hier, weil ich mit ihr sprechen möchte, ich möchte ihr zuhören, dann verschwinde ich wieder. Wir haben die Mitteilung erhalten, Julika wohnt nicht mehr bei Ihnen.

Mein Kollege Halberstett sagte mir, Sie wissen nicht, wo sie sich aufhält. Das ist natürlich nicht wahr. Sie wissen, wo Julika ist, Rico, und vielleicht wissen Sie es auch, Frau Keel.«

Beinah hätte sie Nein gesagt. Sie hatte schon Luft geholt.

Süden sprach weiter, als habe er nichts bemerkt. »Ich bitte Sie, für mich mit Julika zu sprechen, sagen Sie ihr, ich treffe mich mit ihr, wo immer sie möchte, ich habe nicht vor, ihr Vorwürfe zu machen oder sie zu überreden mitzukommen. Vielleicht sollte sie ihr Abitur machen, aber das geht mich nichts an. Vielleicht sollte sie bei ihren Eltern ausziehen, vorübergehend bei einer Freundin wohnen und die Schule beenden. Vielleicht. *Sie* muss entscheiden, es geht nur um sie. Vielleicht auch um Sie, Rico, sonst wäre sie nicht bei Ihnen. Vielleicht verbringen Sie die Zukunft gemeinsam.«

Rico erschrak. Er konnte es nicht verbergen. Es war ein wahrhaftiger Schrecken, wie jener, der ihn beim Anblick des Kommissars in der Küche überwältigt hatte.

»Spricht sie mit Ihnen über solche Dinge?«

Rico zwang sich, den Mund zu halten.

»Weggehen ist kein Vergehen«, sagte Süden.

Nach einem langen, von Grummellauten befeuerten Anlauf sagte Rico: »Wieso sind Sie dann hier?«

19

Sie betrachtete ihre Fingernägel, sie sahen perfekt aus. Anders als sonst hatte sie nicht nur die Nägel der beiden kleinen Finger schwarz lackiert, sondern alle, auch die Daumen. Sie hielt die Hände ins trübe Licht der Lampe über dem Tisch. Schmal waren ihre Finger, weiß, mit schwarzen Kronen. Julika blies sie sanft an.
Durch das Fenster fiel schäbiges Licht herein. Von ihrem Platz auf der Polsterbank aus konnte sie nicht erkennen, ob es regnete. Sie hatte die grünen, muffig riechenden Vorhänge zugezogen und nur in der Mitte einen Spalt freigelassen. Dieses Motel mit den vierzehn Holzhütten, die der Hausmeister Bungalows nannte, war ihr Versteck, ihrer beider Versteck. Sie hatte sich überreden lassen. Wenn es nach ihr gegangen wäre, hätte sie die beiden Kerle angezeigt, und sie wären verurteilt worden. Aber Rico hatte es ihr verboten. Und sie wollte ihm nicht widersprechen. Er traf die Entscheidungen, und sie war einverstanden. Was er tat, akzeptierte sie.
Sie fand es nicht ungemütlich in der Hütte, es gab einen Kühlschrank, eine Dusche, einen Extraraum mit zwei Betten und einem Schrank, vier Fenster und eine Heizung, die funktionierte. Nur im Schlafzimmer war es eiskalt. Die Matratzen und die Kissen waren mit blauem Frottee überzogen, das am ganzen Körper kratzte, weshalb sie nachts ein langes Sweatshirt anziehen musste. Dummerweise hatte sie eines bei Ricos Mutter vergessen. Sie hoffte, Rico würde es mitbringen.
Jetzt war er schon zwei Stunden fort, er hatte versprochen, nur rasch eine Decke zu holen. Das war auch wieder etwas, das er sich in den Kopf gesetzt hatte. Sie hatte ihm gesagt, es eile nicht, aber er fürchtete, sie könne sich erkälten. Er sorgte für sie.

Manchmal, wenn er neben ihr saß, eingezwängt zwischen Tisch und Bank, legte er seine Hand auf ihren Bauch. Dann sagten sie beide eine Zeit lang nichts. Und sie wusste, er überlegte, welcher Schritt der richtige war. Wenn er sie ansah, die Hand auf ihrem Bauch, und nichts sagte, dann vermutete sie, er würde sie überreden wollen, die Abtreibung sein zu lassen.

»Wir haben noch Zeit«, hatte sie heute Morgen zu ihm gesagt. Die halbe Nacht hatten sie wach gelegen und sich gelegentlich Worte zugeflüstert. »Wir haben noch Zeit.«

Jetzt fragte sie sich, warum sie ihn anlog. Ihr Entschluss stand fest. In ihr Tagebuch hatte sie geschrieben: *Mein Bauch ist keine Welt für einen Menschen, in meinem Bauch sind nur der Hunger zu Haus und der Durst und ein Kribbeln, wenn ich Ricos Hand halte. Zu zweit haben wir, wenn wir wollen, eine Chance, zu dritt haben wir keine, niemand steht uns bei, und wir selbst werden uns nicht genügen. Ich darf ihn nicht mehr belügen.*

Sie schob sich aus der Bank und zog vorsichtig den Vorhang beiseite. Sie sah Latschen und Schilfbüschel, dürre Sträucher und Bäume auf matschiger Erde, verlassene Holzbänke, schwarze Laternen. Wahrscheinlich war die Anlage im Sommer romantisch, mit den Tümpeln, der Kinderschaukel, den Kieswegen, Sonnenschirmen, Topfpflanzen, Blumen, eine Idylle zwischen Plattenbauten am Rand einer Schnellstraße.

Auf einmal fühlte sie sich geborgen. Sie störte sich nicht länger an den braunen Bodenfliesen, an der abgestandenen Luft, an den Rissen in den dünnen Wänden, an der Trostlosigkeit der Einrichtung und dem rauen Bett.

Sobald Rico zurückkehrte, würde sie ihn vielleicht verführen. Zuerst würde sie testen, ob er bereit dazu war, und wenn er es war, würde sie seine Hand über ihren Körper steuern wie auf dem Schiff, wo es eng und kühl war und sie vor Angst, entdeckt zu werden, hundert Tode gestorben und gleichzeitig unsterblich waren.

»Woran denken Sie?«, fragte Süden.
»Das geht Sie nichts an«, sagte Rico. Auf den Überfall der Bilder war er nicht vorbereitet gewesen. Er hatte nicht einmal besonders innig an Julika gedacht, obwohl der Polizist nach ihr gefragt hatte. Er hatte versucht, dessen Sätze zu begreifen und herauszufinden, welcher Trick dahinter steckte.
Und dann, mitten im Zuhören, war er plötzlich auf der »Independia«, unter Deck, nicht erst auf Deck, sondern sofort unter Deck, in der Kajüte, wohin sie getaumelt waren. Er konnte sich nicht mehr erinnern, was sie zu dem jungen Kapitän und seiner Frau gesagt und wieso die beiden sie nach unten gelassen hatten. Er sah, wie Julika ihn auszog, sie zog ihn einfach aus, als müsse sie das tun und er müsse es zulassen. Dann zog sie sich selbst aus. Das alles sah er wie in neuer Beleuchtung, als wäre die Szene nachkoloriert worden, er hatte keine Zeit, darüber nachzudenken. Er hörte diesem Polizisten zu und war mit Julika in der Koje, die viel zu schmal war, und dauernd schepperte irgendetwas. Und er dachte, jeden Moment könne der Kapitän kommen und die Polizei mitbringen. Aber da lag er schon auf Julika. Und etwas geschah. Nichts anderes als das, was er kannte. Er hatte mit Rosa geschlafen, mit zwei anderen Mädchen, er wusste, wie es ging. Und Julika hielt ihn an der Schulter fest. Und er hörte, wie sie sagte, du musst vorsichtig sein, das hörte er, obwohl dieser Polizist die ganze Zeit weiterredete, du musst

vorsichtig sein. Und er war vorsichtig. Er nahm seine Finger zu Hilfe. Und das Schiff bewegte sich wie im Rhythmus ihrer Bewegungen. Und es hörte nicht auf, es hörte alles nicht auf. Und dann hörte er nur noch den Polizisten sprechen. Und er schaute ihn an, und der Polizist schaute ihn an, vom Tisch aus, und dann stellte er eine Frage, und Rico antwortete und bemerkte, dass seine Mutter ihn ebenfalls ansah, als sei er an allem schuld.

»Nein«, sagte Süden.

Marlen und Rico drehten gleichzeitig den Kopf zu ihm. Er hatte schon wieder aufgehört zu sprechen.

»Wir haben verstanden«, sagte Marlen. »Es geht Sie alles nichts an, aber trotzdem sind Sie hier und belästigen uns.«

»Ja«, sagte Süden. »Trotzdem bin ich hier. Weil Sie mich anlügen.«

»Wir lügen nicht!«, sagte Rico laut. Zum ersten Mal war Marlen mit seiner Lautstärke einverstanden.

»Natürlich«, sagte Süden. »Sie wissen, wo Julika ist, aber Sie streiten es ab. Sie brauchen mir nicht zu sagen, wo sie ist, aber Sie müssen nicht abstreiten, es zu wissen.«

»Sie wollen uns austricksen«, sagte Rico. »Wie alle Polizisten. Ich kenn mich aus mit Polizisten. Sie haben meine Mutter provoziert und versucht, aus ihr was rauszukriegen, und jetzt sind Sie sauer, weil Sies nicht geschafft haben. Aus mir kriegen Sie auch nichts raus. Und wenn Sie jetzt nicht gehen, ruf ich unsere Polizei an, und die nimmt Sie dann mit, darauf können Sie wetten!«

»Sie meinen, Herr Halberstett kommt und führt mich in Handschellen ab?«

Marlen musste grinsen, und weil sie sofort wieder ein ernstes Gesicht machte, fing sie ein zweites Mal an zu grinsen.

»Rufen Sie ihn an«, sagte Süden.

»Ich weiß nicht, wo Julika ist«, sagte Rico.

»Wer hat Sie überfallen?«, fragte Süden.

Rico zupfte am Verband über seiner Nase. »Weiß ich nicht, es waren vermummte Typen.«

»Und was wollten die von Ihnen?«

»Sie habens mir nicht gesagt.«

»Sie sind nicht beraubt worden?«

»Nein.«

»War Julika dabei?«

»Nein.«

»Wo war sie zu dem Zeitpunkt?«

»Weiß ich nicht. Hier in der Wohnung.«

»Er hat die Angreifer wirklich nicht erkannt«, sagte Marlen.

Süden sagte: »Das glauben Sie doch selber nicht.«

Rico stand auf. »Verlassen Sie jetzt unsere Wohnung! Sie haben kein Recht, hier zu sein. Wir haben alles gesagt, was wir wissen.«

»Für wen brauchen Sie eine Decke?«, fragte Süden.

»Für einen Freund«, sagte Rico.

»Ich gehe nicht«, sagte Süden.

Auch Marlen stand auf. »Das ist … das ist Hausfriedensbruch … Ich ruf jetzt die Polizei an, Sie brauchen nicht zu meinen, Sie können zu uns kommen und uns so behandeln, wie Sie Ihre eigenen Leute behandeln, so funktioniert das hier nicht, mit uns können Sie nicht so umspringen!«

»Wer sind meine eigenen Leute?«

»Ihre Leute in … in … in …«

»Im Westen?«

Marlen sagte nichts.
»Ich gehe nicht eher weg, bis Sie zugeben zu wissen, wo Julika de Vries sich aufhält«, sagte Süden.
»Ich muss mit meinem Sohn allein sprechen«, sagte Marlen und gab Rico ein Zeichen. Sie gingen in die Küche.
Süden stand auf, lehnte sich an die Wand, legte den Kopf in den Nacken und schloss die Augen.
Marlen kam ohne ihren Sohn ins Zimmer zurück.
»Wir sind uns einig, dass wir Ihnen nichts weiter zu sagen haben. Gehen Sie jetzt!«
Süden, der mit geschlossenen Augen zugehört hatte, sah Marlen an, ohne sich von der Wand zu entfernen.
»Ich bin ein passiver Held«, sagte er. »Ich bleibe so lange hier stehen, bis Sie es sich anders überlegen. Ich tue nichts. Ich stehe nur da. Wenn ich müde werde, setze ich mich auf den Boden. Hausfriedensbruch wäre, wenn ich gegen Ihren Willen hier wäre, das bin ich nicht. Wäre ich es, könnten Sie mich anzeigen, und wenn ich Pech hätte, müsste ich ein Jahr ins Gefängnis oder eine Geldstrafe bezahlen.«
»Wenn Sie so weitermachen, ist das schwerer Hausfriedensbruch«, sagte Marlen. Die Anwesenheit dieses Mannes versetzte sie in einen Zustand dubioser Erregtheit, die sie nicht im Geringsten gebrauchen konnte.
»Ganz falsch«, sagte Süden. »Schweren Hausfriedensbruch können Sie nur als Gruppe verüben. Schwerer Hausfriedensbruch, das haben manche *Ihrer Leute* so empfunden, als ihre Betriebe von Chefs aus dem Westen übernommen wurden, damals.«
»Damals, das war eher schwerer Landfriedensbruch.«
»Ja?«

»Es gibt Menschen, die haben das so empfunden.«
Rico kam ins Zimmer, den Telefonapparat in der Hand, dessen Kabel sich über den Teppich schlängelte.
»Ich ruf jetzt die Polizei an.«
»Gut«, sagte Süden.
Eine Weile wartete Rico an der Tür, den Apparat in der einen, den tutenden Hörer in der anderen Hand.
»Was jetzt?«, sagte er. »Ich habs eilig.«
»Sie können gehen, ich bleibe hier«, sagte Süden und sah, wie Ricos Gedanken an dessen Stirn zerrten. Er wiederholte: »Sie können gehen. Vergessen Sie die Decke nicht.«
Rico stand da, innerlich und äußerlich zerzaust. Süden schloss die Augen und lehnte den Kopf an die Wand.

20

Im Dunkeln huschte sie aus dem Holzhaus. Sie hatte Rico versprochen, den Unterschlupf nicht zu verlassen, und nun hatte sie ihr Versprechen gebrochen.

Nach drei Stunden konnte sie nicht länger warten, sie hatte ihn von ihrem Handy aus bei seiner Mutter anrufen wollen, doch der Akku war leer. Er hatte sie gebeten, erreichbar zu sein, wenn er unterwegs war, also hatte sie das Gerät die ganze Zeit über eingeschaltet gelassen.

Am vergangenen Sonntagabend hatte Rico ihr, ohne vorher einmal darüber gesprochen zu haben, mitgeteilt, sie müsse die Wohnung wechseln, und zwar sofort. Und so wie er vor ihr gestanden hatte, mit dem geschwollenen Gesicht, dem Verband und den Wundpflastern, begriff sie, dass jedes Widerwort zwecklos wäre.

In den Tagen danach rief er Julika ständig an. Die meiste Zeit verbrachte er in seiner Wohnung, niemand sollte die Spur zu ihrem Versteck finden. Jedem, der ihn fragte, erzählte er, Julika sei abgereist, und er wisse nicht, wohin. Nur seiner Mutter gestand er zu wissen, wo sie sich aufhielt, mehr jedoch nicht. Julika meinte, er könne doch seiner Mutter vertrauen, und er erwiderte, es gehe nicht um Vertrauen, sondern um Schutz, und er müsse sie beide beschützen, seine Mutter und Julika.

Einmal war ihr Vater am Telefon. Sie kappte sofort die Verbindung. Er rief wieder an, und sie schaltete wieder ab. Daraufhin sprach er auf die Mailbox und stieß seine üblichen Drohungen aus: Er würde ihr kein Geld mehr geben, keinen Cent, er würde sie unter Hausarrest stellen, er würde sie zwingen, zur Schule

zu gehen, er würde … er würde … Sie ekelte sich vor seiner Stimme. Ihre Mutter rief nie an. Das war ihr recht.
Vor zwei Tagen, als sie allein am Tisch saß, in ihr Tagebuch schrieb und schwarzen Beuteltee trank, der ihr nicht schmeckte, klingelte wieder das Handy, und sie freute sich, Ricos Stimme zu hören.
»Komm sofort nach Hause!«, befahl ihr Vater.
Sie schaffte es nicht einmal abzuschalten. Sie legte das Gerät neben das Tagebuch. Die Stimme ihres Vaters klang verzerrt.
»… Bist du verrückt geworden? … Was bildest du dir eigentlich ein? …«
Das, fand sie, war eine gute Frage. Was bildete sie sich eigentlich ein? Nachdem sie mitten in einem seiner Sätze den roten Knopf gedrückt hatte, schrieb sie in ihr Tagebuch: *Ich bilde mir das selbstbestimmte, unzerstörbare Leben ein. Und in diesem Leben gibt es einen Menschen, mit dem ich aus meiner Einbildung hinaus in die Welt trete, und zwar in Schönheit. Gerade habe ich wieder einen Schritt geschafft. Von unserem Anfang kann uns niemand vertreiben.*
An der Schnellstraße, einige Meter von den Holzhäusern entfernt, stand eine Telefonsäule. Als sie näher kam, fiel ihr ein, dass sie keine Telefonkarte besaß und vergessen hatte, Geld einzustecken.
Sie schlug mit der flachen Hand gegen den Apparat. Autos rasten vorüber. Sie klammerte sich an die Säule, die nass und kalt war. Es regnete, wie schon den ganzen Tag, ein schwarzes unaufhörliches Nieseln.
Grelle Lichter kamen ihr entgegen. Wasser spritzte. Harte Tropfen schlugen ihr ins Gesicht. Sie musste etwas tun. Entweder sie ging zurück oder weiter, an der Straße entlang in Rich-

tung des Stadtteils, in dem Rico wohnte, zwei oder drei Kilometer. Oder sie nahm die S-Bahn. Aber sie wollte niemanden sehen.

In der Dunkelheit fühlte sie sich sicher. Sie hatte Angst vor fremden Blicken. Sie bildete sich ein, jemand, den sie nicht kannte und der sie anschaute, würde sie mit seinem Blick tätowieren, und sie hätte dann schmerzhafte Zeichen auf der Haut.

»Hallo? Kann ich dir helfen?«

Vor Schreck rutschte ihr die Hand vom Metall.

Ein gelbes Auto hatte angehalten, das Fenster auf der Beifahrerseite glitt herunter. Julika blieb bei der Säule, die Hände zu Fäusten geballt.

»Kann ich dich mitnehmen?« Im Auto saß eine Frau. Sie hatte rote Haare und war ungefähr fünfzig.

»Ich muss telefonieren.«

»Ich leih dir mein Handy.«

»Wieso denn?«, sagte Julika.

Die Frau reichte ihr das Telefon durchs Fenster. Julika zögerte. Zigarettenrauch strömte ihr entgegen, sie atmete ihn ein wie etwas Angenehmes.

»Steig doch ein«, sagte die Frau.

»Nein.«

Die Frau hielt ihr weiter das Handy hin.

»Okay«, sagte Julika und riss ihr das Gerät aus der Hand. »Ich klau Ihnen das Ding schon nicht.«

»Das weiß ich.«

»Ach ja?« Julika tippte eine Nummer und presste das Gerät ans Ohr. »Rico? Ich bins.«

»Verdammt«, sagte er als Erstes.

»Wo bleibst du denn, Rico?«
»Verdammt«, sagte er wieder.
»Entschuldige, dass ich dich anrufe …«
Er sagte nichts.
»Ich habs nicht mehr ausgehalten. Sag doch was!« Sie wartete, blickte über das gelbe Auto hinweg auf ein schwarzes Feld.
»Julika?«
Das war eine fremde Stimme.
»Mein Name ist Tabor Süden, ich bin Polizist, wir haben schon miteinander gesprochen. Ich möchte Sie gern sehen und mich mit Ihnen unterhalten, nur wir zwei. Wie geht es Ihnen?«
»Mir geht es sehr gut«, sagte sie steif.
»Das freut mich«, sagte er. »Können wir uns treffen?«
»Ich will Sie nicht treffen, geben Sie mir Rico!«
»Ich bin froh, dass Sie anrufen«, sagte Süden. »Rico hat behauptet, er wisse nicht, wo Sie sind, er ist ein zuverlässiger Freund. Ich lade Sie zum Essen in ein Restaurant ein. Ich verspreche Ihnen, es ist das erste und letzte Mal, dass Sie mich sehen, ich möchte nicht hinter jemandem herlaufen, der frei sein will. Ich möchte Sie nicht belästigen, ich möchte Ihre Akte schließen.«
»Ich bin eine Akte«, sagte Julika.
»Das sind Sie, Ihr Vater hat Anzeige erstattet, wie Sie wissen.«
»Aber ich habe mich gemeldet! Niemand hat mir was zu befehlen. Sie auch nicht!«
»Nein«, sagte Süden. »Aber wenn Sie mir nicht die Chance geben, mit Ihnen zu sprechen, kann ich mir kein eigenes Bild machen, und das ist wichtig.«
»Warum?«, fragte Julika.

»Ohne ein eigenes Bild ist mein Blick unvollständig.«
Julika dachte nach. Sie konnte ihm erzählen, was sie wollte, er würde ihr glauben müssen. Irgendwie war es rührend, dass er den weiten Weg nur wegen ihr gemacht hatte. Er konnte ihr nichts anhaben. Wahrscheinlich musste er sogar das Essen aus eigener Tasche bezahlen.
»Okay«, sagte sie. »Jetzt will ich Rico sprechen, er sucht das Lokal aus.«
»Kleines?«, sagte Rico.
»Sag nie Kleines zu mir!«, schrie sie.
»Entschuldige, ent …«
»Wieso sagst du so was zu mir? So was darfst du doch nicht zu mir sagen! Wieso sagst du so was?« Sie schrie wie hysterisch.
»Beruhig dich, Julika, ich hab …«
»Sag mir ein Lokal, wo ich den Polizisten treffen kann, und dann haben wir unsere Ruhe.«
»Also … wieso willst du den treffen? Das brauchst du nicht, du bist …«
»Ich treff ihn, und fertig!«
Die rothaarige Frau streckte den Kopf aus dem Fenster.
»Ich weiß nicht«, sagte Rico.
»Julika?« Süden hatte wieder den Hörer in die Hand genommen. »Kommen Sie doch in die ›Alte Apotheke‹, das ist eine Kneipe im Keller des Hotels ›Sonne‹, in der Nähe der Altstadt, ich wohne in dem Hotel …«
»Das ist schlecht.«
»Warum?«
»Wenn Sie da wohnen, das ist schlecht.«
»Das ist eine normale Kneipe, ich war gestern dort, ich gehe

gern an Orte, die ich schon kenne. Es sind genügend Leute um uns herum.«

»Ich weiß nicht genau.«

»Glauben Sie, ich lasse das Hotel umstellen, damit Sie nicht abhauen können?«

»Wieso nicht?«

»In ein umstelltes Haus bringen Sie mich nicht rein, ich habe Klaustrophobie.«

Sie reagierte nicht.

»In einer Stunde?«, fragte Süden. »Ich gebe Ihnen das Taxigeld natürlich wieder.«

»Kann sein, dass ich hinkomm. Kann auch nicht sein.«

»Gut«, sagte Süden. »Ich bin auf jeden Fall dort.«

»Geben Sie mir Rico!«

Sie erklärte ihm, sie würde über das Treffen nachdenken und ihn dann wieder anrufen. Bevor er dazu kam, etwas zu erwidern, beendete sie das Gespräch und gab der rothaarigen Frau das Handy zurück.

»Fahren Sie in die Stadt?«, fragte Julika.

»Bis in die Südstadt.«

»Ich fahr mit.«

Sie wollte die Sache hinter sich bringen, endgültig. Dieser Polizist war das letzte Gewicht, das sie beschwerte. Wenn sie ihn los war, würde sie alle Schwere los und ihr Aufbruch vollkommen sein. Und dann könnten sie weggehen, Rico und sie, in eine andere Stadt. Und sie wusste auch schon, in welche.

»Wo musst du hin?«, fragte die Rothaarige.

»Zum Neuen Markt.«

»Alles in Ordnung?«

»Ja.«
»Störts dich, wenn ich rauche?«
»Nein.«
»Du bist auch aus dem Westen?«
»Ist das wichtig?«
»Gehst du hier zur Schule?«
»Ich bin fertig mit der Schule.«
»Studierst du in der Stadt?«
»Ich möchte keine Fragen beantworten.«
»Klar.«
Eine Weile saßen sie schweigend nebeneinander. Das Auto sah neu aus. Ab und zu, wenn der Qualm sich verzog, roch Julika die frischen Bezüge und die Ausdünstungen der Gummimatten.
»Ich bin zwei Jahre nach der Wende rübergegangen«, sagte die Rothaarige und hetzte ihren Beetle über die nasse Straße. »Ich bin Sozialarbeiterin, das ist oft ein aussichtsloser Job, die Leute sind arbeitslos, sie schimpfen auf die Ausländer, dass ein Asylbewerber Geld kriegt, verstehen die nicht, der kriegt so viel Geld wie ein Sozialhilfeempfänger, hat aber keine Pflichten, jedenfalls glauben das die Leute. Und das führt zu Aggressionen. Wir haben hier eine Arbeitslosenquote von fast zwanzig Prozent, die Leute wollen weg, aber sie wissen nicht, wohin, woanders ist es auch nicht besser, zumindest im Osten. Hier ist der Osten, und drüben ist der Westen, das ist immer noch so, das wirst du merken, wenn du länger hier lebst. Hast du vor, hier zu bleiben?«
»Ich bleib nicht hier«, sagte Julika. »Ich geh bald weg, zusammen mit meinem Freund.«

»Das ist klug. Ich bin gern hier, trotz allem, ich geh nicht wieder zurück, ich komm ursprünglich aus Stuttgart, was soll ich da noch? Meine ehemaligen Freunde haben alle Spitzenjobs, für die bin ich eine Träumerin.«

»Sie träumen doch nicht«, sagte Julika. »Sie tun doch was.«

»Ich danke dir«, sagte die Rothaarige. »Wo wollt ihr denn hin, dein Freund und du?«

»Wissen wir noch nicht«, sagte Julika und sah aus dem Fenster. Sie hatten die Hamburger Straße erreicht, die Ausläufer der Innenstadt.

»Passt auf euch auf«, sagte die Rothaarige und gab Julika zum Abschied die Hand.

Auf dem Foto, das sie einige Tage später in der Zeitung sah, erkannte sie das Mädchen sofort wieder.

»Setzen Sie sich.«

Sie setzte sich.

»Was möchten Sie trinken?«

Sie bestellte einen schwarzen Tee.

»Was möchten Sie essen?«

»Nichts.«

»Geht es Ihnen gut?«, fragte Süden.

»Ja.«

»Sie haben freiwillig die Wohnung in der Wolgaster Straße verlassen?«

»Ja.«

Er machte sich auf seinem kleinen karierten Spiralblock Notizen.

»Sie haben eine neue Unterkunft hier in der Stadt.«

»Ja.«
»Sie leben nicht auf der Straße.«
»Nein.«
»Bezahlen Sie Miete?«
»Ja.«
»Sie haben also Geld von zu Hause mitgenommen.«
»Ja.«
»Was ist mit der Schule? Haben Sie vor, sie abzubrechen?«
»Das geht Sie nichts an.«
»Werden Sie in nächster Zeit in Ihr Zuhause zurückkehren?«
»Welches Zuhause?«
»Bleiben Sie hier in der Stadt?«
»Das geht Sie nichts an.«
»Werden Sie mit Rico Keel zusammenwohnen?«
»Ja.«
»Wollen Sie heiraten?«
»Und wenn, sind Sie der Letzte, den wir einladen.«
»Sie sehen sehr müde aus«, sagte Süden.
Julika antwortete nicht.
»Hat Ihr Vater sich noch einmal bei Ihnen gemeldet?«
Sie sah weg.
»Was hat er gesagt?«
»Kann ich ein Glas Rotwein haben?«
»Welche Sorte?«
»Ist mir gleich.«
Süden winkte der Bedienung, es war nicht dieselbe wie am Vortag. Er bestellte einen spanischen Rioja und ein Pils.
Bis die Getränke kamen, schwiegen sie. Süden legte den Block auf den Tisch und den Kugelschreiber darauf. Er bemühte sich

Julika nur dann anzusehen, wenn sie als Erste den Kopf zu ihm drehte.

»Zum Wohle, die Herrschaften.«

Süden nahm sein Glas. »Auf Ihr Wohl, Julika.«

»Danke«, sagte Julika leise und trank einen kleinen Schluck. Wie Süden.

»Haben Sie noch einmal mit Ihrer Mutter gesprochen?«

Julika schwieg. Dann schüttelte sie kurz den Kopf.

»Wird Ihre Mutter Sie vermissen?«

Julika zuckte mit der Schulter.

»Ihr Vater vermisst Sie auf jeden Fall«, sagte Süden. »Auf seine Weise, das ist klar. Ist er das alles wert? Die Flucht, das Unterwegssein, die Unsicherheit ...«

Sie fiel ihm ins Wort. »Ich bin nie sicherer gewesen!« Und wie Rico fügte sie hinzu: »Darauf können Sie wetten!«

»Warum waren Sie im Dezember hier? Was wollten Ihre Eltern in der Stadt?«

Julika trank, leckte sich die Lippen, trank noch einmal. »Mein Vater hat an der Börse Geld gemacht. Er dachte, er ist superschlau. Er hat eine Million rausgeholt. In Mark. Eine Million. Er hat in Elektronik investiert, High Tech, und in die Unterhaltungsindustrie. Er hat damit angegeben, wie clever er ist. Er hat die Aktien hin und her geschoben. Und dann hat er plötzlich aufgehört. Das fand er oberclever. Sein Schwager ist Makler, auch ein supercleverer Typ, der hat ihm von einem Objekt erzählt. In den Osten investieren, das war die Idee des Jahrhunderts. Mein Vater ließ sich überreden. Superrendite, sagte sein Schwager, Supereinnahmen, ein Objekt direkt am Meer, Ferienwohnungen und so. Schauen Sie sich den Kasten an, der da jetzt steht. Das Geld kriegte eine ultrarechte Vereinigung. Alles ganz geheim natürlich. Das ist dann aufgeflogen, und mein Vater ist sein Geld los. Er hat auch noch Ersparnisse reingesteckt. Sein Schwager hat ihn ausgenommen, und er hats nicht gemerkt, der clevere Herr. Pech ist das. Das Appartementhotel ›Meerland‹ war auf Sand gebaut. Sie haben das Ding hochgezogen, und dann hat sich rausgestellt, dass mit der Baugenehmigung was nicht stimmt. Das hat natürlich niemand zugegeben. Als mein Vater dahinter gekommen ist, war es zu spät. Deswegen ist er im Dezember hergefahren, und meine Mutter musste mit und ich auch. Zufrieden? Was kümmert mich das verschwundene Geld meines Vaters? Sind Sie eigentlich auch für verschwundenes Geld zuständig oder nur für verschwundene Menschen?«

»Nur für verschwundene Menschen«, sagte Süden.

Julika hatte ihr Glas ausgetrunken.

»Wo steht das Haus?«

Julika zögerte einen Moment.

»Das ist eine Ruine auf einem Feld«, sagte sie. »Das kommt davon, wenn man zu den falschen Leute Vertrauen hat.«

»Möchten Sie noch einen Wein?«, fragte Süden.

»Ja.« Sie sah ihm in die Augen. »Im Fernsehen haben Sie kaputter ausgesehen.«

»Und auf dieser Reise haben Sie Rico Keel getroffen.«

Sie lächelte eine Sekunde lang. Süden gab der Bedienung das leere Weinglas.

»Sie haben sich schon im Dezember versteckt. Ihr Vater hat Sie von der Polizei suchen lassen.«

»Hat er mich gefunden?«

»Was ist passiert, dass Sie gerade jetzt wieder abgehauen sind? Ein Jahr vor dem Abitur.«

»Ich brauch kein Abitur. Ich leb jetzt!« Ihre Stimme hallte durch den Kellerraum, und das Paar, das vorne bei der Treppe saß, schaute her.

»Und vorher haben Sie nicht gelebt«, sagte Süden.

»Nein!«, sagte sie und verzog den Mund. »Vorher hab ich nicht gelebt. Vorher hab ich vegetiert.«

»Erzählen Sie mir Ihre Geschichte«, sagte Süden.

21

Sie trank und erzählte über das Trinken hinaus und trank ins Erzählen hinein. »Ich bin in einem Gehege groß geworden und immer hab ich den Zaun gesehen, so nah, dass ich verstand, es gibt kein Entrinnen. Und ich bin nicht entronnen und ich wollt nicht entrinnen. Wieso denn nicht? Wieso bin ich nicht hingelaufen und drübergeklettert? Wieso hab ich das mit mir machen lassen?«
Sie nahm die Hand vom Glas nicht weg.
»Ein einzelner Mann war der Wächter, und ich hab mich vor ihm gefürchtet und weiß nicht, wieso. Jetzt bin ich weg, weg von dem Mann, der mir hinterhergefahren ist, wenn ich meine Freunde traf und nichts Verbotenes getan hab. Ich schlief mit keinem Jungen, Rico ist der Erste, und ich glaub, er hat nicht einmal gemerkt, dass es das erste Mal für mich war, und das ist ein Glück. Ja. Ich hätt oft mit einem Jungen ins Bett gehen können, und niemand hätt was gemerkt, nicht mal mein Wächter.«
Sie trank aus und schaute sich um. Sie hob das leere Glas, und ihre Hand zitterte, und sie musste es hinstellen. »Ich hab mich nicht mehr getraut, auf die Straße zu gehen, ich dachte, da lauert er schon. Warum hat er das gemacht, fragen Sie. Fragen Sie mich noch einmal. Warum hat er das gemacht? Ich hab ihn nicht gefragt. Ich hab mich nicht getraut. So hab ich aus Feigheit meinen Freund verloren. Ich hatte nämlich einen Freund.«
Sie sah Süden an, als überlege sie, ob er das wissen dürfe. »Er war vier Jahre älter als ich und nur einen Meter fünfzig groß und ganz dünn. Er ist Jockey, er war schon in Iffezheim, da war er stolz drauf und ich auch, weil er mit neunzehn auf so einer berühmten Rennbahn starten durfte, außer Konkurrenz, er war ja mit der Ausbildung noch nicht fertig. Er musste erst Pferdewirt sein, be-

vor er richtige Rennen reiten durfte. Es heißt, er ist eins der größten Talente, die der Galopp Club Deutschland je gehabt hat. Mein Vater hat ihn angerufen und beschimpft, und wir haben uns trotzdem getroffen. Heimlich, alles heimlich. Linus war sein Name. Ich hab Pferde gehasst, bevor ich ihm begegnet bin.«

Sie trank und verzog das Gesicht. »Linus hat mir erklärt, wie er mit den Pferden spricht, wie er mit ihnen umgeht, respektvoll und behutsam, das ist das Wichtigste, hat er gesagt, eine behutsame Hand. Mein Vater hat ihn gejagt, er hat zu ihm gesagt, wenn er mich nicht in Ruhe lässt, zeigt er ihn an wegen Verführung Minderjähriger, und dann wär es aus mit seiner Karriere als Jockey. Mein Vater hat mich verhört. Er hat mich eingesperrt. Er hat geglaubt, er kriegt mich klein, und meine Mutter hat das auch versucht. In ihren kranken Köpfen haben sie sich die schrecklichsten Dinge ausgemalt, zum Beispiel, dass wir zusammen schlafen. Nach einem Dreivierteljahr musste Linus nach Italien, und dann nach Frankreich. Und ich hab nicht gewusst, dass ein Herz so weinen kann.«

Ein fliehender Blick streifte Süden, der sie unentwegt ansah, bis sie ein Regal entdeckte, auf dem ein Pokal mit einer eingravierten Schrift stand. Dort kam Julikas Blick zur Ruhe. »Er hat mein Tagebuch gelesen. Das werde ich ihm niemals verzeihen. Meine Mutter war den ganzen Vormittag beim Zahnarzt gewesen, sie hätt ihn sowieso nicht dran gehindert, sie hätt ihm zugeschaut. Er liest in meinem Tagebuch und wirft meinen Glücksbringer in den Müll. Linus hat mir von der Rennbahn einen Stoffelch geschenkt, der ein weißes T-Shirt anhat. Mein Vater wirft den Elch in den Müll, und ich lass den Mann am Leben. Aber jemand, der so etwas tut, der muss doch sterben.«

Nachdem sie getrunken hatte, wirkte sie lebhaft, auch wenn ihre Worte das Gegenteil ausdrückten. »Ich war ein einziges Verstummen, und niemand hat es bemerkt. So können Sie leben, Sie verstummen, und die Leute um Sie herum denken, Sie reden mit ihnen, aber das tun Sie nicht. Sie sind still, steinstill sind Sie. Aber die Leute reden so laut, sie hören eine Stimme und denken, es ist deine. Jetzt sehen Sie mich an, Sie haben grüne Augen, egal die Farbe der Augen, die Farbe der Haare egal, wenn du nicht existierst, ist egal, wie du aussiehst, ob du schön bist oder ein hässlicher Olm, fett wie eine Tonne oder dünn wie ein Halm, egal. Und deine Stimme ist so leise, weil sie aus Flüstern gemacht ist. Und wer hat das gemacht? Du selber! Du hast das gemacht, stimmt das nicht?«
Sie wischte sich über den Mund und blinzelte, als habe sie etwas im Auge. Sie rieb sich das linke Auge, dann das rechte, und das Blau ihrer Pupillen glänzte nicht.
»Ich hätt auch ein Schatten sein können, der Designerklamotten trägt. Die hat mir mein Vater geschenkt, und ich zog die Sachen tatsächlich an, verstehen Sie das? Nein. Er wusste, dass ich nicht Nein sagen kann. Das war seine Leine, an der ich durchs Gehege gehoppelt bin, hopp hopp. Ich war die Hoppeljule, hat Ihnen das niemand gesagt? Hopp hopp. Da ist sie wieder, schaut! Sie hoppelt und ist fügsam. Wieso bin ich so fügsam gewesen? Ich hätt doch auch anders sein können. So wie die Isa in meiner Klasse, die hat ihre Mutter geohrfeigt, wenn ihr was nicht gepasst hat, oder Philipp, der ist eines Tages zu seinem Vater ins Büro gegangen und hat ihm ein Messer in den Hals gestoßen. Dann heißt es, Gewalt von Jugendlichen, heikles Thema. Ich war ein heikles Thema ohne Talkshow. Sie sind

nur dann ein Thema, wenn Sie die Finsternis auch rauslassen, dann hat das einen Sinn gehabt, dass Sie die ganze Zeit wie eine Nacht herumgelaufen sind, und jeder hat gedacht, Sie sind ein Sonnenschein.«

Sie nahm das Glas in die linke Hand und hielt die rechte waagrecht daneben, als wolle sie das Glas draufstellen. Das tat sie nicht. Sie legte die Hand mit dem Rücken auf den Tisch, als erwarte sie ein Almosen oder eine Schneeflocke.

»Sie wollten sich ein Bild machen. Ich bin noch nicht richtig. Sie müssten mich in ein paar Wochen noch einmal anschauen, dann würden Sie sehen, wer ich wirklich bin. Das wird nicht klappen, in ein paar Wochen bin ich fort, und Sie sind wieder in Ihrem Büro und suchen andere Leute. Ich hätt mich wehren müssen, nicht? Das Leben war doch da. Feigsein kann man nicht erklären. Ich wünschte, ich wär früher weg, obwohl: Wenn ich früher weg wär, hätt ich Rico nicht getroffen, und dass ich Rico getroffen hab, ist ein Wunder. War also noch ein Rest übrig. Sehen Sie? So sieht jemand aus, der ein Restpostenwunder gefunden hat und es behalten will.«

Das Glas war leer. Sie legte auch die linke Hand mit dem Rücken auf den Tisch.

»Ich hab Ihnen was gesagt, was ich Ihnen niemals hätt sagen dürfen. Aber ich hab keine Angst mehr, das ist der Trick, wenn man keine Angst mehr hat, dann geht die Feigheit von alleine weg. Und wenn die Feigheit weg ist, ist man echt, dann gibt es einen endlich. Und die Leute gaffen einen an, weil sie einen nicht wieder erkennen, sie denken, man ist jemand anderes, aber man ist endlich derselbe, der man immer schon gewesen ist in seinem Herz. Das Herz war hinter einem Verschlag, das hat keiner gesehen, ich hab es dort gebunkert, damit niemand drankommt und es wegwirft wie Abfall. Sie können meinem Vater ausrichten, es hat keinen Sinn, mich zu suchen, er würd mich nicht wieder erkennen. Und Sie können meiner Mutter sagen, wenn sie denkt, sie ist echt, dann täuscht sie sich. Bei uns ist niemand echt. Und wär ich nicht gegangen, dann wär ich niemals echt geworden, dann wär ich eine Fälschung geblieben. Jetzt bin ich hier und bald werd ich in einer anderen Stadt sein. Und dann werd ich die Arme in den Himmel strecken und die Vögel streicheln, und es wird ein großer Gesang sein über uns.«

»Ja«, sagte Süden. Er hob sein Glas. »Möge es nützen.«

»Bitte?«, sagte Julika.

»Mein Freund Martin sagte das immer statt Prost. Möge es nützen. Er war mein bester Freund.«

»Dann wird es stimmen«, sagte Julika.

»Dann wird es stimmen«, sagte Süden.

Sie tranken. Julika stellte das Glas hin und stand auf und schwankte. »Jetzt gehe ich, und wehe, Sie verfolgen mich!«

»Ich bin ein schlechter Verfolger.«

»Fahren Sie nach Hause!«, sagte sie. »Dort passiert Ihnen nichts.«

Sie eilte zur Tür, riss sie auf und verschwand.

Süden blieb eine Minute lang wie erstarrt sitzen. Dann sprang er auf und rannte die Steintreppe zum Bürgersteig hinauf, sah sich um und lief am Eingang des Hotels vorbei bis zur Straße.

»Julika!«, rief er. »Julika!«

Keine Antwort weit und breit.

»Julika!«, schrie er. Auf dem Marktplatz gegenüber drehte sich ein Betrunkener um und winkte ihm überschwänglich.

22

In dieser Nacht schrieb er seinen Bericht. Auf zwei Seiten gab er das Gespräch wieder, das er mit Julika geführt hatte, wobei er ihren Monolog so umwandelte, dass es klang, als hätte er Fragen gestellt und sie darauf geantwortet. Er musste mehrmals ansetzen, um seine persönliche Bewertung der Situation und des Zustands, in dem sich die vermisste Person befand, nicht vorwegzunehmen. Dafür wollte er am Ende einen gesonderten Absatz anfügen.

Ihm kam es darauf an herauszustellen, dass es sich bei der Sache Julika de Vries um keine Vemissung mehr handelte, sondern um eine Aufenthaltsermittlung, die nun abgeschlossen war. Auch wenn er keine Adresse angeben konnte, so vermerkte er die Anschrift von Marlen und Rico Keel, wies aber darauf hin, dass Julika de Vries verboten hatte, diese Anschrift an ihre Eltern weiterzuleiten. Süden hoffte, sein Vorgesetzter würde die Bitte respektieren. Weglassen konnte er den Vermerk nicht, sonst wäre der Bericht unvollständig gewesen, und Thon hätte ihn ermahnt, die Anschrift im Nachhinein einzutragen.

Nicht einmal weggelaufene Kinder durften sie zu den Eltern zurückbringen, wenn der begründete Verdacht bestand, sie könnten geschlagen oder misshandelt werden. Dann betreute das Jugendamt vorübergehend die Kinder.

Und Julika? Er wusste nicht, was sie vorhatte. Sie hatte ihm die Gründe ihrer Flucht offenbart, sein dienstlicher Auftrag war beendet.

Aber er hatte vergessen, Julika das Geld für das Taxi zu geben.

»Ich gratuliere dir«, sagte Sonja Feyerabend am Telefon. Wie versprochen, hatte er sie angerufen.

»Ich bleibe noch einen oder zwei Tage«, sagte Süden.

»Warum?«
»Die Ermittlungen über die Explosion auf dem Schiff sind noch nicht abgeschlossen. Ich möchte nicht, dass Julika im letzten Moment darin verwickelt wird.«
»Sie ist bereits darin verwickelt.«
»Der junge Mann wurde nicht von Unbekannten zusammengeschlagen.«
»Das hast du mir schon zweimal erklärt«, sagte Sonja. »Misch dich nicht in die Arbeit der Kollegen.«
»Ich habe mich schon eingemischt.«
»Dann hör jetzt damit auf. Du hast das Mädchen gefunden, innerhalb eines Tages, du hast sie zum Reden gebracht, du hast deinen Bericht geschrieben, du hast dort nichts mehr verloren.«
»Warum schweigt der junge Mann?«
Er hörte Sonja stöhnen, dann ein Rascheln von Zeitungspapier.
»Ich bin mir nicht einmal sicher, ob er schweigt, weil er Angst hat.« Er trank Mineralwasser aus der Minibar. »Vielleicht schweigt er aus Solidarität.«
»Und warum wurde er dann zusammengeschlagen?« Er hörte, wie Sonja auf ein Kissen klopfte.
»Du vermutest, er wurde überfallen, weil jemand ihn einschüchtern will.«
»Weshalb sonst?«, sagte sie.
»Und warum macht er dann keine Aussage?«
»Weil er Angst hat! Du hast damit nichts zu tun, Tabor, das ist nicht dein Fall, du hast dich um das Mädchen zu kümmern und sonst nichts.«
»Das hat der Kollege auch gesagt.«
Süden schaltete die brummende Klimaanlage aus und öffnete

das Fenster. Gegenüber war ein altes Gebäude, dessen Fenster in den oberen Stockwerken verstaubt und dessen Fensterstöcke teilweise herausgebrochen waren.

»Und dann ist noch was«, sagte Süden. Er wandte sich um. Auf dem Bett lagen die beiden Akten aus der Polizeidirektion und mehrere Din-A4-Blätter, darunter sein Bericht. »In Vernehmungsprotokollen von damals taucht die Bemerkung eines Kollegen auf, der einen Überfall auf Annalena Prinz erwähnt.«

»Wer ist das?«, fragte Sonja mit schwerer Stimme.

»Das ist das Mädchen, das auf dem Schiff in der Toilette erstickt ist. Sie war damals, als das Haus brannte, auch dabei. Und einige Zeit nach dem Brand wurde sie von Unbekannten überfallen. Ich vermute, sie sollte eingeschüchtert werden, jemand wollte verhindern, dass sie eine Aussage machte.«

»Woraus schließt du das?«

»Der Kollege erwähnt in seiner Vernehmung eine Anwältin, sie fungierte als Zeugenbeistand, vielleicht hatte sich Annalena an sie gewandt nach dem Überfall ...«

»Das ist unwahrscheinlich. Eher hat sich die Anwältin an das Mädchen gewandt.«

»Ja«, sagte Süden. »Ich werde mit ihr sprechen. Sonst stehen dazu keine Einzelheiten in der Akte, das ist seltsam. Zwei Überfälle, damals und jetzt, zwei Feuer und immer dieselben Personen im Umfeld. Und die Berichte sind vollkommen lückenhaft und ungenau.«

»Das geht dich nichts an.«

»Du meinst, weil ich aus dem Westen bin?«

»Bitte?«

»Der Kollege Halberstett hat mich gewarnt, sie wollen niemanden von außen dabeihaben, sie haben ihr eigenes System, und das geht uns nichts an.«

»So ist es.«

»Ich will nicht, dass Julika mit hineingezogen wird.«

»Lass das, Tabor!«, sagte Sonja. »Das eine hat mit dem anderen nichts zu tun, jedenfalls für dich nicht. Du bist nicht zuständig.« Er fand, sie hörte sich an wie Volker Thon. »Dein Gebiet sind Vermisste, nicht Brandstiftungen, nicht Körperverletzungen, du bist der Süden der Verschwundenen.« Sie brauchte einen Moment, bis sie weitersprach. »Alleingänge sind nicht erwünscht, bei uns nicht und schon gar nicht bei den Kollegen, bei denen du zu Gast bist! Was willst du eigentlich? Du hattest den Auftrag hinzufahren, du bist dort, du hast es geschafft, das Mädchen zu finden. Fertig.« Sie holte Luft. Aber dann sprach sie nicht weiter.

»Sie hat mir nicht gesagt, was wirklich mit ihr los ist. Was war der konkrete Auslöser? Warum ist sie an jenem Tag weggegangen und an keinem anderen?« Er hörte Sonja stöhnen, er hörte, wie sie ihre Stimme unter Kontrolle behielt.

»Bist du betrunken?«, fragte sie.

Er sagte: »Ich bin nicht …«

»Sie hatte Geburtstag!«

Süden wartete ab. Auf einmal hatte er Julikas Stimme im Ohr, ihren Dialekt, der nicht so sehr in den einzelnen Worten zum Ausdruck kam, sondern im Klang, als habe sie ihn wegtrainiert, doch ein Echo war geblieben. Süden mochte ihre Art zu sprechen, sie erinnerte ihn an Martin.

»Vielleicht war es nur der Geburtstag«, sagte er. »Ich meine noch etwas anderes, sie hat mir nicht gesagt, was sie vorhat. Sie hat nur gesagt, sie würde aus dieser Stadt weggehen. Aber ich bin mir nicht sicher. Ich glaube, sie weiß nicht, was mit ihr passiert. Sie probiert Dinge aus. Sie läuft weg. Sie nistet sich bei diesen Leuten ein. Sie verschwindet wieder. Sie trifft sich mit mir. Sie redet auf mich ein. Sie öffnet ein wenig die Tür. Ich hätte sie nicht gehen lassen dürfen. Ich muss sie wiederfinden, Sonja, ich bin noch nicht fertig mit meinem Auftrag.«

Aus dem Hörer schlug ihm ein Schweigen entgegen.

Schließlich hörte er Sonjas Stimme, wie aus einer Ferne, die viel größer war als in Wirklichkeit. »Dann musst du den jungen Mann beschatten, er führt dich zu ihr. Eine andere Möglichkeit hast du nicht. Beschatte ihn, niemand hält dich auf.«

»Ich bin ein schlechter Beschatter«, sagte Süden. Sie brauchte ihm nicht zuzustimmen, jeder im Dezernat wusste es.

Süden setzte sich auf den Boden und stellte den Telefonapparat zwischen seine Beine. Was Sonja auch sagte, wie überzeugend sie auch klang, sie hatte Recht und Unrecht zugleich. Aus der Sicht einer Polizistin war das, was sie sagte, plausibel, und er hätte es zugeben können. Sonja brauchte er nichts vorzumachen. Sie ahnte, was in ihm vorging. Er stimmte ihr zu, weil er sie respektierte, und er stimmte ihr nicht zu, weil er anders funktionierte als sie. So anders, dass sie sich beide manchmal fragten, wieso sie zusammen waren. Denn sie waren noch immer zusammen, nach all der Zeit, den Jahren der Ausgelassenheit und des Übermuts, Jahren der Schönheit und der Begierde, Jahren reich an Nähe und Verständnis, Jahren, die wie Brandmale auf ihrer Haut waren. Und wenn sie heute einander berührten, empfanden sie manchmal einen Schmerz, der sie aufschreien ließ. Vielleicht, dachte Süden jetzt, und Julikas Stim-

me verklang, und er hörte seinen Freund Martin sprechen, aus einer Gegend weit hinter der Mauer, die die großen Jahre von der Gegenwart trennte, vielleicht hatte Martins Tod das endgültige Ende ihres zerbröckelnden Glücks bedeutet, und sie weigerten sich zu begreifen, dass man nicht überleben konnte, wenn man bei jeder Berührung beinah ohnmächtig wurde. Wie Menschen, die einen Toten identifizieren müssen. Manchmal fragten sie sich und fragten einander, ob der andere noch für einen selbst existierte, dort, wo früher der Stern gewesen war, der sie beschützte. Und dann sagten sie sich und sagten einander: Ja. Sie sagten Ja, und sie meinten es so, und etwas in ihnen meinte es nicht so, und sie wagten nicht es zuzugeben.
»Tabor?«, sagte Sonja Feyerabend.
»Nein«, sagte er. »Nein.«
Sie mussten still sein.
Dann sagte Süden: »Vielleicht fahren wir eine Woche ans Meer.«
»Wir fahren nirgendwo hin. Ich werd allein verreisen, wie immer. Sei nicht kindisch.«
»Ich bin nicht kindisch«, sagte er. »Ich sitze auf dem Boden wie ein alter Bär, der nicht mehr hochkommt.«
»Dann dreh dich zur Wand und stirb.«
»Zu früh«, sagte er.
Sie legten auf, und er holte ein weiteres kostspieliges Mineralwasser aus der Minibar. Er überlegte, wann er das letzte Mal Urlaub am Meer gemacht hatte. Wann er überhaupt Urlaub gemacht hatte. Wegen eines vermissten Jungen war er vor einiger Zeit an die Nordsee gefahren und sogar in ein Flugzeug gestiegen, das ihn auf die Insel Helgoland brachte, ein klaustro-

phobisches Erlebnis. Das war, nachdem sie Martin beerdigt hatten. Und das Erste, was er nach seiner Rückkehr tun musste, war, Martins Wohnung ausräumen. Seither war er nicht mehr verreist. Er hatte regelmäßig frei, zwei Wochen, drei Wochen, im Dienstplan stand dann Urlaub. Aber er baute nur Überstunden ab und stemmte sich gegen die Wände seines Zimmers und beschäftigte seinen Schatten.

Wie bei einem Reflex schaltete er das Licht aus. Und schaltete es sogleich wieder ein.

23

Bevor er ein Wort herausbrachte – und er hatte viele Worte auf Lager, seit Julika ihm gesagt hatte, dass sie schwanger war –, presste sie ihren Mund auf seine Lippen und zwang ihn mit hartem Druck, den Mund zu öffnen. Er tat es und schmeckte den Wein, den sie getrunken hatte, und ihr Atem gefiel ihm nicht. Sie biss ihn, und er wusste nicht, wie er sich wehren sollte und ob er es durfte.
»Nimm mich mit!«, flüsterte sie zwischen den Küssen. »Nimm mich mit!«
Weder wie sie sprach noch was sie sagte versöhnte ihn mit der Situation. Gerade hatte er genug Luft, um zu sprechen, da stieß sie ihn mit einem Schlag gegen die Schulter von sich weg, ließ sich auf die Bank fallen, schnaufte, wie sie es noch nie getan hatte, und warf mit dem Ellbogen die Wasserflasche um. Ihr Blick flößte ihm Angst ein, weil er ihn an ihr nicht kannte.
»Nimm mich mit!«
Vor Schreck stieß er mit dem Knie gegen die Anrichte.
Kaum war es still, sprang Julika auf und schaltete den kleinen Fernseher ein. Sie zappte durch die Programme. In einer Musiksendung sang eine englische Band ein Lied aus den achtziger Jahren. Ein paar Sekunden lang hörte Julika zu. Dann legte sie die Fernbedienung neben den Ausguss, drehte sich mit einer unerwarteten Bewegung um, umarmte Rico und begann mit ihm zu tanzen.
In der Enge des Zimmers, das Wohnraum und Küche zugleich war, drehten sie sich im Kreis.
Endlich brachte Rico den Mund auf. »Du bist betrunken.«
Sie sagte: »Ich hab eine Freundin, sie heißt Sarin. Wir können bei ihr bleiben …«

»Sei doch ruhig!«, sagte er. Sie schob ihn vor und zurück, am Tisch vorbei bis zur Tür des Schlafraums, die geschlossen war. Dann drehte sie ihn herum. Und er spürte ihr Knie zwischen seinen Beinen.

»Nimm mich mit, nimm mich mit nach Berlin!«

»Du redest doch ganz wirr«, sagte er und riss seinen Oberkörper aus ihrer Umklammerung. Er hielt sogar die Hände hoch, wie um sie abzuwehren, was er nicht beabsichtigt hatte. Seine Arme waren wie von allein nach oben geschossen.

»Du bist feige«, sagte sie.

Für einen Moment glaubte er, er würde sie nicht wieder erkennen. Alles an ihr stimmte nicht mehr, nicht einmal ihre blauen Augen, ihre schwarzen Haare, nicht einmal ihre Stimme. Jetzt hatte sie wieder etwas gesagt, und er hatte nicht zugehört. Wie in der Nacht in seinem Zimmer. Er musste aufpassen. Sie war seine … Sie hatten … Sie bekam ein … In dem stickigen, muffigen Raum, in dem er dauernd irgendwo dagegenstieß … Er fühlte sich wie in einer Falle.

»… eine Falle«, hörte er sie sagen. »Du kommst hier nicht raus, das ist vermintes Gelände …«

Was verstand sie von vermintem Gelände? Was redete …

»… mitkommen, du darfst hier nicht bleiben, die bringen dich um …«

»Halts Maul!«, brüllte er. Er brüllte ihr ins Gesicht. Er brüllte nur diese zwei Worte, und es waren die lautesten Worte, die er jemals ausgesprochen hatte. Er hatte sie nicht ausgesprochen, er hatte sie ausgespuckt. Julika wischte sich übers Gesicht, mit der flachen Hand, von der Stirn bis zum Kinn, wie ein Kind. Und das Blau ihrer Augen, so schien ihm, verfärbte sich. Sein Blick klebte auf ihren Augen, und er brachte ihn nicht mehr weg und dachte, das ist keine Verfärbung, was mit ihren Augen passiert, das ist eine Entfärbung, und am Ende werden ihre Augen schneefarben sein.

Im Fernsehen redete eine Moderatorin ununterbrochen weiter. Als habe er gezielt, streckte Rico den Arm aus und drückte, ohne hinzusehen, den kleinen Knopf, und das Bild erlosch.

Jetzt hörte er draußen den Regen. Hier drin brummte die Heizung. Und in seinem Kopf vibrierte eine Stimme, die ihm fremd war.

Nach nicht einmal einer halben Minute endlosen Schweigens sagte dieselbe Stimme, schon weniger fremd: »Ich kann nicht weggehen. Und ich werd nicht weggehen.«

Und dann sagte die Stimme noch etwas.

In den zwei Stunden, in denen er auf Julika gewartet und ihn das Warten in einen Zustand seelischer Überhitzung versetzt hatte, war ein Gedanke in ihm gewachsen, gegen den er sich wehrte, nicht, weil er ihn falsch fand, sondern gemein. Doch seine Stimme kannte keine Rücksicht.

»Wahrscheinlich bist du gar nicht schwanger!«, sagte er. Und das meinte er auch so, in dieser verfluchten Situation, in die sie ihn gebracht hatte. Er spürte sogar ihre Zähne auf den Lippen wieder, unter der Nase, die ihm bei jeder Berührung wehtat.

Julika sah ihn an. Rico bemerkte, dass ihre Augen so blau waren wie zuvor.

Ein Meter Abstand trennte ihn von ihr, ein Meter wie ein Kilometer, aus seiner Sicht, ein Meter wie tausend Kilometer, aus ihrer Sicht. Und trotzdem war ihr Arm lang genug, er schnellte

nach vorn, und sie packte Ricos Hand und schlug damit auf ihren Bauch, so fest, als wäre seine Hand ein Hammer.
»Dann töte es!«, schrie Julika. Und ihre Stimme feuerte den Hammer in ihrer Hand an. »Töte es, und du darfst gehen! Töte es selber!« Mit der anderen Hand riss sie ihren Pullover hoch. Und der Handhammer trommelte auf ihren nackten Bauch. Sie war es, die zuschlug, und Rico wehrte sich nicht. Er sah seine Hand auf den nackten Bauch schlagen. Sie schlug und schlug. Dann ballte er die Faust. Und streckte sofort wieder die Finger, damit er ihr nicht noch mehr Schmerzen zufügte, ihr und … und dem … dem …
»Töte es! Töte es selber!«
Sie umklammerte sein Handgelenk, er kam nicht frei, er versuchte es. Er bildete sich ein, es zu versuchen, er wusste es nicht. Sie zerrte ihn durch den Raum. Er rannte gegen die Tischkante. Seine Hand trommelte weiter auf ihren Bauch, und sie …
»Töte es! Töte es!«
… hatte den Pullover so weit nach oben geschoben, dass er ihren schwarzen BH sehen konnte. Und er starrte ihn an, während seine Hand ein paar Zentimeter darunter die weiße Haut misshandelte. Mit beiden Händen umklammerte sie jetzt sein Handgelenk, und Tränen liefen ihr übers Gesicht. Sie stieß mit seinem Arm in ihren Bauch wie mit einem Schwert. Und dann, in einem irren Anfall, holte er mit der freien Hand aus und schlug ihr ins Gesicht. Ihr Kopf knallte gegen die Wand. Der Knall war dumpf und unheimlich. Ihre Finger glitten von seinem Handgelenk.
Aber sie war nicht benommen. Sie schleuderte ihre Jacke, die

sie über dem Pullover trug, gegen das Fenster, riss sich den Pullover vom Leib und ließ sich gegen die Wand fallen. Die dünne Verschalung erzitterte.

Dann hielt sie inne, als nehme sie innerlich Anlauf. Und rannte gegen die Abdeckplatte der Anrichte, deren Kante genau auf der Höhe ihres Bauches war. Und sie schrie. Und Rico stand an derselben Stelle wie vorher und hörte und sah ihr zu.

»Soll ich glauben, der körperlose Tod entbrenn in Liebe, in Liebe …!«, schrie sie.

»Hör auf!«, rief Rico. Aber es war, als würde sich seine magere Stimme unter ihrem Schreien ducken.

»Und der verhasste hagre Unhold halte als seine Buhle hier im Dunkeln dich!« Sie boxte ihn zur Seite und schlug ihre Stirn gegen die Klapptür, hinter der die Heizungsrohre verliefen. »Aus Furcht davor will ich dich nie verlassen und will aus diesem Palast dichter Nacht nie wieder weichen …«

Er hatte keine Ahnung, wovon sie sprach. Sie rammte ihren Bauch gegen die Tischkante, wieder und wieder. Und er streckte, lächerlich, die Hand nach ihr aus.

»Hier, hier, hier …!«, schrie sie und ließ sich auf den Boden fallen. Rico starrte sie an. Alles, wozu er fähig war, war zu starren. Starr zu starren. »Hier will ich bleiben, hier mit Würmern, so dir Dienerinnen sind.«

So dir Dienerinnen sind, Dienerinnen sind, hallte es in seinem Kopf. Vielleicht hallte es auch im Zimmer, das finster und stickig wurde, wie eine Gruft. »O hier, hier, hier bau ich die ewge Ruhstatt mir …« Vor seinen Füßen rollte sie über das schmutzige Linoleum, schlug ihren Rücken gegen Kanten, den Hinterkopf gegen die Milchglasscheibe der Tür. Dann richtete sie sich

auf. »Und schüttle von dem lebensmüden Leibe das Joch feindseliger Gestirne …«
Rico machte einen Schritt auf sie zu. Sie trat mit den Stiefeln nach ihm. Und ihre Stimme klang noch lauter als zuvor. »Augen, blickt euer Letztes! Arme, nehmt die letzte Umarmung!« Sie schlang die Arme um ihren halb nackten Körper. Das ist kein Umarmen, dachte Rico, das ist ein Ersticken. »Und o Lippen, ihr, die Tore des Odems, siegelt mit rechtmäßgem Kusse den ewigen Vertrag dem Wuchrer Tod …«
Sie sprang auf. Vor Schreck wich Rico zurück.
Doch dann wollte er nicht länger zusehen.
Ein solcher Zorn überwältigte ihn, dass er Julikas Kopf packte und festhielt und so fest drückte, dass ihr Tränen in die Augen stiegen. Und doch kamen weiter Worte aus ihrem Mund, Worte voller Spucke und Abscheu. »Komm, bittrer Führer! Widriger Gefährt! Verzweifelter Pilot! Nun treib auf einmal dein sturmerkranktes Schiff in Felsenbrandung!«
Ihren Kopf zwischen den Händen, zog er sie zu sich her, bis ihrer beider Atem sich zu einem brodelnden Schweigen vermengte.
Er sah Tränen über ihre geröteten Wangen rinnen, und ihre Augen waren nicht mehr blau. Da war ein Grau, wie auch auf ihrer Haut. Die Macht seiner Hände gab ihm eine Sicherheit, die er nicht kannte, jetzt war er der Stärkere, an ihm lag es zu handeln, an ihm allein. Und er tat es. Er zog ihren Kopf noch ein winziges Stück näher, und seine Finger krallten sich in ihre Haare. Und dann schleuderte er Julika gegen die Tür des Schlafraums. Das Schloss sprang auf, und Julika glitt an der sich öffnenden Tür entlang und schlug auf der Bettkante auf.

Sie landete auf dem Boden vor dem Schrank aus Sperrholz und bewegte sich nicht mehr. Wie Rico. Er hielt die Arme weiter in die Höhe. Von draußen hörte er das Ploppen der Tropfen. Er schwitzte. Den Reißverschluss seiner Jeansjacke hatte er bis zum Hals zugezogen.

Julikas nackter Rücken stach hell aus dem unbeleuchteten Raum.

Rico ging zu ihr. Vorsichtig, mit kurzen Schritten, als rechne er damit, sie würde aufspringen und ihn anfallen und töten. Er kniete sich neben sie.

»Julika?«, sagte er.

Ihr Kopf lag schräg unter ihrem Arm.

»Hörst du mich?«

Und er hörte: »Warum wirfst du mich weg?«

Ihm fiel keine Antwort ein.

»Warum glaubst du mir nicht?«

Er beugte sich zu ihr hinunter. »Ich hab nicht …«, sagte er.

»Warum wirfst du mich weg?«, hörte er sie wieder sagen.

Er stand auf, kratzte sich in den Haaren, die ihm vom Kopf abstanden, wandte sich um und sagte, mit dem Rücken zu Julika: »Ich muss jetzt gehen, sonst erstick ich.«

In dem Moment, als er von außen die Tür schloss, richtete Julika sich auf.

Taub vor Schmerzen, die Hände auf den Bauch gepresst, kniete sie neben dem Bett und blickte zur Tür.

»All dies Leiden«, sagte sie, und ihre Stimme versagte. »All dies Leiden … dient in Zukunft … dient in Zukunft uns zu … zu süßerem Geschwätz …«

Dann schwieg sie. Und sah den Jungen vor sich, der diese Worte auf der Schulbühne gesprochen hatte, stotternd und rot im Gesicht. Und sie wollte das Bild verscheuchen und rief: »Rico! Rico!« Doch das Bild ging nicht weg und wurde schwarzweiß und hatte einen schwarzen Rand.

24 In ihr Tagebuch schrieb sie: *Es ist ein Glück, in der Menge von Leuten, die um mich herum sind und mich mit ihren Schatten bewerfen, ihn gefunden zu haben. Er hat sie alle vertrieben. Sogar wenn er mich allein lässt, wie jetzt, traut sich niemand zu mir her, ich bin allein für ihn allein. Endlich habe ich vom Alleinsein keine Schmerzen mehr. Indem er mich genommen und auf den Boden geworfen hat, bin ich gesegnet. Jetzt kann mir nichts mehr passieren …*

Julika hob die schmerzende Schulter, bewegte behutsam den Rücken. Doch bei jeder Bewegung zuckte sie zusammen und glaubte, es würden Splitter unter ihrer Haut stecken. Sie hielt die Luft an.

Sie beugte den Kopf und achtete darauf, die Hand fest auf dem Tisch abzustützen, bevor sie weiterschrieb. In der Gegenwart der Wörter fühlte sie sich geborgen.

… Der Stern, den er in mir gesät hat, wird wachsen, bis mich keiner von denen wiedererkennt, die mich durch ihre Anwesenheit jahrelang entstellt haben. Nur Rico wird mich erkennen und auch er wird dann staunen. Aber wir werden kein Kind haben, das dürfen wir nicht. Einem dritten Wesen haben wir nicht genügend Glück zu bieten. Das muss er begreifen …

Einen Moment lang hielt sie inne, bewegte nicht einmal die Hand mit dem schwarzen Stift, achtete nicht auf das Pochen in ihrem Nacken, wie von dumpfen Schlägen einer winzigen Faust. Sie sah die weiße Stelle hinter dem letzten Wort an.

… Wenn er zurückkommt, habe ich meine Sachen gepackt, und wir brauchen nur noch ein Auto. Ich könnte zu ihm gehen und ihn holen, ich weiß, wohin er gegangen ist. Ich wäre auch gern noch einmal dort. Einmal am Anfang, einmal am Ende. Ich warte besser. Oder soll ich

los? Sag mir, was dir lieber ist. Möchtest du, dass ich plötzlich in der Tür stehe? Würdest du noch einmal mit mir tanzen …
Dann malte sie eine kleine Sonne ohne Gesicht auf den unteren Rand der Seite, dieselbe wie auf der vorigen Seite. Doch etwas störte sie. Sie nahm den Stift, zog die Stirn in Falten und machte dann einen Punkt in den Kreis, wie ein winziges drittes Auge.

Er steckte keine Zitronenscheibe in den Flaschenhals, er hätte sowieso lieber ein Bier ohne Tequilazusatz getrunken. Aber der Wirt des »Eisenhans« hatte ihm unaufgefordert ein Desperados hingestellt, wahrscheinlich, weil der einzige Gast, der außer ihm im Lokal war, das Gleiche trank.
Aus der Musikbox dröhnte ein Song der Daughters of Hatred, grölender Gesang, harter Rhythmus, E-Gitarren, auf denen die Musiker immer dieselben Riffs spielten. Begeistert schlug der junge Mann, dessen Kopf kahl rasiert war, mit seinen Stiefeln den Takt dazu. Er stützte sich auf dem Automaten ab. Wenn er trank, nahm er nicht die Hände zu Hilfe, sondern beugte sich vor, klemmte die Flasche zwischen die Zähne, legte den Kopf in den Nacken und ließ das Bier in sich hineinlaufen. Dann stellte er die Flasche, ohne sie aus dem Mund zu nehmen, auf die Glasscheibe der Jukebox und rülpste.
»Nachschub, Robocop!«, rief er.
Nils Tumm, der schon vor der Wende von allen Robocop genannt worden war, brachte ihm eine neue Flasche, ohne Zitronenscheibe.
»Drück mal was anderes, Steffen«, sagte er.
Steffen drückte wieder die Daughters of Hatred.

Rico hatte die dritte Flasche ausgetrunken. Was er erhofft hatte, war nicht passiert. Er hatte gedacht, wenn er erst einmal genug Bier intus hätte, würden die Bilder aus ihm herausgeschwemmt werden. Er würde aus der Toilette zurückkommen und erleichtert sein und keine Erinnerung haben und von vorn beginnen, draußen, später, am nächsten Tag. Doch er sah Julika in immer aberwitzigeren Verrenkungen am Boden liegen, sah seine eigene Hand, die ausholte und zuschlug, bildete sich ein, trotz des Kraches aus den Lautsprechern, das patschende Geräusch zu hören, mehrere Male hintereinander. Falsch!, dachte er vage, er hatte nur ein einziges Mal zugeschlagen, aus Versehen. Aus Versehen? Er blickte auf und sah ins Gesicht des Wirts, der sich eine Zigarette aus einer gelben Schachtel anzündete. Rico sah das Gelb, und plötzlich war auch Julikas Pullover gelb. Falsch!, dachte er vage, der Pullover war weiß, ganz sicher weiß. Er griff nach dem Bier. Aber die Flasche war zu schwer und zu kalt, so kalt wie Julikas Haut. Jetzt spürte er die Haut unter ihrem gelben Pullover – der war nicht gelb! –, und die Haut war auch nicht kalt, sie war … sie war normal, der Bauch, ihr Bauch, in dem … in dem … Er hatte draufgeschlagen. Nein! Sie hatte draufgeschlagen! Sie hatte sich selbst geschlagen! Er war sich nicht sicher. Alles, was er sah, war seine Hand, und die schlug und patschte auf die Haut unter dem Pullover. Nein! Sie hatte keinen Pullover an. Sie war halb nackt. Sie hatte einen schwarzen BH an. Und die Haut drum herum war weiß. Falsch, das war nicht die Wahrheit …!

»Lüge!«, sagte Rico laut.

Steffen drehte den Kopf zu ihm.

»Was?«, sagte Robocop.

Rico schaffte es, die Flasche zu heben. Er führte sie zum Mund, und als seine Lippen den Flaschenrand berührten, ekelte er sich vor dem süßlichen Geruch, vor dem Alkohol, vor dem Anblick der Kuchentheke bei den Stufen zum hinteren Teil des Lokals. Steffen stützte sich auf der Musikbox ab. Wieso war Juri nicht da? Robocop behauptete, Juri habe noch in der Werkstatt zu tun, das war doch Unsinn, um diese Zeit!

»Noch ein Kaltgetränk?«

Rico nickte. Julika lag vor ihm, vor seinen Schuhen, auf seinen Schuhen, ihre Wange schräg auf der Schuhspitze, die Beine ausgestreckt, viel zu lange Beine. Das Mädchen, das da lag, war viel größer als Julika, und doch war sie es, viel größer und älter. Er konnte ihr Gesicht nicht erkennen, ihre Haare verdeckten es. Er sah, dass die Haare schmutzig waren, vom Boden, von den Kippen und den Schlieren aus Regen und Straßendreck.

»Bist du krank?«, fragte der Wirt.

»Nein«, sagte Rico.

»Noch eins?«, schrie der Wirt.

An der Musikbox hob Steffen den Arm. Wie auf ein Zeichen ging Rico zu ihm. Steffen hatte gerade den Flaschenhals in den Mund gesteckt und hielt ihn mit den Zähnen fest.

»Was macht Juri so lang in der Werkstatt?«, fragte Rico. Er wollte nicht mehr an Julika denken. Er wollte, dass das Gedenke aufhörte, das marterte ihn.

Seit Julika aufgetaucht war, ging es ihm so, vorher hatte er ein normales Leben geführt, und das wollte er zurück. Alles sollte sein wie früher. Die Zukunft kam von selber und dann war sie da und dann war sie vorbei und eine neue Zukunft kam. Das war das System. So musste es sein. Gut, dass er hier war, das war der richtige Ort, um wieder normal zu werden. Morgen würde er Julika wegschicken, und das Leben ging weiter wie bisher, und wenn sie beim Arzt gewesen war, würde auch ihr Leben weitergehen wie bisher.

»Prost«, sagte er und hob die Flasche, die Robocop ihm in die Hand gedrückt hatte. Steffen reagierte nicht. Seine Flasche stand wieder auf der verstaubten Glasabdeckung, und Rico stieß mit der seinen dagegen und trank.

»Der räumt auf«, sagte Steffen in den Gesang der Hasstöchter hinein, die Männer mit röhrenden Stimmen waren. »Für immer räumt der auf.«

»Was?«, sagte Rico laut. Die Musik klang bösartig in seinem Kopf.

»Sein Chef hat sich überlegt, Juri den Laden doch nicht zu übergeben«, brüllte Steffen, den Blick starr auf die Liste der Songtitel gerichtet. »Der war sauer, dass Juri nach Spanien will. Außerdem ist die Polizei bei ihm aufgetaucht, wegen der Geschichte mit dem Schiff, Scheiß drauf! Juri braucht den Typ nicht, er ist Meister, er kriegt einen neuen Job. Scheißtyp! Ich hab Juri vorgeschlagen, ich fackel dem Arsch die Werkstatt ab und seine Wohnung gleich mit. Ich mach das! Man muss handeln, sonst scheißt dich jeder voll!«

Sein Kopf kippte nach hinten. Rico hörte das Klacken der Zähne auf dem Glas und dann das Glucksen in Steffens Hals.

»Das kann der doch nicht machen!«, sagte Rico.

»Bist du blöde?«, brüllte Steffen, nachdem er die Flasche hingestellt und gerülpst hatte. »Mich haben sie auch rausgeschmissen, hast du das vergessen?«

»Wieso denn?«, sagte Rico. »Bist du nicht mehr bei Karmann?«

»Ja, ich bin bei Karmann! Aber nicht als Maurer! Sondern als Hilfsarbeiter! Ich bin Maurer von Beruf, nicht Hilfsarbeiter! Ich bin kein Polacke oder so ein stinkender Rumi, die hier die Jobs machen für einen scheißniedrigen Lohn!«

»Hauptsache, du hast eine Arbeit.«

Steffen schlug ihm auf die Brust. Rico holte noch Luft, so überraschend war der Schlag für ihn gekommen, da traf ihn die Faust seines Freundes ein zweites Mal. »Das ist eben nicht die Hauptsache! Weil, wenn ich ein Asylant bin, krieg ich mehr Geld, als wenn ich einen Job als Hilfsarbeiter hab. Denen schieben sie das Geld hinten rein, genau wie den Wessis! Der Typ, der die Werkstatt übernimmt, weißt du, wo der herkommt? Der kommt aus Niedersachsen, aus Niedersachsen ist der! Irgendein Scheißschwager, der macht in Zukunft den Laden, und Juri bleibt auf der Strecke.«

»Haben sie ihm gekündigt?«, fragte Rico. Den feuchten Geruch, den Steffens schwarze Daunenjacke ausdünstete, mochte er nicht. Wenn Steffen mit den Armen schlenkerte, raschelte die Jacke. Rico bemerkte den »Lonsdale«-Aufdruck auf dem weißen Sweatshirt, das sich über Steffens Brust spannte.

»Nein!«, brüllte er in die Stille, denn der Song war zu Ende. »Die haben ihm nicht gekündigt, Juri darf weiterarbeiten, wie ein Scheißhilfsarbeiter. Glaubst du, der bleibt da freiwillig? Der macht sich den Rücken kaputt für einen Scheißschwager aus Niedersachsen? Der Juri findet überall einen Job. Aber vorher fackel ich die Bude ab! Hat dich die Staatsanwältin auch schon verhört?«

Rico war verwirrt.

»Schau nicht so blöde!« Steffen legte den Kopf schief, nah vor

Ricos Gesicht. »Wir wissen, wo du wohnst …« Er sprach mit verstellter Stimme, als ahme er jemanden nach. »Halt deine Zunge im Zaum, huhu …« Und mit normaler Stimme: »Davon ist die Rede!

»Nein«, sagte Rico. »Ich hab keinen Anruf gekriegt.«

»Deine Rosa schon«, sagte Steffen und schrie in Richtung Tresen: »Bring uns zwei doppelte Polen!«

»Sie ist nicht meine Rosa.« Rico wollte gehen. Er hatte keine Lust auf Wodka. Der Gestank um ihn herum widerte ihn an. Vom Zigarettenrauch musste er husten. Außerdem fror er. Es hatte geregnet, und in der Kneipe war es nicht warm.

»Zwei doppelte Polen«, sagte Robocop und hielt ihnen die Gläser hin. »Auf euer Spezielles!«

Ausnahmsweise trank Steffen aus einem Glas. »Sie hat Sehnsucht nach dir, deine Rosa. Wir waren was trinken, die ist nett. Sie sagt, du hast sie wegen dem Westhasen sitzen lassen. Stimmt das?«

»Nein«, sagte Rico. Es ärgerte ihn, dass der Wodka ihm gut tat. »Die Rosa will nach Süddeutschland und ich nicht. Sie hat mich damit genervt, es ist aus zwischen uns.«

»Die will doch nicht weg!«, schrie Steffen, als würden die Hasstöchter wieder singen. »Wir sind hier nicht in der Uckermark! Hier geht niemand weg! Und die weg sind, kommen alle wieder. Die Rosa wollt dich nur ärgern, die liebt dich. Also hol sie dir, die heiratet dich, hat sie mir verraten, das will die, die will Kinder, Familie, und du bist der Vater.«

»Ich muss los«, sagte Rico.

»Warte!«, sagte Steffen, knallte das Glas auf die Jukebox und packte Rico am Arm. »Ich hab noch was mit dir zu besprechen.

Das Mädchen, das du da versteckst, die muss hier weg, die hat hier nichts zu suchen, kapiert? Schick sie weg!«

»Wieso denn?« Aus einem seltsamen Grund dachte Rico nicht daran, sich aus Steffens Griff zu befreien. Er stand da und atmete den Geruch der Jacke ein und unterdrückte ein Husten.

»Ich hab dem Halberstett gesagt, ich hab dich da unten gesehen, beim Klo, wo die Ale erstickt ist. Und das werd ich beschwören, wenn du was anderes aussagst. Denk an damals!«

»Ich hab nie was gesagt, nie!« Ricos Stimme war laut. Der Wirt sah zu ihm hin und wickelte dann weiter die Wurst- und Käsescheiben, die von den Brötchen übrig geblieben waren, in Alufolie.

»Die gehört nicht hierher! So eine wie die brauchst du nicht, du hast die Rosa, die ist die Richtige für dich! Warum ist die überhaupt da, die Westtussi, die ist doch noch ein Kind, die Bullen sind hinter der her …«

»Sie ist achtzehn, die Bullen können ihr gar nichts«, sagte Rico. Er musste hier raus, er erstickte gleich, wie zuvor in der Hütte. Mit einem Ruck schüttelte er Steffens Hand von seinem Arm. »Hör auf mir zu drohen!«

»Ganz vorsichtig!« Steffen wollte ihn wieder festhalten. Doch Rico drehte sich um und ging zum Tresen. Er legte einen Geldschein hin.

»Tschüss.«

»Ärger dich nicht«, sagte der Wirt. »Er hat Stress auf der Baustelle, der sieht Gespenster, er denkt, jeder will ihm was wegnehmen und keiner tut was für ihn. Und dann die Sache mit seinem Freund Juri, das beschäftigt ihn. Der hat eine Superprüfung hingelegt, der Juri, das weißt du, der hat geschuftet Tag und Nacht, der wollt was werden, der hat sich nicht unterkriegen lassen, der hat die Zeichen der Zeit erkannt. Na ja, ich denk, er wollt auch seinem Vater was beweisen, der hats eben nicht gepackt, das war ja auch eine schwere Zeit, nachdem seine Frau gestorben war, na ja, gestorben, du weißt ja … Das hat der Juri alles wegstecken müssen, den Tod der Mutter, dass der Vater nicht auf die Dienststelle zurück ist … Das war schon hart für so einen Jungen. Und die ganzen Beschuldigungen wegen dem brennenden Haus. Dich haben sie ja auch beschuldigt, dich und Steffen und sogar Ale, wenn ich mich nicht täusche, die doch auch, nicht? Ja, aber Juri, der hat sich nicht unterkriegen lassen, ich bewunder ihn dafür. Und jetzt? Ich weiß nicht, was da vorgefallen ist, schwer zu sagen von außen. Ist ein schlimmer Schlag für den, ich kann verstehen, dass er in dem Betrieb nicht bleiben will, er findet wieder was, da bin ich sicher. Man muss sich anpassen, machst du doch auch, du hast Tapezierer gelernt, und jetzt machst du eben Schiffsbau, das ist clever von dir, man muss zur Arbeit gehen, die Arbeit kommt nicht zu dir. Willst du noch einen Kleinen?«

»Nein«, sagte Rico.

»Grüß deine Mutter!«, sagte der Wirt.

In ihren Stiefeln und der Wildlederjacke stand sie an der Tür, die Hand auf der Eisenklinke, im Dunkeln. Durch die Milchglasscheibe sah sie verzerrt die anderen Holzhäuser. Sie hörte den Regen und die Autos, die auf der Schnellstraße vorüberrauschten. An einer der Hütten brannte Licht. Seit einer Viertelstunde bewegte sich Julika nicht von der Stelle. Davor war sie entschlossen gewesen, zum Lokal des Motels zu laufen und ein Taxi zu bestellen. Irgendwie wäre es ihr schon gelungen, nur mit dem Hausmeister zu sprechen, der sie hier versteckt hatte, und mit keinem der Gäste. Soviel sie mitbekommen hatte, war nur ein einziges Haus belegt. Allerdings spielte der Hausmeister mit Freunden aus der Stadt Karten, oder es kamen Gäste zum Essen, die dann bis spät in die Nacht sitzen blieben. Falls sein Chef erfuhr, dass er illegal und auch noch kostenlos Gäste beherbergte, würde er Ärger bekommen und, wenn er Pech hatte, entlassen werden. »Heutzutage geht das zügig«, hatte der Hausmeister zu ihnen in jener Nacht gesagt, als sie bei ihm auftauchten und Julika draußen im Dunkeln warten musste, bis Rico die Dinge erledigt hatte. Das hatte ihr imponiert, wie selbstsicher und fürsorglich er aufgetreten war.

Es waren nicht die Schmerzen in ihrem Rücken, die sie zwangen dazustehen, die eine Hand um die Klinke gekrallt, die andere zur Faust geballt. Es war nicht das Pochen in ihrem Kopf, das sie manchmal während ihrer Periode quälte. Es war nicht die Frage, die sie sich in der vergangenen Stunde wieder und wieder gestellt hatte: Würde Rico sich freuen, oder würde er sie schlagen, wenn sie im »Eisenhans« auftauchte?

Sie wusste nicht, warum sie wie gelähmt die Stirn an das Glas lehnte und anfing zu weinen, erst leise, dann mit zuckenden Schultern, wobei sie Laute ausstieß, die sie unfähig war zu unterdrücken. Sie schnappte nach Luft. Jedes Mal, wenn sie den Mund öffnete, schien ihr Atem einen Brocken Stimme aus ihrer Kehle zu sprengen, und sie erschrak darüber. Sie schloss den Mund und presste die Lippen aufeinander, keine drei Sekunden lang.

So stand sie in der Finsternis der überhitzten Hütte, von einem

Schluckauf geschüttelt, der ihr verzweifeltes Wollen noch verstärkte und sie gleichzeitig lähmte.

»Warte!«, rief Steffen durch den Regen. »Ich hab mit dir zu reden!«
Rico war schon über die Straße gelaufen und hatte für einen Moment die Orientierung verloren, was ihn sofort befürchten ließ, seine Augen seien wieder schlechter geworden.
»Bleib stehen, Blödmann!«
Er wäre sowieso nicht weitergegangen. Vielleicht brauchte er doch bald eine Brille. Wenn Spahn herausfand, dass er Probleme mit den Augen hatte, ohne zum Arzt zu gehen, würde er ihn wegen ungebührlichen Verhaltens oder Verletzung der Dienstvorschriften fristlos kündigen. Und wenn er mit einer Brille ankäme, würde Spahn ihn vermutlich auch rausschmeißen, weil er seine Kurzsichtigkeit verschwiegen und damit die gesamte Belegschaft gefährdet hatte. Er stand auf der Liste, davon war Rico überzeugt. Noch ein einziges Zuspätkommen oder ein Fehler, aus welchem Grund auch immer, und seine Zukunft als Schiffsbauer endete, bevor sie wirklich begonnen hatte.
»Hast du Angst oder was?« Steffen kam über die Straße, und Rico sah, dass er das linke Bein nachzog. Fast hätte er ihn gefragt, was passiert war, da bellte ihm Steffens Stimme entgegen. »Glaubst du, ich weiß nicht, wo du sie versteckt hast? Hä?« Er schwenkte eine Bierflasche.
Rico brachte kein Wort heraus. Mit einem ungewollten Staunen sah er Steffen zu, wie dieser den Flaschenhals in den Mund steckte und trank, den Kopf im Nacken, mit herunterhängen-

den Armen. Dann öffnete er den Mund und fing die Flasche in der Luft auf.

»Ich weiß doch, wo du dich immer mit Rosa getroffen hast, weiß ich alles, hat sie mir alles erzählt!«

Rico geriet in einen Zustand bestalischer Panik. Alles, was er eben noch gedacht hatte, schien wie bei einer Explosion aus seinem Kopf zu fliegen, in alle Richtungen, aus allen Poren. Was immer er zu Julika gesagt hatte, was immer er überlegt und vorgehabt hatte – es hatte keinen Wert mehr, und er wusste nicht, wo er einen neuen Wert hernehmen sollte. Er hörte das Plätschern der Wellen im Stadthafen, das Klappern der Fahnenstangen, und ein Auto fuhr vorüber, dessen Lichter seinen Kopf zu durchleuchten schienen.

»Brauchst dich nicht fürchten, Rico, ich kann mein Maul halten!«

Rico schaute zu Steffen hoch, der einen Kopf größer war. Rico betrachtete Steffens Schädel und das weiße Sweatshirt unter der offenen Daunenjacke. »Bist du jetzt ein Nazi geworden?«, sagte er und begriff nicht, wieso er das sagte.

»Geht dich das was an?«, brüllte Steffen und schlug ihm mit der flachen Hand gegen die Brust. Rico rutschte aus und fiel hin. »Bleib liegen!« Steffen klemmte sich den Flaschenhals zwischen die Zähne, und Rico hörte das Klacken. Das Klacken. Zähne auf Glas. Er sprang auf und sah die Flasche senkrecht in den schwarzen Himmel ragen und hatte keinen Gedanken, keinen Plan, nicht einmal Hass. Seine Faust traf die Flasche genau in der Mitte. Das Glas zerbrach, und Splitter rieselten Steffen in die Augen, was Rico nicht bemerkte. Er schlug ein zweites Mal zu, auf die schon abgebrochene Flasche, es knirschte eigenartig.

Steffen röchelte und kippte nach hinten, und während er fiel, drehte er sich ein wenig zur Seite und schlug mit dem Gesicht auf dem Asphalt auf. Rico hörte wieder ein Knirschen, und diesmal klang es ekelhaft. Er musste an einen Besuch beim Zahnarzt denken, als ihm zwei Backenzähne gezogen worden waren. Dann sah er Steffen auf dem Bürgersteig liegen, sein Körper zuckte, sein kahler Kopf trommelte auf dem Asphalt, Regentropfen spritzen von der Schädeldecke. Überall Scherben, unübersehbar viele Scherben. Rico rannte los.
Er rannte durch die Grubenstraße, bog in eine Seitenstraße, lief im Kreis, wischte sich den Regen aus den Augen, kratzte sich mit beiden Händen am Kopf, zog den Reißverschluss der Jeansjacke auf, sie flatterte an seinem mageren Körper, und er spürte, wie sein T-Shirt nass wurde, und je nasser es wurde, desto schneller lief er.

Auf dem Marktplatz gegenüber dem Rathaus fiel er auf die Knie und sah hinüber zu der rosafarbenen Barockfassade, die von einem milden Licht beleuchtet wurde. Dieses Licht beruhigte ihn eigentümlich. Er hatte das Gebäude tausendmal gesehen, und seine Geschichte war ihm komplett egal. Jetzt jedoch erschien es ihm ehrwürdig und einladend, als würde er, wenn er hineinginge, Verständnis und Trost erfahren. Nur ein paar Meter entfernt brannten die Lichter eines Hotels. Plötzlich glaubte Rico, er sei nicht zufällig hierher gelaufen. So ein merkwürdiges Ziel, dachte er beim Aufstehen. Und dann dachte er an seinen Freund.
Ihm war kalt, seine Kleidung war durchnässt, seine Haare waren schweißverklebt, in den Turnschuhen sammelte sich das

Wasser, und da er keine Socken trug, machte er beim Gehen quietschende Geräusche.
An der Giebelfront las er den Namen des Hotels. Das Foyer war hell erleuchtet. Hinter den meisten Fenstern in den Stockwerken darüber war es dunkel. Rico sah durch die Fenster des Restaurants und der Bar. Niemand saß dort. Aus einem Kellerlokal führte eine Treppe hinauf zum Gehsteig, über dem Eingang stand: »Alte Apotheke«.
In diesem Hotel, daran erinnerte er sich jetzt, wohnte der Polizist, er hätte zu ihm gehen und ihm alles erzählen können. Auch daran hatte er vorhin auf dem Marktplatz gedacht. Nein, dachte er, das war ein idiotischer Gedanke. Er müsste nicht nur erklären, warum und wie er seinem Freund die Flasche in den Hals gestoßen hatte. Hatte er das überhaupt getan? Er wusste es nicht mehr. Er hörte das Splittern des Glases. Und das Klacken von Steffens Zähnen auf der Flasche, vorher, bevor er aufgesprungen war und zugeschlagen hatte. Wie zugeschlagen? Nicht nur darüber würde er sprechen müssen, sondern auch, wo und warum er Julika versteckte und warum er sie geschlagen hatte. Er hatte noch nie jemanden geschlagen, und er selbst war auch nicht oft verprügelt worden, bisher.
War er tatsächlich wegen solcher Gedanken bis hierher gelaufen? Er hätte zur S-Bahn gehen können und nach Hause. Oder ins Motel. Nein. Erst musste er einen Plan haben. Es könnte möglich sein, dass ein Autofahrer Steffen bemerkt und ins Krankenhaus gebracht hatte. Steffen war nicht tot, er hatte ihn nicht getötet. Und Robocop war ein Zeuge, er würde aussagen, was er gesehen hatte. Nein, es war möglich, dass er nichts aussagte. Steffen hatte eine Bierflasche aus der Kneipe mit-

genommen, und auf dieser Bierflasche waren die Fingerabdrücke von Steffen und seine, er war überführt, das war logisch, egal, was Robocop aussagte. Er hatte einen Mord begangen. Er wollte Steffen nicht umbringen. Oder doch?

Gedankenvoll blickte Rico an der Fensterfront hinauf. In einem der Zimmer ging das Licht aus und nach wenigen Sekunden wieder an. Wie ein Signal.

Auf keinen Fall durfte er zu diesem Polizisten gehen. Der war eine Gefahr. Was musste er tun? Was hatte er getan? Was war wirklich passiert? Er konnte Steffen nicht getötet haben, das war unmöglich, er konnte nicht töten. Er hatte nur zugeschlagen, er hatte sich nur gewehrt, er hatte ihm nur gegeben, was er verdient hatte.

In dieser Sekunde vermisste Rico Julika, wie er noch nie einen Menschen vermisst hatte. Und er begriff etwas, das er erst später ganz verstand, als er wieder in ihrer Nähe war, umrankt von ihrer Haut. Da verstand er, dass er sich nicht nur nach Julika gesehnt hatte in der Bitternis der Nacht, sondern dass er auch sich, selbst wenn ihm dieser Gedanke im ersten Moment absurd vorkam, vermisst hatte, als Teil ihrer Gegenwart. Und dass er in ihrer Nähe wohnte wie in einer Herberge und bisher in einer verkehrten Umgebung gelebt hatte. Jetzt war ihm klar, er musste sein altes Zuhause verlassen, denn es gehörte nicht mehr zu ihm. Jetzt würde er aufbrechen und sein Alleinsein zurücklassen wie ein Bündel zu klein gewordener Kleider.

Nackt lagen sie nebeneinander auf dem schmalen Bett, eingehüllt in kratzige Frotteelaken, und tauschten Schmetterlingsküsse.

25

»Entschuldigung«, sagte Dr. Sibylle Kamphaus. »Ich hab Ihnen gerade nicht zugehört, entschuldigen Sie.«

»Das macht nichts«, sagte Tabor Süden. »Ich habe nichts gesagt.«

»Nein?« Aus einem schwarz glänzenden Etui, in dem mehrere Stifte steckten, nahm die Anwältin einen Füller heraus, schraubte ihn auf und unterstrich einen Namen auf einer Akte. »Meine Kollegin von der Staatsanwaltschaft aus Schwerin rief letzte Woche an … oder war es vorletzte Woche? Sie will die Sache noch einmal aufrollen, es gibt wohl …« Sie warf Süden einen Blick zu. »Entschuldigen Sie, ich hatte plötzlich … einen Moment, bitte.« Sie griff zum Telefonhörer. »Maxi? Bitte bringen Sie uns noch Kaffee und Wasser, danke schön.« Sie legte auf. »Sie sind ja Polizist, vor Ihnen brauch ich nicht vorsichtig zu sein, obwohl …«

»Wovon reden Sie?«, fragte Süden. Er hatte den grünen und den orangefarbenen Ordner auf den Knien und saß aufrecht in einem schwarzen Lederstuhl, dessen Lehne zu weit nach hinten geklappt war.

»Entschuldigen Sie?«, sagte sie.

Es klopfte, und die Tür ging auf.

»Sie können das Büro den ganzen Vormittag haben«, sagte Maxi, die mit einem Tablett hereinkam. »Dr. Werneck muss dringend aufs Gericht, bis Nachmittag. Ich soll Sie schön grüßen und fragen, obs Ihnen besser geht.«

»Danke, Maxi«, sagte Sibylle Kamphaus.

Die junge Sekretärin im roten Hosenanzug stellte das Tablett mit der Kanne und den zwei kleinen Flaschen Mineralwasser auf den Schreibtisch. »Sie schenken sich selbst ein, Frau Dr. Kamphaus?«

»Ja.«

Maxi sah Süden an, und er bildete sich ein, ihr Blick biege kurz vor seinem Gesicht ab und streife an ihm vorbei. Er lächelte. Etwas zu laut schloss Maxi die Tür hinter sich. Vielleicht kam es ihm in seinem übermüdeten Zustand auch nur so vor.

»Sie heißt Maxim«, sagte die Anwältin. »Aber sie will, dass man sie Maxi nennt. Ist doch schade oder nicht?«

»Unbedingt«, sagte Süden.

Die Anwältin hob die Kanne.

»Später«, sagte Süden.

Sie schenkte sich ein. »Ich will niemandem etwas unterstellen, Herr Süden, ich hab nur … die hiesige Polizei war damals in die Angelegenheit verstrickt und sie ist noch heute nicht gut darauf zu sprechen. Vor allem nicht, wenn Leute von auswärts kommen, so wie ich …«

»Und ich.«

»Und Sie, ja. Ich hab in Hamburg studiert, ich fand es spannend, in die neuen Länder zu gehen. Und kaum war ich hier, passierte dieses grauenhafte Ereignis, Sie kennen die Einzelheiten.«

»Ich kenne sie nicht«, sagte Süden. »Ich bin wegen des Mädchens hergekommen, und jetzt glaube ich, sie ist in eine Vergangenheit verwickelt, die nicht die ihre ist. Sie waren der Zeugenbeistand von Annalena Prinz, nachdem sie zusammengeschlagen worden war, genau wie jetzt Rico Keel.«

»Das meinte ich damit, dass ich niemandem etwas unterstellen will, ich bin nur vorsichtig geworden, zu wem ich was sage.

Das ist eine Erfahrung. Kann sein, es gibt einen Zusammenhang zwischen dem Überfall damals und dem vor zwei Wochen. Und es könnte sogar sein, dass der Tod von Annalena auf dem Schiff nicht zufällig war …« Sie blickte zur Tür, als fürchte sie, jemand käme unangemeldet herein. »Soweit ich die Fakten verstehe, war es ein Unfall, eine Explosion, und Annalena war in der Toilette eingeschlossen. Die Polizei behauptet das. Angeblich gibt es Zeugen. Rico Keel zum Beispiel.«

Süden strich sich, nach vorn gebeugt, die linke Hand auf den Akten, damit sie nicht von seinem Schoß glitten, die Haare aus dem Gesicht.

»Wem nützt der Tod von Annalena?«, fragte er.

Diese Frage hatte Sibylle Kamphaus bisher nicht gestellt, die Antwort lag viel zu deutlich auf der Hand. Aber sie konnte nicht einschätzen, inwieweit sie diesem Polizisten vertrauen durfte. Er war nicht von hier, das war günstig, andererseits musste er mit seinen Kollegen kooperieren, wenn er bei der Suche nach dem Mädchen Erfolg haben wollte. Außerdem kam er ihr merkwürdig vor, sein Aussehen, seine zurückhaltende Art zu sprechen und wie er schaute, das vor allem, sein Schauen, fand sie, hatte etwas Physisches. Wie andere Leute, andere Polizisten, jemanden mit den Händen abtasteten, so benutzte er seine Augen, um sein Gegenüber zu untersuchen. Aber vermutlich war sie nur überdreht und unfähig klare Gedanken zu entwickeln, geschädigt vom Rausch der letzten zwei Tage, an die sie nicht erinnert werden wollte, weniger wegen der Getränke, die sie konsumiert hatte, als wegen des Anlasses.

»Ich sag Ihnen meine Sicht«, begann sie, »und Sie wählen aus, was Sie davon für Ihre Arbeit gebrauchen können.«

»Danke«, sagte er.
Zunehmend empfand sie seine Offenheit, die im Wesentlichen aus nichts als Schweigen bestand, als Einladung zu einem Gespräch ohne Worte. Sie vergaß ihre professionelle Vorsicht und wagte sich zum ersten Mal an eine Wahrheit heran, die sie seit Jahren bedrückte.
»Annalena, die Freundin von Juri Gottow, war in dem brennenden Haus mit dabei, vermutlich betrunken wie jeder, der sich dort aufhielt. Und Annalena hat gesehen, wie Juri den Vietnamesen bedroht hat, bis dieser aus dem Fenster sprang. Ich weiß nicht, was genau passiert ist, niemand weiß das, außer denen, die dort waren. Und das sind Juri, Rico Keel, Annalena und Steffen Nossek, die vier waren als Einzige dort, mindestens eine halbe Stunde lang. Die Leute draußen haben sie angefeuert. Hinterher wollte niemand was gesehen haben, es hieß, die Sache sei eskaliert, die Polizei hätte einschreiten sollen. Das ist das Obrigkeitsdenken, das haben sie gelernt, die Verantwortung abschieben, so weit weg, bis man sie nicht mehr sehen kann.«
»Die vier sollten damals angeklagt werden«, sagte Süden.
»Sie waren Jugendliche, ja, sie sollten vor Gericht, aber es kam keine Anklage zu Stande. Schwerer Landfriedensbruch? Darum handelte es sich, aber es war unmöglich, Zeugen zu finden. Die Leute, die sich auf den Straßen und den Wiesen vor dem Haus versammelt hatten, waren in alle Winde verstreut, es waren ja nicht nur Einheimische da, eine Menge Chaoten kamen von auswärts, rechte Schläger, Skinheads. Man hätte sie alle wegen Mittäterschaft anklagen können, aber dieses Gesetz existierte damals noch nicht. Wenn zehn Vietnamesen aus dem Fenster gesprungen wären und die Leute hätten geklatscht und

gejubelt, kein Staatsanwalt hätte eine Handhabe gegen sie gehabt. Heute ist das anders. Und dann: versuchter Mord? Keine Zeugen! Beihilfe zum versuchten Mord? Keine Zeugen! Beihilfe zum Selbstmord? Sie halten das für absurd …«

»Nein«, sagte Süden.

»Wenn es stimmt, dass Juri und die anderen den Mann so bedrängt haben, dass er keine andere Möglichkeit sah, als aus dem Fenster zu springen, wie würden Sie das nennen?«

»Er hatte nicht die Absicht sich umzubringen«, sagte Süden. »Beihilfe zum Selbstmord ist etwas anderes.«

»Das weiß ich«, sagte Sibylle Kamphaus. »Ja, ja. Wenn man hätte beweisen können, dass der Mann suizidgefährdet war und durch die Lage, in die er unverschuldet geraten ist …«

»Sie verrennen sich, Frau Kamphaus.«

»Ja«, sagte sie, »ich konstruiere, ich habe jahrelang Konstruktionen gebastelt, damit ich endlich von dem Fall loskomme. Ich wollte ihn weghaben, so wie die Leute hier, auch ich wollte nichts mehr damit zu tun haben. Und jetzt …« Sie trank einen Schluck Kaffee. »Kalt. Ich weiß, dass Annalena damals eine Aussage machen wollte. Und bevor es dazu kam, wurde sie zusammengeschlagen, sie lag drei Monate im Krankenhaus und danach verfiel sie in Apathie. In dieser Zeit lernte ich sie kennen, ich redete mit ihr, ich brachte sie dazu, sich mir anzuvertrauen. Wieder und wieder wiederholte sie dasselbe: Der Mann sei aus dem Fenster gesprungen, bevor ihre Freunde die Tür aufgebrochen hätten. Nach mehr als einem halben Jahr, in einer Nacht kurz vor Weihnachten, sagte sie plötzlich, Juri habe den Mann gepackt, geschlagen, angespuckt und dann rückwärts aus dem halb offenen Fenster geworfen. Ich sagte ihr, wie sehr ich sie für diese Aussage und ihren Mut bewundere. Und da fing sie an zu lachen. Sie habe mich nur verarschen wollen, sagte sie, sie habe mir nur eine Freude machen wollen, weil Weihnachten sei, alles, was sie gesagt habe, sei gelogen, dummes Zeug, Juri habe niemanden umgebracht, der Fidschi sei von selber gesprungen. Sie sagte: Fidschi. Manche Leute nennen die Vietnamesen noch heute so.«

Süden legte die beiden Ordner, die er auf den Knien festhielt, auf den Boden. »Trotzdem waren Sie überzeugt, dass Annalena die Wahrheit gesagt hat.«

»Ich hab ihre Augen gesehen, als sie die Szene geschildert hat, ihr Gesicht war ernst und angespannt, und sie war keine Schauspielerin, höchstens eine schlechte, sie machte keinen Scherz, sie meinte es ernst. Ich vermute, sie wollte ausprobieren, was passiert, mit ihr, sie wollte das alles loswerden, und wer weiß, vielleicht hab ich falsch reagiert, vielleicht hätt ich gar nichts sagen sollen, sie nicht loben, nicht gleich drauf einsteigen, vielleicht hätte ich gleichgültiger reagieren sollen. Aber ich war so … erleichtert, ich hatte endlich das erreicht, was ich wollte. Ich hab versagt, ich war zu eifrig. Aber ich weiß, ich weiß, so wahr ich hier sitze: Annalena hat gesehen, wie Juri Gottow diesen Mann aus dem Fenster geworfen hat wie ein Möbelstück. Er hat ihn ermordet, und es gab drei Zeugen, und nun gibt es nur noch zwei.«

Ihre Hand zitterte leicht, als sie Mineralwasser aus der Flasche ins Glas goss.

»Sie auch?«

»Nein«, sagte Süden. »Von wem wurde Annalena zusammengeschlagen?«

Die Anwältin trank einen kleinen Schluck. »Von drei Frauen. Drei Mädchen. Sie konnte sie nicht beschreiben. Hat sie behauptet. Drei Mädchen. Sie wurden nie gefasst. Die Polizei hat auch nicht besonders intensiv nach ihnen gesucht.«

»Warum nicht?«

»Juris Vater war Polizist, wissen Sie das nicht? Er war damals auch für die Sache zuständig, er ermittelte gegen seinen eigenen Sohn, nicht persönlich, das machten seine Kollegen, aber er wusste Bescheid. Er war einer der Polizisten, die vor Ort waren und nicht eingegriffen haben, als die Neonazis aufmarschierten und gegen die Ausländer brüllten. Ich bin sicher, sie hätten am liebsten mitgebrüllt. Niemand wollte, dass die vier Jugendlichen angeklagt werden und ins Gefängnis kommen, niemand wollte das. Sie waren noch so jung, sie hatten sich einen Spaß erlaubt, ein Fidschi war gestorben, ein Unfall. Zeugen waren unerwünscht, Annalena war unerwünscht. Bei der hiesigen Zeitung war vor jenem Wochenende ein anonymer Anruf eingegangen, jemand drohte, die Rumänen, die um Asyl baten, und die anderen Ausländer zu verjagen. Die Zeitung hat den Wortlaut abgedruckt. Man war also darauf vorbereitet. Nur die Polizei anscheinend nicht. Und die Politik. Der Oberbürgermeister. Das war ein Klassentreffen von Rassisten, und bei so einem Klassentreffen gehts hoch her, das gehört sich so. Annalena … Niemals glaube ich, dass ihr Tod auf dem Schiff ein Unfall war. Die Staatsanwaltschaft in Schwerin hat einen anonymen Brief erhalten, in dem die Aussagen Annalenas von damals noch einmal bestätigt werden, jetzt, nach der langen Zeit. Höchstwahrscheinlich wurde er von einer Frau geschrieben, der Grafologe ist sich nicht sicher, weil die Schrift stark verstellt ist, das endgültige Ergebnis der Untersuchung steht noch aus. Wieso sollte Annalena diesen Brief nicht geschrieben haben? Und: Wer sonst? Wer?«

»Warum jetzt?«, fragte Süden.

»Vielleicht wollte sie, dass endlich Schluss ist mit der Vergangenheit.«

»Sie wollte Juri heiraten.«

»Vielleicht wollte sie es trotzdem. Aufräumen und neu anfangen.«

»Vielleicht«, sagte Süden. Er stand auf und ging zu einem der beiden großen Fenster mit den Lamellenvorhängen. Der Raum war hoch und hell, mit Stuck an der Decke und einem abstrakten Ölgemälde an der Wand.

Die Anwältin klopfte mit den Händen zweimal auf ihre Wangen. Sie schwitzte und schämte sich ein wenig für dieses luxuriöse Büro, wobei sie nicht wusste, warum. Ihr eigenes wurde gerade neu gestrichen, und sie war Teilhaberin in dieser Kanzlei, gleichberechtigt mit Werneck und Friese. Sie waren ein erfolgreiches Trio, das regelmäßig Mandate übernahm, die wenig oder gar kein Geld einbrachten, etwa wenn einer von ihnen als Zeugenbeistand für sozial schwache Opfer arbeitete. Was meist an ihr hängen blieb, sie war die Frau, sie hatte seit zehn Jahren Erfahrung auf diesem Gebiet.

»Annalenas Tod nützt Juri Gottow«, sagte Süden.

»Wem sonst?«

»Und wer soll das beweisen?«

»Das Mädchen aus Bayern?«, sagte Sibylle Kamphaus und stand ebenfalls auf. Nach kurzem Zögern ging sie zu dem anderen Fenster und kippte es.

»Und Rico Keel«, sagte Süden.
»Und Rico Keel«, sagte sie.
Sie schwiegen.
»Und Steffen …«, sagte Süden.
»Steffen Nossek, dem auch«, sagte die Anwältin. Das Telefon klingelte, und sie ging zum Schreibtisch zurück.
»Maxi?« Sie hörte eine Weile zu und legte auf.
»Jetzt gibt es nur noch zwei Zeugen für die Vorgänge in dem brennenden Haus. Steffen Nossek ist anscheinend heute Nacht ermordet worden.«
»Von wem?«, fragte Süden.
»Unbekannt.«
»Woher hat Ihre Sekretärin die Information?«
»Aus dem Radio.«
Süden hob die beiden Leitzordner auf, die er auf den Boden vor dem Schreibtisch gelegt hatte. »Nur noch zwei Zeugen«, sagte er. »Einer von ihnen ist der Schuldige.«
»Sie machen sich keine Vorstellung, wie aggressiv die Leute hier sein können«, sagte Sibylle Kamphaus. »Sie fühlen sich an allen Ecken und Enden benachteiligt, gegenüber dem Westen, gegenüber den anderen Bundesländern im Osten, denen es wirtschaftlich besser geht, sie jammern und fluchen, und wenn sie eine Gelegenheit finden zuzuschlagen, dann tun sie es. Wie damals, als das Haus brannte. Sie sahen die rumänischen Asylbewerber, sie sahen ihre Kleidung und beobachteten sie beim Klauen, endlich war da jemand, der noch schwächer war als sie selber, endlich jemand, dem man heimzahlen konnte, dass man selber so beschissen dran war, endlich was los in diesem lähmenden Nichts. Juri Gottow, er war damals schuld und er ist es

heute, das ist meine Überzeugung. Ich sag das nur zu Ihnen, in diesem Raum, und ich war damals ohnmächtig und heute bin ich es wieder. Ich kann nicht beweisen, dass die Zeugin dieses Mordes, und es war Mord, vorsätzlich umgebracht wurde, niemand hat eine brauchbare Aussage gemacht, genau wie damals, alles genau wie damals. Auch Ihr Mädchen nicht und deren Freund, die haben ebenfalls nichts Brauchbares beigesteuert, nur allgemeines Zeug, nur keinen hinhängen, nur nichts sagen, nur sich nicht das Maul verbrennen, immer schön zusammenhalten, wir sind eine große ausgebeutete Familie. Entschuldigen Sie. Entschuldigung.« Mit schnellen Schritten ging sie zu einem antiken Glasschrank und holte eine Flasche Cognac und ein Glas heraus. »Sie trinken bestimmt nicht mit.«

»Nein.«

Sie schenkte sich ein, stellte die Flasche zurück und schloss den Schrank.

»Es muss sein.« Sie trank das Glas in einem Zug aus. »Vorgestern hab ich meinen fünfzigsten Geburtstag gefeiert und heut frag ich mich, ob es richtig war, dass ich hierher gekommen bin. Ich bin viel zu … Ich nehm das alles zu persönlich hier, immer noch, die sozialen Umstände, die Motive, es fällt mir schwer … schwer, mir ein Urteil zu bilden und nüchtern zu handeln, ohne Emotionen …«

Plötzlich hatte sie den erschreckenden Verdacht, sie habe sich absolut unangemessen gehen lassen, vor einem Fremden, vor einem Polizisten, der sie aushorchte, der sie, wenn er ihre Geständnisse und ihre privaten Äußerungen seinen Kollegen in der Blücherstraße mitteilte, in größte Bedrängnis bringen konnte. Gewiss würde dann irgendeine Bemerkung von ihr an die Öffentlichkeit gelangen. Im schlimmsten Fall erfuhren Werneck und Friese davon, für die negative Publicity einem Menetekel gleichkam, das ihre Existenz bedrohte. Die Zeiten waren schwierig, und die Konkurrenz schlief nicht, und die Vorstellung, in einem Bundesland mit einer derart hohen Arbeitslosenquote ohne Job dazustehen, katapultierte Sibylle Kamphaus aus ihrer postpokularen Melancholie in einen Zustand brutaler Wachheit.

»Unser Termin ist zu Ende«, sagte sie. »Ich hoffe, ich konnte Ihnen weiterhelfen.«

»Ich weiß noch nicht«, sagte Süden. »Sie sehen sehr blass aus, es tut mir Leid, wenn ich Sie so lange aufgehalten habe.«

»Nein«, sagte sie. »Ist schon ...« Sie musste nach Hause, sie musste sich hinlegen. Was bedeutete das, dass Steffen Nossek tot war? Sollte dieser Juri Gottow, dieser frei herumlaufende Mörder, zu einem Rachefeldzug angetreten sein, an seiner Verlobten und seinem besten Freund?

»Wie lange brauche ich bis zur Stadtbibliothek ins Hansa-Viertel?«, fragte Süden.

Als er dort ankam, sprach Marlen Keel bereits mit einem anderen Polizisten.

Hinter ihr stand wie ein kurzsichtiger übergewichtiger Bodyguard ihre Kollegin Paula, mit einem Blick, der wie ein Flammenwerfer ihre dicke Brille durchschlug. Neben dem Tisch, an dem Marlen und der uniformierte Polizist saßen, stand ein Mann, den Süden nicht kannte. Er trug ein braunes Sakko und Jeans und erweckte den Anschein, als wolle er die ganze Zeit etwas sagen, komme aber nicht dazu. Er öffnete den Mund und schloss ihn wieder, er hob die Hand und senkte sie wieder, er räusperte sich und schüttelte den Kopf. Als Süden den Raum betrat, warf ihm der uniformierte Kollege einen Blick zu und setzte die Befragung fort, indem er vor allem einen Monolog hielt.

»Du brauchst nichts zu sagen, Marlen, hast du das verstanden, ich hab dich darüber belehrt, was du darfst und was nicht. Du hast keinen Anwalt, und ich wiederhole mich, du brauchst keinen, nicht im Moment, ich würd nur gern wissen, wo dein Sohn sein könnte, er kommt doch sonst immer nach Hause, hast du selber zu Henry heut Morgen gesagt, deswegen bin ich ja hier, er hat Druck gekriegt, ich weiß nicht, von wem, die alte Geschichte, du weißt schon, die Staatsanwaltschaft in Schwerin, niemand in unserer Inspektion versteht, was der Tod von Ale und jetzt der von Steffen mit der Sache damals zu tun hat, niemand, Marlen, und dein Rico hat damit auch nichts zu tun. Aber wir müssen ihn sprechen. Er war wohl der Letzte, der Steffen gesehen hat, ich behaupte das nicht, der Wirt sagt, Steffen ist ihm hinterhergelaufen, das hab ich dir alles schon erklärt, wo kann er denn sein, dein Rico?«

Marlen Keel hatte Ringe unter den Augen, und ihre Haare sahen anders aus. Süden brauchte eine Zeit lang, bis er begriff, dass sie sie abgeschnitten hatte, an der Stirn und über den Ohren, und wenn er sich nicht täuschte, hatte sie sich nicht viel Mühe dabei gegeben. Der hellgraue Pullover, den sie anhatte, ließ ihr Gesicht noch blasser erscheinen.

»Ich möcht dazu was sagen«, sagte der Mann im braunen Sakko.

»Gleich, Herr Schild«, sagte der Polizist. »Marlen, wenn du weißt, wo er ist, sag es mir!« Er drehte den Kopf kurz zu Süden, ehe er weiter auf Marlen Keel einredete. »Ich sprech mit ihm, ich allein, er kennt mich doch. Wenn er nichts damit zu tun hat, werd ich es merken, ich hab solche Vernehmungen schon oft geführt.« Abrupt wandte er sich erneut um. »Kann ich was für Sie tun, Kollege?«

»Nein«, sagte Süden. Er verschränkte die Arme und sah Marlen Keel an.

»Das geht so nicht«, sagte der Polizist. Sein Blick kam Süden vor, als hätte er ihn sich von Paula geliehen.

»Was meinen Sie, Herr Kellerfink?«, fragte Süden. Er hatte seinen Kollegen wiedererkannt.

»Ich meine, ich führe hier eine Vernehmung durch, Kollege Süden, und für diese Vernehmung sind Sie nicht zuständig. Ich bitte Sie, den Raum zu verlassen und draußen zu warten.«

»Ich werde nicht draußen warten.«

»Ich bitte Sie«, sagte Kellerfink. »Muss ich erst in der Inspektion anrufen und Sie auf Befehl hinausweisen? Das wollen wir doch vermeiden.«

»Ja«, sagte Süden.

Kellerfink zeigte zur Tür. Süden blickte über die Schulter nach hinten. Dann stand er da wie vorher, unverrückbar.

»Darf ich mal telefonieren?« Ohne die Antwort abzuwarten, griff der Polizist zum Hörer und wählte eine Nummer. »Kellerfink, ist Henry nicht am Platz? Blöde. Wann kommt er zurück? Er soll in der Bibliothek anrufen … Wie ist deine Nummer?«

Marlen Keel sagte ihm die Nummer.

»Oder auf meinem Handy, es eilt.« Er stand auf und schaute auf die Bibliothekarin hinunter. »Das ist jetzt eine blöde Situation, es tut mir Leid, Marlen, Henry muss entscheiden, was wir weiter tun, der Kollege aus dem Westen scheint noch nicht begriffen zu haben, wie das bei uns läuft. Ich muss noch mal wiederkommen, oder besser wär, du kommst mit mir, das wäre das Einfachste.«

»Ich hab Henry schon alles gesagt und dir auch. Ich hab keine Ahnung, wo Rico steckt.«

»Ich hoffe, das stimmt«, sagte Kellerfink. »Besser wärs, du würdest mitkommen, das wär das Beste für uns alle.« Er setzte seine Mütze auf und ging mit entschlossenen Schritten an Süden vorbei.

»Grüße an Varus«, sagte Süden.

Fast hätte Kellerfink innegehalten.

Marlen Keel schlug die Hände vors Gesicht. Als sie sie wieder herunternahm, hob sie den Kopf und blickte mit dunkler Miene in die Runde.

»Danke, dass ihr mir beigestanden habt«, sagte sie. »Ich weiß nicht, wo Rico ist, ich weiß nicht, was passiert ist, und solange ich nichts Genaues weiß, wird niemand mich dazu bringen, eine Aussage zu machen. Ich will nicht, dass es wieder so weit kommt wie …«

Paula legte ihr die Hand auf die Schulter. Marlen zuckte zusammen, und Paula zog schuldbewusst die Hand zurück. »Kann ich heute frei bekommen, Herr Schild? Ich möchte zu Hause bleiben und auf Rico warten, bestimmt meldet er sich, das tut er immer.«

»Selbstverständlich«, sagte der Mann im braunen Sakko. »Gehen Sie. Wenn Sie Hilfe brauchen, rufen Sie an, bitte.«

Zwischen den Bücherregalen hindurch ging er zu einer weiß lackierten Eisentreppe, die in den Keller führte.

»Sie sind sehr freundlich«, sagte Marlen. Erst jetzt schien sie Tabor Süden zu bemerken. Wortlos sah sie zu ihm hin.
Sie glaubte etwas sagen zu müssen. Das Telefon klingelte. Sofort griff sie nach dem Hörer und warf Süden einen Blick zu, als wolle sie damit ausdrücken, sie wisse selbst nicht, wieso sie es so eilig hatte abzuheben.
»Hansa-Stadtbibliothek, Marlen Keel.«
Süden wusste sofort, wer dran war. Marlen gab ihm den Hörer.
»Ja.«
»Hier ist Henry Halberstett, Kollege, kommen Sie bitte sofort in die Inspektion, ich warte auf Sie, Wiedersehen.« Süden legte auf.
»War Ihr Sohn in der Arbeit?«, fragte er.
»Nein«, sagte Marlen. »Paula, mach doch weiter, die Rückgaben stapeln sich schon.«
»Und du gehst nach Hause«, sagte Paula. »Rico hat nichts angestellt, das weiß ich.« Ein letzter heftiger Blick streifte Süden.
»Er ist die ganze Nacht nicht nach Hause gekommen«, sagte Marlen. Die Erschöpfung kehrte zurück, sie ließ die Schultern hängen und hatte Mühe, den Mantel vom Bügel zu nehmen.
Süden wollte ihr helfen, aber sie wehrte ab.
»Glauben Sie, dass er mit dem Tod von Steffen Nossek etwas zu tun hat?«
»Sie etwa?«
»Ich weiß es nicht. Ich kenne ihn nicht. Wieso ist er untergetaucht?«
»Was reden Sie denn da?«
Marlen war auf dem Weg zur Tür. Süden folgte ihr unaufgefordert.

»Er ist untergetaucht«, sagte er.
»Das ist Ihr Vokabular, nicht meines.« Sie riss die Tür auf und ging in die feuchte Luft hinaus, ins graue Licht.
»Hoffen wir, dass er untergetaucht ist.«
Sie blieb stehen. »Wie bitte? Was sagen Sie da für Dinge? Was wollen Sie mir denn einreden? Manchmal habe ich den Eindruck, seit Sie auf der Bildfläche erschienen sind, kommt alles durcheinander.«
Sie hatte keine Zeit, weiter darüber nachzudenken, sie musste auf kürzestem Weg die nächste S-Bahn erwischen.
»Wenn er nicht untergetaucht ist«, sagte Süden, »dann müssen die Kollegen in eine andere Richtung ermitteln.«
»Was für eine Richtung denn?« Seine Andeutungen versetzten sie allmählich in Hysterie.
»Steffen Nossek ist einem Verbrechen zum Opfer gefallen, und Rico ist verschwunden, wir können nicht ausschließen, dass auch er einem Verbrechen zum Opfer gefallen ist.«
Wieder blieb sie stehen, so ruckartig, dass ihre lederne Umhängetasche weiterschaukelte. »Das ist ja unerhört! Warum sagen Sie so was? Warum jagen Sie mir Angst ein? Was ist das für eine Strategie, die Sie da verfolgen?«
»Ich sage Ihnen nur, was wir im Moment zu überlegen haben.«
Sie sah an ihm vorbei, zu den Wiesen am Rand des Botanischen Gartens, zu den Bäumen, deren Äste gestutzt waren und deren Stämme schwarz und leblos wirkten. Nirgendwo auch nur eine Ahnung von Frühling. In allen Geschäften brannte Licht. Manche Frauen trugen Pelzjacken und Pelzmützen. Die Farbe der Giebelhäuser war kaum von der der Plattenbauten zu unterscheiden. Ein eisiger Ostwind trieb verfaultes Laub und

Papier über das Kopfsteinpflaster. Es war, als wäre der Winter gegangen und hätte nur Ekel zurückgelassen.

»Glauben Sie, Ihre Kollegen sagen Ihnen, was sie wirklich wissen?«, fragte Marlen und blinzelte gegen den scharfen Wind.

»Nicht freiwillig«, sagte Süden.

»Sagen Sie es mir, wenn Sie was rausgekriegt haben?«

»Wem denn sonst?«

Sein Lächeln erleichterte sie kurz. Sie wandte sich zum Gehen, da hörte sie in ihrer Tasche ein Klingeln. Sie holte das Handy heraus.

»Hallo, Hanna!«, sagte sie und zu Süden: »Bis später.«

»Bis später.« Er ging auf ein Taxi zu, das in der Nähe einer Bushaltestelle wartete, und wandte sich noch einmal um. Marlen, die ihm hinterhergesehen hatte, drehte ihm mit einer hastigen Bewegung den Rücken zu.

26

»Hast du einen Streuselkuchen im Kopf!«, sagte der Mann im dunkelgrünen Rollkragenpullover voller Wut, packte Julikas Arm und zerrte sie in die Küche, in der es nach Fisch roch. »Ich hab euch verboten, auch nur den Kopf aus dem Fenster zu strecken! Was glaubst du denn, was mein Chef mit mir macht, wenn er mitkriegt, dass ich euch da illegal untergebracht hab! Verdammt verdammt verdammt!«

»Wir sind nicht illegal«, sagte Julika.

»Was denn sonst, du?«, schrie der Mann und blickte nervös zur Tür. »Was willst du denn? Mandy kommt jeden Moment, außerdem hat mein Sohn angerufen, der will mich sprechen. Du weißt, was heut Nacht passiert ist, weißt du das?«

»Ja.«

»Und? Wars so, wie mein Sohn mir erzählt hat? Wars so?«

»Ich weiß nicht, was Ihr Sohn Ihnen erzählt hat.«

»Stell dich nicht so dumm! Du gehst doch aufs Gymnasium! Lernt man da nicht denken bei euch? Hat Rico Steffen umgebracht? Ja?«

»Nein.«

»Hat er das behauptet?«

»Ja.« Sie war eine erfahrene, gut ausgebildete Lügnerin.

»Du lügst doch!«, sagte er.

»Nein«, sagte sie. »Ich möcht eine Pistole von Ihnen kaufen, Sie haben gesagt, Sie hätten eine. Die möcht ich.«

»Bist du besoffen, Mädchen? Verschwinde hier, geh zurück in den Bungalow und lass dich ja nicht am Fenster blicken! Verdammt!« Er horchte. Sein Gesicht war dunkelrot, und der Fischgeruch in der Küche vermischte sich mit den Ausdünstungen von Alkohol, die um den dicken Körper des Mannes waberten.

»Ich geb Ihnen fünfhundert Euro.«

»Verschwinde!«

»Fünfhundert Euro, davon können Sie sich leicht eine neue Pistole kaufen, wahrscheinlich sogar zwei.«

Der Mann holte eine Flasche Bier aus dem Kühlschrank und öffnete sie mit einem grünen Plastikfeuerzeug. Er trank die halbe Flasche in einem Zug aus, gab ein brummendes Geräusch von sich und schaute auf die rechteckige Uhr, die über der Durchreiche zur Gaststube hing. Es war zwanzig nach zehn am Vormittag.

»Wo ist er?«, fragte der Mann.

»Weg«, sagte Julika.

»Die Polizei wird herkommen.«

»Wir sind überhaupt nicht da.«

»Die Polizei wird kommen, weil die werden rausfinden, dass Rico früher schon öfter hier war.«

»Ach so«, sagte Julika. Rico hatte ihr erzählt, dass er sich manchmal mit Rosa in einer der Holzhütten getroffen hatte, wenn hier wenig los war. Das war zu der Zeit, die sie nichts anging.

»Die werden die Bungalows durchsuchen, jeden einzelnen.«

»Wir fahren heute Nacht weg«, sagte Julika.

»Ihr fahrt weg«, sagte der Mann und trank den Rest aus der Flasche und stellte sie auf den Tisch zu den abgespülten Tellern und Gläsern. »Und wo fahrt ihr hin?«

»Weg.«

»Und womit? Kauft ihr euch vorher ein Auto?«

»Rico leiht sich eines aus.«

»Der kann doch gar nicht fahren!«

»Er hat einen Führerschein.«

»Aber er hat kein Auto, Mädchen! Der hat nie ein Auto gehabt, der hat den Führerschein umsonst gemacht.«

»Jetzt kann er ihn gebrauchen«, sagte Julika, griff in die Tasche und zog Geldscheine heraus. Sie legte sie nebeneinander auf den Tisch, vor das Geschirr. »Fünfhundert. Die Pistole und Munition.«

»Waffenbesitz ist illegal«, sagte der Mann. »Und ihr seid schon illegal genug.«

»Ich bezahle dafür«, sagte Julika. »Brauchen Sie das Geld nicht?«

»Wenn die Polizei rausfindet, dass ich euch auch noch eine Waffe verkauft hab, bin ich den Job los. Und darauf hab ich keine Lust. Einen anderen find ich nämlich nicht mehr. Und jetzt verschwinde endlich!«

»Von wem soll die Polizei was erfahren? Die wissen ja nicht mal, dass Sie die Waffe haben, oder?«

»Wirklich nicht.«

»Das sind doch alles ehemalige Kollegen von Ihnen, von denen haben Sie doch nichts zu befürchten.«

»Woher weißt du das?«

Sie antwortete nicht. Von den Gerüchen wurde ihr übel, sie hielt sich die Nase zu und atmete durch den Mund.

»Ich lass das Geld hier liegen«, sagte sie. »Sie können uns die Pistole dann bringen.« Bevor er reagieren konnte, war sie an der Tür, zog sie auf, sah sich um und lief los.

»Fünfhundert Euro«, sagte der Mann. »Verdammt verdammt verdammt!«

»Wo bist du denn?«, sagte Marlen Keel leise.

»Ich versteh dich nicht«, sagte Rico am anderen Ende.

»Moment!« Sie sah, wie sich Süden in der Entfernung umdrehte, und machte einige Schritte in die entgegengesetzte Richtung. »Ich werd grad beobachtet. Wo bist du? Was ist passiert?«

»Ich brauch Geld, Mutti. Nicht viel, zweihundert, oder dreihundert. Du kriegst es wieder, ich brauch es dringend, meine Scheckkarte ist doch gesperrt …«

»Hast du Steffen umgebracht, Rico?«

»Ist er tot?«

»Ja, weißt du das nicht? Warum bist du denn weggelaufen?« Dann fiel ihr Südens Vermutung ein. »Gehts dir gut? Ist dir was passiert? Was war denn …«

»Mir ist nichts passiert, ich hab … Ich kann dir nicht sagen, warum ich zugeschlagen hab, ich hab Julika alles erzählt, wir wollen weg, erst mal weg, sie hat eine Freundin in Berlin, Sarah oder so ähnlich, da fahren …«

»Sprich doch nicht so schnell, Rico! Ich versteh dich schlecht, wo bist du?«

»Wir müssen uns irgendwo treffen, wo uns niemand sieht, leihst du mir das Geld?«

»Wir müssen zur Polizei, Rico, du musst denen erklären …«

»Nein!«, sagte er laut, in der Heftigkeit, mit der er schon öfter zu ihr gesprochen hatte. »Entweder wir sehen uns noch mal, oder ich bin weg. Die Polizei wird alles zerstören, die wird mich einsperren und Julika zurückschicken. Und das will ich nicht, und Julika will es auch nicht. Wir wollen zusammenbleiben, wir gehen zusammen weg. Ich hab ihn nicht absichtlich umgebracht, ich wollt nicht …«

Sie kam nicht zum Sprechen, sooft sie auch ansetzte.

»… dass er stirbt, er hat sich so Scheiße benommen, und ich hab mich einfach … Ist doch egal jetzt. Gibst du mir das Geld?«

»Natürlich, Rico.«

»Wo treffen wir uns? Am besten in der Kirche am Lindenpark.«

»Warum dort?«

»Ich hab da in der Nähe zu tun.«

»Was machst du da, Rico?«

»Das sag ich dir nicht, dann brauchst du nicht zu lügen, wenn dich jemand fragt.«

»Glaubst du, ich würd dich verraten?«

»Nein.«

»Versprich mir, dass du nicht abhaust, ich will mit dir reden. Versprichs mir!«

»Pass auf, dass dich niemand verfolgt, kann sein, die Bullen beschatten dich.«

So einen Satz hatte sie aus seinem Mund noch nie gehört. Sie meinte nicht direkt den Inhalt – soweit sie sich erinnerte, war sie noch nie im Leben beschattet worden, obwohl man das früher nie wissen konnte –, es war die Art, wie er sprach, und der Ausdruck »Bullen«. Sogar früher, nach den Ereignissen am Sonnenblumenhaus und den schweren Monaten danach, hatte er immer von »Polizei« und »Polizisten« gesprochen, anders als seine Kumpel, für die »Bullen« oder »Scheißbullen« zum Alltagswortschatz gehörte. *Pass auf, dass dich niemand verfolgt, kann sein, die Bullen beschatten dich.* Ricos Stimme, dachte Marlen, klingt wie die eines Mannes, der es gewohnt ist, beschattet zu werden.

Am Geldautomaten tippte sie zuerst eine falsche Geheimnummer ein.

In der Kirche war es noch kälter als draußen, eine einzige Kerze brannte auf dem Seitenaltar. Rico war allein. Er saß in der letzten Bankreihe, am äußersten Rand, die Beine auf der Fußleiste, die Hände neben sich gestützt. Er dachte an nichts. Alle Entscheidungen waren getroffen, und er hatte sie alle akzeptiert. Gemeinsam mit Julika würde er die Stadt verlassen, von der er noch vor wenigen Wochen geglaubt hatte, sie sei seine ewige Heimat. Jetzt begann sie bereits zu verschwinden wie das Licht in dieser Kirche.

Er hatte keine Angst, entdeckt zu werden. Das war eigenartig. Eigentlich musste er damit rechnen, dass überall Polizisten nach ihm Ausschau hielten und seine Mutter, Herrn Spahn, seine Arbeitskollegen und jeden, der ihn kannte, verhörten, immerhin war er ein gesuchter Mörder. Doch diese Vorstellung schreckte ihn nicht. Nichts schreckte ihn mehr nach der grauenhaften Tat, die er gezwungen war zu begehen.

Wenn Steffen ihn nicht angemacht hätte, wäre nichts geschehen, sein Freund würde noch leben und er selbst mit Julika im Holzhaus sein, unverfolgt und frei. Falsch! Erst jetzt war er frei, und er würde aufbrechen, wohin er wollte. Da war keiner, der ein Recht hatte ihn aufzuhalten. Die Tür stand offen, er brauchte bloß hindurchzugehen.

Das alles hatte er längst zu Ende gedacht. In seinem Kopf waren nur noch Echos seiner Gedanken, sie lenkten ihn vom Warten ab und gaben ihm Selbstvertrauen und Schutz.

Und dann kam ihm ein neuer Gedanke: Vielleicht hatte er

seinen Freund töten müssen, damit sich die Tür überhaupt öffnete, vielleicht hatte er Steffen in dieser Nacht begegnen müssen, damit er hinterher begreifen konnte, in was für einem dunklen Keller er bisher gehaust hatte, von dem er glaubte, es sei ein Vierraumbungalow mit breiten Fenstern. Vielleicht wartete schon längst eine neue Gegend auf ihn, und er hatte sich die ganze Zeit nicht einmal gewundert, warum es draußen nicht hell wurde.

Vielleicht war vorbei.

Vorne bei den Stufen zum Altar hatte sich etwas bewegt. Rico umklammerte die Vorderbank und kniff die Augen zusammen. Im diffusen Licht, das durch die Fenster hereinfiel, hockte eine Taube. Einer ihrer Flügel hing bis zum Boden, und sie hatte den Kopf eingezogen und schien ohne Unterlass zu zittern. Vielleicht fror sie, vielleicht war sie am Verhungern, vielleicht hatte sie vergessen, wie das Fliegen ging.

Vielleicht war vorbei. Rico lehnte sich zurück.

Wenn seine Mutter nicht kam, würde er gehen, ohne sie noch einmal anzurufen. Später würde er ihr sagen, dass sie sich nicht zu sorgen brauche.

»Ich hab solche Angst gehabt!«, sagte jemand neben ihm, und er erschrak.

Sie setzte sich zu ihm und stellte ihre Tasche auf den Boden.

»Hast du das Geld, Mutti?«

Sie griff nach seiner Hand, die schneekalt war.

»Was ist heut Nacht passiert, Rico?«, sagte sie mit gedämpfter Stimme. »Und warum treffen wir uns ausgerechnet hier? Wir waren noch nie in dieser Kirche.«

»Mir ist keine andere eingefallen.«

»Was ist passiert, Rico?«
»Es war alles Notwehr.«
Mehr sagte er nicht.
Sie schwiegen lange.
»Und jetzt?«, sagte Marlen. Sie sah ihn weiter von der Seite an, und er starrte nach vorn zum Altar.
»Ich hab in der Nähe was zu erledigen«, sagte Rico.
»Was hast du zu erledigen?«
»Das sag ich dir nicht.«
Sie überlegte. Wer wohnte in dieser Gegend, den er kannte? Sie kam nicht drauf. Seine Hand war immer noch schneekalt, und sie drückte sie fester.
»Ich muss mir ein Auto anschauen«, sagte er leise.
»Was für ein Auto?«
»Ein Auto.«
Dann fiel es ihr ein: Die Werkstatt, in der Juri arbeitete, lag nicht weit entfernt.
»Was willst du von Juri, Rico? Was willst du von dem?«
»Nichts«, sagte er und sah sie zum ersten Mal an. »Von dem will ich nichts. Ich schau mir ein Auto an. Und jetzt muss ich los.«
Die Worte, die sie sprechen wollte, zerschellten an ihrem Gaumen.
Rico wandte das Gesicht ab, stellte die Füße von der Holzleiste auf den Boden und kratzte sich, wie Marlen es von ihm kannte, seit er fünf war, hektisch am Kopf. Es war eine Angewohnheit, eine Eigenart, nichts Aufsehen Erregendes, nichts Gefährliches, nichts Ansteckendes, eine kleine Rico-Manie.
Der nächste Satz kostete sie ungeheuere Überwindung. »Und

wo … wo wollt ihr hin, du und … und Julika, mit … dem Auto? Verrätst du mir das?«
Er antwortete nicht sofort. Er holte Luft, wartete. »Hab ich doch schon gesagt, Julika hat eine Freundin, Sarah oder so ähnlich, bei der bleiben wir erst mal, die hat eine Wohnung.«
»Wo?« Ihre Stimme hallte durch den Raum, und das war ihr egal.
»In Berlin.« Er stand auf, und seine Hand glitt aus der ihren. Er stand neben ihr, sah nach vorn, als hätte er seine Mutter schon vergessen.
»Sag was«, sagte Marlen.
»Was denn?«, sagte er.
»Du hast einen Menschen umgebracht, Rico.«
»Nein«, sagte er.
Seine Jeansjacke war nass und der Pelzkragen schmutzig. Marlen hatte ihm die Jacke zum achtzehnten Geburtstag geschenkt, und sie passte ihm immer noch.
»Ich lass dich hier nicht weg.«
Er schaute auf sie hinunter. Dieser Blick, dachte sie, begräbt mich wie eine Lawine. Sie bekam keine Luft. Sie wollte sagen: Ich lass dich nicht weg. Sie wollte noch einmal sagen: Hier hab ich Geld für dich abgehoben. Sie wollte sagen: Ich lass dich nicht weg, ich lass dich nicht weg. Sie bückte sich, griff in die Tasche und holte die Scheine heraus, die sie in ein Buch gesteckt hatte. Sie wollte sagen: Hier sind fünfhundert Euro, die sind für dich. Sie wollte sagen: Mehr hab ich nicht.
Sie sagte: »Hier …«
Er war schon fort. Eine Tür schlug zu. Keine Schritte mehr. Eiseskälte im Angesicht des Herrn. Sie war nicht gläubig. Mit

den Geldscheinen in der Hand wischte sie sich übers Gesicht. Sie drehte sich um und blickte zur Tür. So still war es schon lange nicht mehr um sie gewesen.
Marlen steckte das Geld ins Buch zurück und stand auf. Sie hielt die Tasche mit beiden Händen vor den Bauch und erschrak für eine Sekunde. Die Taube hatte sich bewegt, und ihr lahmer Flügel klopfte auf den Steinboden, sie hob den zerzausten Kopf, als halte sie nach einem Retter Ausschau.
Marlen schloss die Augen und begann, wie ein Gebet, ein Gedicht zu murmeln, das sie ihrem Sohn wieder und wieder vorgelesen hatte, als er noch nicht lesen und schreiben konnte, und auch später, wenn er krank oder es Sonntagnachmittag war und sie lieber für sich blieben, als unter die Leute zu gehen. Immer hatte Rico bis zum Schluss zugehört, auch wenn die Poesie eine ferne Welt für ihn war.

»Da ich ein Knabe war«,

flüsterte sie mit geschlossenen Augen, die Tasche gegen den Bauch gepresst.

»… Rettet ein Gott mich oft
Vom Geschrei und der Rute der Menschen,
Da spielt ich sicher und gut
Mit den Blumen des Hains,
Und die Lüftchen des Himmels
Spielten mit mir.
Und wie du das Herz
Der Pflanzen erfreust,

Wenn sie entgegen dir
Die zarten Arme strecken,
So hast du mein Herz erfreut,
Vater Helios! und, wie Endymion,
War ich dein Liebling,
Heilige Luna!
O all ihr treuen
Freundlichen Götter!
Dass ihr wüsstet,
Wie euch meine Seele geliebt!«

Sie öffnete die Augen, und ihr Blick ruhte auf dem reglosen dunklen Federding vor den Altarstufen.

»Zwar damals rief ich noch nicht
Euch mit Namen, auch ihr
Nanntet mich nie, wie die Menschen sich nennen,
Als kennten sie sich.
Doch kannt ich euch besser,
Als ich je die Menschen gekannt,
Ich verstand die Stille des Aethers,
Der Menschen Worte verstand ich nie.
Mich erzog der Wohllaut
Des säuselnden Hains,
Und lieben lernt ich
Unter den Blumen.«

Sie sank auf die Knie. Und als sie kniete, eine Weile, kippte ihr Oberkörper wie von einer Mechanik angetrieben nach vorn und sie konnte gerade noch die Tasche loslassen und sich mit den Händen abstützen, bevor sie mit dem Gesicht auf dem kalten Boden aufschlug.

Mit angewinkelten Beinen lag sie da, die Wange auf dem Stein. Und sie sah die zitternde Taube und hauchte wie mit Vogelatem:

»Im Arme der Götter wuchs ich groß.«

Sie hatten sie fallen lassen, dachte sie, die Götter hatten sie fallen lassen, Rico und sie, schon vor langer Zeit, sie hatten es nur nicht bemerkt, Rico und sie, verzaubert vom Wohllaut des säuselnden Hains. Doch die Zauberzeit war lange um. Nimmerklug hatte Sonnenstadt in Wirklichkeit nie erreicht.

27

»Hat sich Rico bei Ihnen gemeldet?«, fragte Süden am Telefon.

Marlen Keel zögerte nicht. »Nein.«

Süden sagte nichts darauf.

»Hallo?«, sagte Marlen.

»Wenn er sich melden würde«, sagte Süden. »Was würden Sie ihm raten?«

»Ich würde ihm zuhören.«

»Und danach?«

»Waren Sie bei der Polizei?«

»Ja«, sagte Süden. »Sie suchen Rico als Zeugen, und Julika auch.«

»Was noch?«

»Ich komme später zu Ihnen, dann sprechen wir.«

»Glaubt die Polizei, dass Rico Steffen umgebracht hat?« Den Hörer am Ohr, öffnete sie die Tür zu Ricos Zimmer, in dem immer noch das Klappbett stand, die Decken waren auf den Boden gerutscht, und es roch anders als früher.

»Ricos ehemalige Freundin Rosa«, sagte Süden. »Wo haben sich die beiden getroffen, wenn sie nicht bei ihr sein konnten wegen ihrer Eltern. Wo haben sie die Nächte verbracht?«

»Geht Sie das was an?« Um zum Fenster zu gelangen, reichte die Schnur nicht.

»Ich glaube schon«, sagte Süden.

Marlen hörte Straßengeräusche im Hintergrund.

»Von wo rufen Sie an?«

»Von einer Telefonzelle.«

»Haben Sie kein Handy?«, fragte Marlen.

»Nein. Wo arbeitet Rosa?«

Sie nannte ihm die Adresse des Geschäfts. »Und jetzt sagen Sie mir genau, was die Polizei weiß, Sie haben es mir versprochen.«
»Ich komme später zu Ihnen.«
»Das dürfen Sie nicht tun, mich anlügen«, sagte sie und wandte sich um. In der Küche lagen ihr Mantel über dem Stuhl und ihre Tasche auf dem Tisch, sie war gerade nach Hause gekommen, als das Telefon geklingelt hatte. Sie war sich sicher gewesen, Rico sei dran.
»Hat sich Ihr Sohn bei Ihnen gemeldet?«, fragte Süden noch einmal.
»Nein«, sagte sie.
Wieder wartete er ab.
»Das Haus wird beobachtet, so weit ist es gekommen«, sagte sie.
»Wer beobachtet das Haus?«
»Zwei Polizisten in einem Zivilauto, die denken wahrscheinlich, das ist unauffällig.«
»Sind Sie sicher, dass es Polizisten sind?« Süden musste an die Überfälle auf Rico und Annalena denken, an die vagen Aussagen der Opfer, die er zum Teil für absurd hielt.
»Mit Polizisten kenn ich mich aus«, sagte Marlen. »Außerdem hab ich einen von denen schon mal gesehen.«
»Bleiben Sie zu Hause«, sagte Süden.
»Was sonst?«, sagte Marlen Keel erschöpft.

»Fahren Sie zurück!«, hatte Henry Halberstett zwei Stunden zuvor zu ihm gesagt. »Ihr Chef wartet schon auf Sie. Hier werden Sie nicht gebraucht, wir schaffen das, Kollege, Sie können beruhigt abreisen. Wir finden das Mädchen, so wie wir den Jungen finden.«

Außer Süden und Halberstett befanden sich noch zwei weitere Polizisten in dem Büro, Kellerfink und Bach, der Jüngste von ihnen. Er stand an der Tür, als habe er Wachdienst. Gelegentlich sah Süden zu ihm hin, resonanzlos.

»Ich möchte nicht, dass Sie sich weiter in unsere Arbeit einmischen, Sie haben den Kollegen Kellerfink in eine schwierige Lage gebracht, Sie haben seine Autorität untergraben, und das mag ich nicht. Wir haben Sie informiert, ich hab Ihnen die Akten zur Verfügung gestellt, Amtshilfe ist selbstverständlich, und das wars. Wir haben einen Verbrechensfall zu bearbeiten, bei dem wir Ihre Mitarbeit nicht benötigen, Kollege. Auch wenn wir schlechter, sogar viel schlechter ausgestattet sind als Sie in Bayern, so sind meine Leute trotzdem Spitzenbeamte, absolut zuverlässig, die meisten kenn ich noch aus meiner Zeit als Fußstreife. Wir beide, Roland und ich –«, er nickte Kellerfink zu –, »wir waren die Fußabstreifer der Stadt.« Kellerfink grinste, und Süden musste an Varus denken. »Wir waren mit Leib und Seele Polizisten, und dann waren wir mit Leib und Seele Leutnants, und heute sind wir mit Leib und Seele Kommissare. Wir verstehen was von unserer Arbeit …«

Süden hatte es gern, wenn Leute in seiner Gegenwart Monologe hielten. Sein Schweigen war unerschöpflich.

»… Es kommt schon vor, dass Kollegen von woanders uns aufsuchen, und wir kooperieren dann. Erst vor zwei Jahren hatten wir einen Fall, Mordsache, länderübergreifend, aber ich muss Ihnen sagen: Der Kollege vom LKA aus NRW hat uns nicht wirklich vorangebracht, bei allem Respekt, wir haben die Beweiskette allein geschlossen, meine Leute haben das geschafft, Jan-Erich war da auch schon dabei …«

Er sah seinen jungen Kollegen bei der Tür an, resonanzarm. Bach wagte ein minimales Nicken.
»Und wie ich Ihnen ausgerichtet habe, Ihr Chef, der Kollege Thon, mit dem ich vorhin telefoniert habe, erwartet Sie noch heute zurück. Selbstverständlich halten wir Sie auf dem Laufenden, Sie bekommen alle Informationen, die Sie brauchen können. Wir finden das Mädchen, vielleicht war sie sogar am Tatort, wir werden es feststellen. Bisher steht fest, Rico war der Letzte, der Steffen Nossek gesehen hat.«
»Haben Sie einen Zeugen?«, fragte Süden, der mit verschränkten Armen an der Wand lehnte.
»Ein Autofahrer hat einen jungen Mann weglaufen sehen, er ist weitergefahren, es hat geregnet, und das Licht war schlecht. Aber dann hat er heut Morgen im Radio die Nachricht über den Toten gehört und sich sofort gemeldet. Wir sind mit ihm die Wege abgegangen, wir haben die Zeiten verglichen, wir haben ihm ein Foto von Rico Keel gezeigt ... Es wär besser gewesen, du hättest seine Mutter mitgebracht, Roland, die steht jetzt unter Druck, über sie ...« Er verstummte, sah Süden eine Weile an und entschied sich für ein Harmonie bringendes Lächeln. »Was erzähl ich Ihnen, Kollege, Sie waren früher selber beim Mord, Sie sind ein erfahrener Mann. Übrigens haben wir noch einen zweiten Zeugen, einen Inder, der hat Rico aus der Kneipe kommen sehen, der Inder wohnt in der Nähe, er kam grade von dem Restaurant, in dem er arbeitet, nach Hause. Wir haben auch mit ihm die Zeiten abgeglichen, er sagt, der Junge sei auf der Straße gestanden, möglicherweise war er sich nicht sicher, welchen Weg er nehmen sollte. Und zusammen mit den Aussagen des Wirts aus dem ›Eisenhans‹ haben wir

eine gute Basis für ein Verhör. Sie können also beruhigt fahren, Kollege.«
»Wovon soll ich beruhigt sein?«, fragte Süden.
Das Lächeln verschwand. »Stehen Sie uns bei den Ermittlungen nicht im Weg, Kollege!«, sagte Halberstett und streckte den Zeigefinger. »Hören Sie auf, hier Wind zu machen, wir haben selber genügend Wind hier, aus allen Himmelsrichtungen. Halten Sie sich bitte raus, Sie haben keine Befugnisse! Und jetzt …«
Das Telefon klingelte. Kellerfink nahm den Hörer ab.
»Sie sollen sich im Hotel melden«, sagte er zu Süden, nachdem er das Gespräch beendet hatte.
»Danke für Ihr Kommen, Kollege, haben Sie eine gute Fahrt und grüßen Sie mir das schöne Bayernland.« Halberstett gab ihm die Hand. Süden verabschiedete sich.
»Danke für die Akteneinsicht«, sagte er.
»Das ist selbstverständlich«, sagte Halberstett.
Süden drückte auch Kellerfink und Bach die Hand. Militärisch trat der junge Polizist einen Schritt zur Seite und öffnete gleichzeitig die Tür. Anscheinend glaubten sie tatsächlich, er würde abreisen.

»Du musst deine Rückfahrt ein paar Stunden verschieben«, sagte Thon am Telefon.
Süden sagte: »Ich reise sowieso nicht ab.«
Eine alte Frau in einem schmutzigen Pelzmantel und mit zwei Plastiktüten in der einen und einem ausgefransten gelben Regenschirm in der anderen Hand blieb neben der Telefonsäule stehen.

»Ich hab alles mit den Kollegen vor Ort besprochen«, sagte Thon. »Sie bearbeiten die Mordsache und schließen den Fall Julika dann ab. Ich brauch dich hier, wir haben vier neue Vermissungen, davon zwei Jugendliche, die uns große Sorgen bereiten. Bevor du in den Zug steigst, musst du aber noch Julikas Eltern treffen. Die sind heut früh auf dem Flughafen in ... in Laage gelandet ...«

»Was?«, sagte Süden.

Die alte Frau betrachtete ihn. Ihr Gesicht war übersät von Furchen und Furunkeln.

»Der Mann hat mich genervt«, sagte Thon. »Und die Frau tut mir Leid. Ich hab nicht damit gerechnet, dass die gleich ins Flugzeug steigen. Ich hab dem Vater gesagt, wo du bist, und er soll sich nicht aufregen ...«

»Ich werde sie *nicht* treffen.«

»Du musst. Sonja hat mir gesagt, in welchem Hotel du wohnst, sie werden dort sein, wenn du hinkommst.«

Süden wusste, dass sie dort waren. Nach dem Verlassen der Inspektion hatte er im Hotel angerufen, und der Portier hatte ihm ausgerichtet, er solle sich dringend mit seinem Dezernat in Verbindung setzen. Außerdem hätten zwei Herrschaften nach ihm gefragt, die in der Halle auf ihn warteten.

»Nein«, sagte Süden.

»Mir ist das auch unangenehm, wer konnte ahnen, dass dieser Mann so reagiert? Ich finde, er hat ein Recht darauf zu erfahren, wie sehr wir uns um seine Tochter bemühen ...«

Die alte Frau hob die Hand, in der sie die Plastiktüten hielt, führte sie zum Mund und drückte zwei Finger an die Lippen. Offenbar wollte sie eine Zigarette schnorren.

»Ich rauche nicht«, sagte Süden.
»Bitte?«, sagte Thon.
Die alte Frau ließ die Schultern hängen.
»Hat er die Reporterin mitgebracht?«, fragte Süden.
»Nein«, sagte Thon.
»Bist du sicher?«
»Ich bin nicht sicher«, sagte Thon wütend. »Red mit ihnen, und dann setz dich in den Zug. Von mir aus schick sie zu den Kollegen vor Ort. Wir haben wichtigere Fälle. Die Mutter tut mir wirklich Leid, versuch sie zu beruhigen. Sonja hat mir erzählt, du hattest ein offenes Gespräch mit Julika. Wann kommt sie zurück?«
»Ich spreche mit den Eltern«, sagte Süden.
»Bring sie dazu, vernünftig zu handeln«, sagte Thon ins Nichts.
Süden hatte bereits eingehängt und holte einen Fünfeuroschein aus der Tasche. Die alte Frau schüttelte den Kopf.
»Nehmen Sie das Geld«, sagte Süden.
»Ich will Zigaretten«, nuschelte sie. »Ohne Zigaretten geh ich ein.«
Süden steckte ihr den Schein in die Manteltasche, die voller Papierfetzen war.
»Haben Sie Halloren für mich?«, fragte sie.
»Was habe ich?«
»Halloren.«
»Was ist das?«
»Keine Zigaretten, keine Halloren, Scheißleben.« Sie trippelte davon. Süden sah, dass sie knöchelhohe Lederstiefel trug, einen braunen und einen schwarzen, beide mit weißen Leuchtstreifen an den Fersen.

Was hätte er der Frau in dem cremefarbenen Hosenanzug sagen sollen, die auf der Bank unter dem Spiegel saß, blass und schmal, voller Worte, die wie Geschwüre in ihr wucherten, zu tief, um von ihr selbst oder jemand anderem geheilt zu werden? Unheilbar schweigenskrank hörte sie zu. Manchmal nickte sie, als lindere die Litanei, die sie sich anhören musste, ihren Schmerz, an den sie sich vielleicht gewöhnt hatte wie an die Stimme, die sie einschnürte, ohne dass sie es bemerkte. Was hätte Süden ihr erklären sollen, und dem Mann, der seinen Lodenmantel nicht ausgezogen hatte und Dinge erzählte, die angeblich mit seiner Tochter zu tun hatten und dabei nur von ihm selbst handelten oder von der Person, für die er sich hielt?

Süden ließ Ausdrücke wie »bankgeprüft« und »organisierter Massenbetrug« über sich ergehen. Er fragte nicht nach, warum Wolf de Vries seinem Schwager, der als eine Art Drücker im Auftrag einer Bank arbeitete, jahrelang vertraut und ihm riesige Summen überschrieben hatte.

»… brauchen wir uns um nichts zu kümmern, so ging das die ganze Zeit, kümmert euch um nichts, ich mach das … Aufbau Ost … und jetzt trag ich dazu bei, dass es bald noch mehr Nazis hier gibt, die Millionen sind alle in diese Organisation geflossen, das wird bewiesen werden … Versager … Ich lass nicht zu, dass Julika … Ich will, dass meine Tochter eine Zukunft … Julika ist eine große …«

Er unterbrach seinen Redefluss, weil die Kellnerin an den Tisch kam.

»Für mich ein Mineralwasser ohne Kohlensäure«, sagte de Vries. »Und für dich, Schatz? Noch einen Tomatensaft?«

»Nein«, sagte Margit de Vries. Seit der Begrüßung war das ihr erstes Wort in Gegenwart von Tabor Süden.

»Für Sie noch einen Kaffee?«, fragte die Bedienung.

»Ja«, sagte Süden.

An einem Tisch vor der Balustrade saßen zwei Männer in weißen Hemden, über einen Laptop gebeugt, auf einem Stuhl lag ein Stapel Papiere, obendrauf ein Handy. Sie schienen ein Problem bewältigen zu müssen, das sie ziemlich aus der Ruhe brachte. Süden beobachtete sie in dem breiten Wandspiegel.

»… war voll besetzt, immerhin gibts einen Bus vom Flughafen in die Stadt … fünfzehn Minuten später abgeflogen … irgendein Schauspieler, du kanntest ihn, Schatz …«

Sich ständig im Spiegel zu sehen missfiel Süden derart, dass er de Vries die Schulter zuwandte.

»Und nun sagen Sie mir bitte, wo wir Jule treffen können. Gut, Sie können dabei sein, ich möchte, dass Jule offen mit uns spricht, und wenn ihr das leichter fällt, wenn Sie dabei sind, soll es uns recht sein. Wo ist sie, Herr Süden? Herr Thon sagte, Sie hätten mit ihr gesprochen.«

»Ja«, sagte Süden.

Hinter seinem Rücken hörte er einen der beiden Männer am Laptop fluchen.

»Herr Süden!«, sagte de Vries. »Wir sind gekommen, um diese Sache zu beenden, es muss wieder Ruhe einkehren, meine Frau schläft keine Nacht mehr durch, sie lässt sich nichts anmerken, aber sie ist am Boden zerstört, sie kann nicht mehr. Bitte sagen Sie uns, wo wir unsere Tochter finden!«

»Ihre Tochter ist bei einem Freund.«

»Was für ein Freund? Was für ein Freund, Herr Süden?«

»Jemand, den sie im Dezember, als sie hier war, kennen gelernt hat.« Was er bereit war zu sagen, hatte er sich auf dem Weg ins Hotel genau überlegt.

»Sie hat jemanden kennen gelernt?«, schrie de Vries. »Wen denn? Wann?« Er machte eine Pause. »Als sie weg war! Wir mussten sie suchen lassen! Da hat sie jemanden kennen gelernt? Wie heißt der? Wo wohnt der?«

»Möchten Sie, dass ich sie frage, ob sie mit Ihnen sprechen will?«

»Nein!«, sagte de Vries laut.

»Entschuldigung.« Die Bedienung stellte die Getränke auf den Tisch, goss Wasser ins Glas. »Bitte.«

»Danke«, sagte Süden, obwohl er nicht gemeint war.

»Ob sie mit uns sprechen will?« De Vries sah seine Frau an, die ihren Blick unverwandt auf Süden gerichtet hatte. »Nein. Nein, so nicht. Ich bin ihr Vater, ich verhandele nicht …«

»Sei doch still«, sagte Margit de Vries plötzlich.

Tatsächlich hielt er den Mund, während sie, Süden aus hellen Augen anblickend, nach Worten in sich scharrte. »Sie hat … sie hat das nicht tun dürfen … und ich verzeih ihr das auch nicht, ich … wir dürfen ihr aber nichts befehlen, sie ist alt genug … Entschuldigen Sie, Herr Süden, ich flieg nicht gern, ich bin noch etwas nervös, ich brauch dann immer zwei Stunden, bis ich wieder … wieder auf der Erde bin, Sie dürfen nicht denken …«

»Nein«, sagte Süden. »Ich fliege auch nicht gern.«

»Sind Sie nicht hierher geflogen?«, fragte sie und ihre Pupillen bewegten sich.

»Ich bin mit dem Zug gekommen«, sagte Süden. »Wie Ihre Tochter. Ich spreche mit ihr, sind Sie damit einverstanden?«

»Gehts ihr denn gut?«, fragte Margit de Vries.
»Ja«, sagte Süden.
»Wo ist sie?«, fragte de Vries.
Süden schwieg.
»Bitte sagen Sie ihr, dass wir hier sind«, sagte Margit de Vries. »Wir warten hier im Hotel auf sie. Bitte bringen Sie sie dazu, dass sie kommt.«
»Was will Ihre Tochter später werden?«, fragte Süden. Keine Minute würde Julika mit ihren Eltern sprechen wollen, die Idee, sie zu überreden, ins Hotel zu fahren, hielt er für absurd. Und doch würde er ihr, falls es ihm gelang sie zu finden, mitteilen, dass ihre Eltern in der Stadt waren, vielleicht wollte sie wenigstens mit ihrer Mutter telefonieren. Nein, auch ihre Mutter war keine Ansprechpartnerin für sie, sie verachtete ihr Verhalten. Nein, Julika würde nicht zurückkehren. Diese beiden Personen, die ihre Eltern waren, gehörten nicht zu ihrer Zukunft.
De Vries stand auf. »Wissen Sie, wo hier die Toiletten sind?«
»Im Keller«, sagte Süden.
»Wenn ich wiederkomm, sagen Sie mir, wo Jule sich aufhält, und dann fahren wir hin, basta!« Er durchquerte das Café und die Lobby.
Süden beugte sich vor, die Hände über Kreuz zwischen den Knien. Margit de Vries legte eine Hand auf die Tischplatte, und die Ringe an ihren Fingern machten ein klackendes Geräusch.
»Jule will Schauspielerin werden«, sagte sie, und es kam Süden vor, als ahmten ihre Lippen ein Lächeln nach. »Talent hat sie, sie hat in der Schule in ›Romeo und Julia‹ gespielt, das war recht ergreifend. Sie übertreibt gern, das ist ja nicht schlecht für

eine Schauspielerin, sie ist manchmal ein bisschen theatralisch …« Als hätten die Worte sich verbündet und gehorchten nun ihrer Stimme, so mühelos sprach Margit de Vries auf einmal. »Das hat mich natürlich beunruhigt, diese Leidenschaft, sie kennt dann nur noch Gefühle, das ist gefährlich, sie schaltet den Kopf aus, das kann sie gut. Schauspielerin. Mein Mann ist dagegen, er tut sich schwer zu begreifen, dass unsere Tochter eigenständig ist, sie ist ein Individuum wie Sie und ich, das fällt ja manchen Eltern schwer, das zu akzeptieren. Mir auch. Und ich finde das ganz unerhört, was sie getan hat, das wissen Sie, so was darf man nicht tun. Aber jetzt ist es passiert, wir können sie nicht nach Hause prügeln, Gott behüte, sie ist achtzehn Jahre, achtzehn Jahre ist unsere Jule alt, was haben wir da noch groß zu melden? Haben Sie Kinder?«

»Nein«, sagte Süden.

»Warum nicht?«

»Ich weiß nicht.«

»Sind Sie verheiratet?«

»Nein.«

»Warum nicht?«

»Ich glaube, ich kann es nicht.«

»Das ist ja lächerlich«, sagte Margit de Vries. »Heiraten kann jeder. Sie werden immer älter, was machen Sie, wenn Sie alt sind? Sie brauchen jemanden. Allein ist alles viel schwieriger. Zum Beispiel wenn es friert, und Sie sind alt, dann brauchen Sie jemanden, der Sie festhält, der aufpasst, dass Sie nicht ausrutschen, Sie können dann nicht mehr so gut laufen wie jetzt, Sie sind unsicher, die Gelenke sind steif. Was machen Sie dann? Das ist das Wichtigste, dass da jemand ist, auf den man sich stützen kann, wenn man rausgeht und die Wege sind voller Eis und Schnee.«

»Sie haben Recht«, sagte Süden.

»Ich rede wie eine alte Frau. Das kommt vom Fliegen und …«

Auf einmal verschwanden die Worte wieder und ließen Tränen zurück, die Margit de Vries verlegen machten.

»Ich rede mit Ihrer Tochter«, sagte Süden. »Aber ich kann nichts versprechen.«

»Das weiß ich«, sagte sie.

Mit einem weißen Stofftaschentuch tupfte sie sich die Augen ab.

Dann schwiegen sie wieder.

»Der Mann meiner Schwester ist ein Gangster«, sagte sie, das Taschentuch vor dem Mund. »Er hat uns ruiniert. Anstatt uns offen und ehrlich zu sagen … Wenn die Bank uns … wenn wir keinen Kredit kriegen, ist unser Geschäft weg … und die Pläne für …«

Schlagartig hörte sie auf zu sprechen. Zum Abschied nickte sie Süden zu.

»Wo ist er?«, fragte Wolf de Vries, als er von der Toilette zurückkam.

Nachdem Süden Rosa Mohl in dem Fischgeschäft, wo sie als Fachverkäuferin arbeitete, besucht – »Ihnen sag ich gar nichts!« – und anschließend Nils Tumm, dem Wirt der Kneipe »Eisenhans«, einige Fragen gestellt hatte – »Ein Nazi war der Steffen nicht, das sag ich Ihnen gleich!« –, fuhr er mit dem Taxi zu der Firma am Stadthafen, in der Rico Keel angestellt war.

»Was klar ist, ist«, erklärte Hajo Spahn, der Personalassistent,

»Rico gehört zu den Flexiblen, er hat Tapezierer gelernt, jetzt ist er bei uns auf ABM und macht Isolierungen, er wird kein großer Ingenieur werden, aber er kann bei uns zum Elektriker umschulen, er schaut zu und lernt. Das ist wichtig in diesen Zeiten: neu was lernen, wachsam bleiben, wo geht was, wo werd ich gebraucht. Die Zeiten, in denen andere für einen gesorgt haben, sind vorbei. Wir beide wissen das, aber viele hier im Osten haben das immer noch nicht begriffen, das dauert noch.«

»Rico hat begriffen, um was es geht«, sagte Süden.

»Haben Sie mal was gelesen von dem? Einen Brief zum Beispiel? Der blanke Wahnsinn. Aber wir brauchen hier auch keine Schriftsteller, also Orthografie, das kapiert der in diesem Leben nicht mehr. Aber er ist nicht versandet, er hat seine Stelle verloren, dann hat er sich was Neues gesucht. Das nenn ich Selbstbewusstsein, auf den ersten Blick wirkt er nicht so, das täuscht. Er hat Energie, der Rico.«

»Kennen Sie seine Freunde?«, sagte Süden. »Steffen Nossek, Juri Gottow, Rosa Mohl.«

»Lassen wir mal die Rosa beiseite«, sagte Spahn, zündete sich eine Zigarette an und nahm einen sauberen Aschenbecher aus einer Reihe anderer, die in unterschiedlichsten Formen und Farben auf einem niedrigen Aktenschrank standen. Das Büro war ein Arsenal von Tassen, Gläsern, Bierdeckeln und Feuerzeugen aus allen Kontinenten, offensichtlich kam Spahn viel herum. »Rauchen Sie?«

»Nein«, sagte Süden. »Verreisen Sie viel?«

»Sooft ich kann«, sagte Spahn. »Manchmal glaub ich, ich hol das nach, was meine Eltern ein Leben lang versäumt haben. Immer nur das befreundete Ausland, die wären so gern nach Amerika, nach Spanien, in die Karibik, die waren genauso verrückte Sammler von Kleinkram wie ich, die haben sich heimlich Landkarten, Kompasse, Muscheln, Fotos, Postkarten aus dem Westen mitbringen lassen, wir hatten Verwandte in Kiel, die mussten das umständlich kaufen und dann zu uns rüberschmuggeln. Und jetzt? Sie sind gestorben kurz nach der Wende, sie hatten beide Krebs, manchmal denk ich, die wollten eigentlich, dass es so bleibt wie früher, die hätten lieber ihren Traum behalten als diese Realität, die sie geschenkt gekriegt haben von Leuten, die sie nicht mochten. Viele bei uns waren ja total überfordert von der Freiheit, die sind richtig depressiv geworden, die haben nie gelernt, für sich selber zu sorgen. Früher ist man in die Arbeit gegangen und hat sich gefreut, dass am Wochenende das richtige Leben stattfindet, da wurde gefeiert und zusammengesessen, da war was los, jeder hat da seine Rolle gehabt, da war keiner allein. Und dann? Nichts mehr mit einer für den andern, jetzt hieß es jeder gegen jeden, und zwar in der Arbeit genauso wie im Privaten, das haben viele nicht hingekriegt. Als die den Schiffsbau auf der Werft eingestellt haben, ist Ricos Vater weg, ab nach drüben. Keine Ahnung, was aus ihm geworden ist. Wissen Sies?«

»Nein«, sagte Süden.

»Seine Frau ist allein zurechtgekommen, die hat ihren Job behalten, und Rico hat Tapezierer gelernt. Was wollen Sie noch wissen?« Er drückte die Zigarette aus und sah auf die Uhr. »Wir haben heut noch Personalversammlung, ich fürchte, wir werden die ABM-Stellen nicht halten können. Noch ist nichts entschieden, schwierige Situation im Moment.«

»Wird Rico seinen Job verlieren?«

»Das kann ich nicht sagen. Ausschließen kann ich es allerdings auch nicht. Sie müssen ihm ja nichts davon sagen, wenn Sie ihn finden. Wo könnte er stecken? Gute Frage. Wenn er seinen Kumpel tatsächlich umgebracht hat, kann man verstehen, dass er weg ist. Sie sind Polizist, Sie sehen das anders, aber ich kann ihn verstehen.«

»Ich auch«, sagte Süden.

»Ehrlich?« Spahn nickte anerkennend. Er stand auf und zog das dunkelgrüne Sakko an, das er über die Lehne seines Lederstuhls gehängt hatte. »Sie haben mich gefragt, was der Rico für ein Typ ist. Ich habs Ihnen gesagt. Aber wenn einer so was anstellt, dann sieht das alles anders aus, dann fragt man sich, ob man so jemanden nicht falsch beurteilt hat. Ich hätt ihn nicht für gewalttätig eingestuft, auch nicht, wenn er betrunken ist, ehrlich nicht. Man kann sich täuschen. Was aber auf jeden Fall feststeht ist, er hat nie rumgejammert, er ist niemandem auf der Tasche gelegen, er hat nie den Mund blöd aufgemacht.«

»Waren Sie damals dabei, als das Haus gebrannt hat und die Leute gegen die Ausländer demonstriert haben?«

»Die Leute«, sagte Spahn und steckte die Zigarettenschachtel und das Feuerzeug ein, während er auf der Telefonanlage einen Code eintippte, »fürchten sich gern, die glauben, nur weil jemand eine andere Sprache spricht, hat er gleich eine schlechte Gesinnung. Da würd ich als Reisender nicht weit kommen, wenn ich überall so begrüßt werden würde. Damals, das war eine aufgeheizte Stimmung, da waren die Rumänen, die da campiert haben, die hatten natürlich Hunger und Durst, es war heiß, niemand war für die zuständig, da sind die eben in den

Supermarkt und haben sich die Sachen genommen. Die Behörden haben die hängen lassen. Die Stimmung war schlecht damals, die Leute haben einen Hass entwickelt, und wenn der Hass mal in den Köpfen ist … Rico war einer von Tausenden, und er war noch jung …«

»Er war mit seinen Freunden im Haus, sie standen unter dem Verdacht, den Vietnamesen aus dem Fenster geworfen zu haben.« Süden zog den Reißverschluss seiner Lederjacke zu.

»Das ist die Sache mit dem Sündenbock, jemand muss geopfert werden. Hinterher hat die Presse, besonders die aus dem Westen, geschrieben, wir wären alle Neonazis und Skinheads und hätten auch noch gejubelt, als die Rumänen weggebracht wurden. Alles gelogen, ich hab nicht gejubelt oder applaudiert. Und der Kerl in der bepissten Trainingshose, dessen Bild in jeder Zeitung war, das war ein stadtbekannter Penner, erinnern Sie sich an das Foto? Ich war später in Italien, da war das Foto auch, überall, und drunter stand, so wie der sind wir alle. Die Politiker haben ihre staatstragenden Reden geschwungen, die sind schlau. Sie nützen vorher die Stimmung aus und hinterher auch, vorher waren ihnen die Skinheads recht und hinterher die Demokraten. Ist doch lächerlich. Und die drei jungen Leute mussten es ausbaden.«

»Es waren vier«, sagte Süden. »Juris Freundin war auch dabei.«

»Ja«, sagte Spahn, »das Mädchen, das jetzt auf dem Schiff verbrannt ist. Auch wieder so eine dubiose Sache. Wissen Sie da was Genaues? Und jetzt ist dieser Steffen Soundso ebenfalls tot. Schon eigenartig. Aber was die Sache von damals angeht: Diese drei oder vier Jugendlichen sollten zu Sündenböcken gemacht werden, das war die einfachste Methode, die waren im Haus, die waren in dem Zimmer, aus dem der Vietnamese rausgesprungen ist, die mussten schuld sein. So läuft das dann. Und wir pissen uns alle in die Hose und schreien Heil Hitler. Der Rico, darauf wett ich, der wollte damals einfach nur Spaß haben, die Polizei hat ihre Wasserwerfer ausgefahren und rumgespritzt, tausend Fotografen waren da, es hat sich was gerührt. Ich muss jetzt los. Wenn Sie Rico finden, sagen Sie ihm, er soll mich anrufen, ich find bestimmt einen neuen Job für ihn, wir sind eine große Firma, wir exportieren inzwischen bis in den Fernen Osten.«

»Danke«, sagte Süden.

»Wenn ich durch bin mit der Welt, mach ich mal in Bayern Urlaub, das steht fest«, sagte Spahn und klopfte Süden auf die Schulter.

28

Er hatte keine Lust, seinem Alten dabei zuzusehen, wie der die Biere in sich reinschüttete und ihn anglotzte.

»Ich hau ab!«, sagte Juri. Er trug eine schwarze Jacke aus Nappaleder, die er seit der Beerdigung seiner Mutter nicht mehr angehabt hatte.

»Wieso bist du überhaupt gekommen?«, raunte Wilhelm Gottow, für den dieser Tag schon mit dem Aufwachen neben Mandy vorbei gewesen war. Wie so oft hatte er gewünscht, sie wäre über Nacht verschwunden. Alles, was er jemals für sie empfunden haben mochte, hatte sich in Luft aufgelöst oder in Bier. Und wenn er mit ihr schlief und sie mit ihren Fingern rummachte, schlug er manchmal zu, und dann heulte sie, und er empfand so etwas wie Mitleid mit ihr. Dann wachte er mit einem Geschmack im Mund auf, wie nach Friedhofserde.

»Lüg mich bloß nicht an!«, sagte Juri. Den halben Vormittag hatte er auf der Polizei verbracht, wieder die alten Fragen und das Gelaber, das er auswendig kannte. Das Beste war, dass sie ihm allen Ernstes unterstellten, er habe etwas mit dem Mord an seinem besten Freund zu tun. Da war er kurzfristig laut geworden. Danach fuhr er zu Steffens Eltern und saß eine Stunde in ihrem Wohnzimmer und hörte sich das Geheule an. Er sagte ihnen, er würde Steffens Mörder persönlich bei der Polizei abliefern. Sie sagten, sie wüssten, wen die Polizei in Verdacht habe, ob auch er glaube, dass Rico der Mörder sei. Er meinte, es gebe keinen anderen. Und jetzt hockte er hier, in diesem Loch, in dem es noch mehr stank als zu Hause, wo sein Alter zum Glück nur noch selten übernachtete.

»Sprich nicht so mit mir!«, sagte Gottow. Durch das winzige

Fenster sah er nichts als eine graue Sauce. Wenn es in ihm drin ein Wetter gäbe, wäre es genau dasselbe wie draußen.
»Wo soll der hin?«, sagte Juri und stieß den Stuhl weg, der vor ihm stand. Er brauchte Platz für seine Beine. Seine Socken waren aufgeweicht, das kotzte ihn an. »Der kennt doch niemand! Bist du sicher, dass er sich nicht in einer von deinen Hundehütten verkrochen hat?«
»Ja«, sagte Gottow. »Und das passt mir nicht, dass das alles wieder losgeht. Ich will davon nichts mehr hören!«
»Wirst du müssen!«, schrie Juri. »Die kriegt einen Orgasmus, die Staatsanwältin, wenn die erfährt, dass Steffen tot ist! Das macht die heiß! Erst die Ale, dann Steffen, da muss es einen Zusammenhang geben! Oder?«
»Ale«, sagte Gottow. »Die Ale, was hat die denn dafür gekonnt? Das war eine Schnapsidee von dir, dieses Fest auf dem Schiff, eine Schnapsidee war das …«
»Halt die Klappe!«, schrie Juri. Dann winkte er ab und reckte den Kopf in die Höhe. »Wir feiern wieder, das kapierst du nicht in deinem kaputten Schädel! So wie früher! Auf dem Schiff waren lauter Freunde, die …« Er winkte ab.
»Ich will nicht, dass das wieder losgeht«, sagte Gottow mit mürber Stimme. »Ich mach keine Aussagen mehr, ich hab genug Aussagen in meinem Leben gemacht. Ich will nicht wissen, wieso Rico den Steffen erschlagen hat, will ich nicht wissen, er wird schon einen Grund gehabt haben.«
»Scheiße!«, brüllte Juri und sprang auf. In diesem Moment kam eine untersetzte Frau Mitte vierzig in die Gaststube, sie trug zwei Körbe mit Gemüse und abgepackten Lebensmitteln.
»Hallo, Juri«, sagte sie.

Juri sagte nichts.
»Hallo«, sagte sie zu Gottow. »Ich hab gehört, was passiert ist. Stimmt das, dass Rico der Mörder ist?«
»Kann sein«, sagte Gottow. Er musste wieder an heute Morgen denken, an gestern Morgen, an vorgestern Morgen, an …
»Trink nicht so viel«, sagte sie.
… den morgigen Morgen …
»Lass uns allein, Mandy!«, sagte er.
»Tut mir Leid wegen deinem Freund«, sagte sie zu Juri und zwängte sich durch die Küchentür.
Zwischen Vater und Sohn lagen mumifizierte Worte. Gottow zog ein verschmutztes Taschentuch aus der Hose und schnäuzte sich, betrachtete den Rotz und knüllte das Tuch zusammen. Juri rückte seine Lederjacke zurecht, zuckte mit der Schulter, steckte die Hände in die Taschen, stand breitbeinig vor dem Tisch.
»Steffen war der Einzige, auf den Verlass war«, sagte Juri. »Denkst du, jemand bringt ungestraft meinen besten Freund um? Denkst du, ich warte, bis die Bullen ihn festnehmen und dann wieder rauslassen, weil er so ein armer Hund ist? Ich hab niemand mehr, Ale ist tot, Steffen ist tot …«
»Ich bin noch nicht tot«, sagte Gottow.
»Bist du sicher?«, fragte Juri. Er drehte sich weg, während er weiterredete. »Du hättest dich neben Mutter ins Grab legen sollen, das wär dir sowieso am liebsten gewesen, ich war dir scheißegal. Du mir auch. Du wolltst mir einreden, dass sie sich umgebracht hat, weil die Sache mit dem brennenden Haus passiert ist, weil ich dauernd bei der Polizei war und das Fernsehen über mich berichtet hat, du wolltst mir die Schuld zuschieben!«

»Sie hat sich wegen dir umgebracht!«, schrie Gottow. Er ächzte. Die Tischkante drückte gegen seinen Bauch, er wollte aufstehen, aber er kam nicht hoch. »Wenn du nicht in dem Haus gewesen wärst …«

»Sie hat sich umgebracht, weil sie die neue Zeit nicht kapiert hat«, sagte Juri, und es klang ebenso sachlich wie abfällig. »Sie hat nicht kapiert, dass da niemand mehr ist, der sich um sie kümmert, sie hat gedacht, die BRD kümmert sich um sie!«

»Ich hab den Mann gesehen«, sagte Gottow heiser. Er blickte zur Küchentür, die sich eine Handbreit geöffnet hatte. Mandy streckte den Kopf heraus, sie hatte sich ein Kopftuch umgebunden und ein Geschirrtuch in der Hand. Sie stand nur da und sagte nichts. Sie beobachtete den dicken schwitzenden Mann, der zwischen Bank und Tisch eingezwängt dasaß und den sie in einer Art bescheidener Hingabe liebte. Sie wusste, wie sehr er an seiner Frau gehangen hatte und dass er keine einzige seiner Erinnerungen auslöschen wollte. Manchmal, wenn sie morgens aufwachte und bemerkte, wie er sie ansah, kalt und gehässig, dann wünschte sie, sie fände eine Möglichkeit ihm zu erklären, dass der Tod sie nicht als hämischen Ersatz zu ihm geschickt hatte, sondern dass sie eine andere Frau war, bereit, ihm ein neues Umarmen beizubringen, so schwer seine inneren Gewichte auch sein mochten. Von der Küchentür aus kam es ihr vor, als würde ihr Blick in einem Morast aus Abscheu und Zorn versickern.

»Ich hau ab!«, sagte Juri wieder.

Mandy schloss leise die Tür, erleichtert, dass das Wasser für die Suppe kochte.

»Ich hab den Vietnamesen vor den Füßen gehabt …«

»Hör auf damit!«, schrie Juri und knöpfte sich die Lederjacke zu.
»Ich hab ihn vor den Füßen gehabt«, sagte Gottow und hielt die leere Bierflasche quer, umklammerte sie mit beiden Händen. »Du kannst das alles wegschieben, ich kann das nicht, ich sauf zu viel, das weiß ich selber, aber das mach ich, weil es eine Gewohnheit ist. Früher, als Mutti noch gelebt hat, hab ich auch Bier getrunken. Das eine hat mit dem andern nichts zu tun, verstehst du …«
»Sag mir bloß Bescheid, wenn Rico hier auftaucht!«
»Ich seh den Vietnamesen vor mir liegen, wir waren die einzigen Beamten, die so nah an dem brennenden Haus dran waren. Da klirren auf einmal die Scheiben, und dann fällt der Kerl aus dem Fenster, und ich seh hoch, und was seh ich? Ich seh dich am Fenster. Und …«
»Hast du vergessen, wieso ich nicht mehr herkomm? Hä?«, schrie Juri. »Weil ich diese Geschichten nicht mehr hören kann! Heut Nacht ist mein bester Freund ermordet worden …«
»Heut in einer Woche ist der siebte Todestag von deiner Mutter«, sagte Gottow.
Juri sagte nichts.
»Sieben Jahre ist sie tot, und ich hab meinen Job verloren …«
»Ich auch!«, schrie Juri.
»Du gehst doch freiwillig«, sagte Gottow. »Du könntest da gut weitermachen, du willst nicht, du schmeißt alles hin …«
»Ich lass mich nicht verarschen, der Kerl hat mir versprochen, ich krieg … Was geht dich das an?«
»Ich weiß nur, ich werd nächste Woche wieder allein am Grab stehen und nicht verstehen, wieso sie weg ist. Du sagst, es war

wegen der neuen Zeit. Ich sag, es war, weil die Polizei dich für einen Mörder gehalten hat, das hat sie nicht ertragen. Und ich weiß bis heut nicht, was stimmt. Ich weiß nicht mal, ob du nicht doch ein Mörder bist. Ich hab ausgesagt, ich hätt nichts gesehen, und das werd ich bis an mein Lebensende sagen. Auch wenn jetzt alles wieder von vorn losgeht, ich sag nichts anderes. Ich kann nichts beweisen. Aber Ale und Steffen und Rico, die hätten was beweisen können, und jetzt sind Ale und Steffen tot. Nur Rico lebt noch. Und du. Ihr beide. Ich hab den Vietnamesen gesehen, der ist mir vor die Füße gefallen. Dann ist er gestorben. Und dann ist Erna gestorben. Mandy, bring mir noch ein Bier!« Er klopfte mit der Flasche auf den Tisch, was auf der grünen Decke nur ein dumpfes Geräusch verursachte.

»Ich wart auf deinen Anruf«, sagte Juri und ging zur Tür.

»Trink doch was«, sagte Gottow.

»Der kommt hier nicht ungeschoren weg!« Juri schlug die Tür hinter sich zu.

Gottow stellte die Flasche hin und stippte sie mit dem Finger an. Sie kippte um. Er rollte sie über die Tischdecke, hin und her, von links nach rechts, vor und zurück. Aus der Küche hörte er das Klappern von Besteck und leise Radiomusik. Die Flasche rollte an den Rand des Tisches. Gottow wartete, dass sie runterfiel. Sie fiel nicht. Siebter Todestag. Es würde regnen, wie jedes Jahr. Er würde allein da stehen, das machte ihm nichts aus. Er nahm die Flasche und klopfte damit auf den Tisch.

»Bring mir noch ein Bier!«

Er erhielt keine Antwort.

Was sollte er tun, wenn die Polizei auftauchte und die Bunga-

lows durchsuchen wollte, mit richterlicher Befugnis? Das war wahrscheinlich. Schon früher war Rico öfter hier gewesen.
Die Küchentür ging auf. »Du, Willi«, sagte Mandy, die ein kleines Messer in der Hand hielt. »Ich bild mir ein, ich hab in fünfzehn ein Licht gesehen, wohnt da jemand?«
»Nein«, sagte Gottow.
»Ich glaub, ich hab aber ein Licht gesehen.«
»Wann gibts Essen?«, fragte Gottow.
»Bald«, sagte Mandy und hatte den Eindruck, diesmal dulde er ihren Blick. »Habt ihr euch gestritten?«
»Nein.«
»Er war lang nicht mehr hier.«
»Und ich war lang nicht mehr in der Wohnung«, sagte Gottow und wuchtete seinen Körper aus der Bank.
»Kommen Gäste in dieser Woche?«
»Bis jetzt nicht.«
»Dann sind wir wieder ganz allein.«
»Sind wir auch so«, sagte Gottow.
Mandy streckte die Hand aus, als er an ihr vorbei zur Toilette ging. Er sah hin und fragte sich, was er mit der Hand anfangen sollte.

29

In Ricos blauem, weitem Jeanshemd saß sie am Tisch und betrachtete zwischen den Sätzen, die sie schrieb, wieder einmal ihre schwarz lackierten Fingernägel. Bis auf einen schmalen Spalt waren die Vorhänge zugezogen. Kein Licht brannte. Sie konnte wenig sehen, aber das störte sie nicht. Ihre Sporttasche stand gepackt im Schlafraum, ihre Jacke hing am Haken gegenüber der Eingangstür. Wenn Rico zurückkam, konnten sie sofort aufbrechen. Ab und zu horchte sie auf Schritte, denn sie erwartete jemanden.

In ihr Tagebuch schrieb sie: *An ihn gedacht habe ich schon lange nicht mehr, obwohl Miriam immer noch ein Foto von ihm in ihrem Geldbeutel trägt, ich sehe sein Gesicht, und dann vergesse ich ihn wieder. Drei Jahre ist es her, seit er von der Brücke gesprungen ist. Er war nicht der Erste und nicht der Letzte, der sich dort hinuntergestürzt hat. Miriam, Adrian und ich waren oben an der Stelle, jetzt ist dort ein hohes Eisengitter, damals konnte man leicht über das niedrige Holzgeländer klettern. Viele Blumen lagen dort, auch unten. Rote und gelbe Rosen, violette und weiße Tulpen. An einem Kreuz hing ein Foto von ihm, darauf hat er gelächelt. Nach der Beerdigung habe ich mich oft gefragt, ob das Stück ihn zu sehr beeinflusst hat, ob er vielleicht nicht mehr herausfand aus der Rolle des verliebten Selbstmörders. Er war sehr gut auf der Bühne, besser als ich, auch wenn die Leute mich gelobt haben. Auf ihr Lob gebe ich nichts, Fabritius war der bessere Schauspieler, das wusste er auch. Seine Eltern wären entsetzt gewesen, wenn sie erfahren hätten, dass er Schauspieler werden und nicht Biochemie studieren wollte, um ein berühmter Wissenschaftler zu werden wie sein Vater. Professor Dr. Fabritius Riemenschneider. Diesen Namen hätten seine Eltern gern auf seiner Visitenkarte mit Goldrand gelesen. Jetzt le-*

sen sie Fabritius Riemenschneider auf einem Grabstein. Ich hatte kein Mitleid mit ihnen, sie dachten, wenn man einen Sohn in die Welt setzt, darf man ihn ein Leben lang steuern wie ein Auto. Das Auto ist aber von der Brücke gefallen, das passiert manchmal. Alle sagten, sie hätten keine Erklärung für die Tat. Meine Erklärung ist: Wenn Fabritius kein eigenes Leben haben durfte, dann wollte er wenigstens einen eigenen Tod haben. Selbstmord ist kein Zeugnis von Feigheit. Mein Romeo starb nicht wegen der Liebe zu einem Mädchen, das vor der Zeit von ihm gegangen ist, er starb, weil er keine eigene Zeit in der Welt hatte, nur hingeworfene Zeit. Wie man einem Hund einen Knochen hinwirft, abgenagte Stunden, und er lief in einem Zwinger auf und ab und rüttelte am Maschendraht. Eines Nachts brach er das Schloss auf und entkam. Er war gleich tot. Das stand in der Zeitung. Ich glaube es, der Tod war ja auf seiner Seite, der erwartete ihn schon voller Gnade.

Sie hielt inne, blies ihr Handgelenk an, blinzelte zum Fenster und schrieb weiter.

Er hat mich ermutigt, er sagte, in mir sei eine theatralische Urnatur, ich könne Tiere so gut spielen wie Menschen, auch einen Baum oder den Wind. Vielleicht wollte er mir schmeicheln, er war immer sehr höflich zu mir und zu anderen Mädchen. Er wollte nichts von Mädchen. Ich muss Rico von ihm erzählen, später, wenn wir in Sicherheit sind. Sie werden ihm die Notwehr nicht glauben, sie werden ihn einsperren, und das ertrage ich nicht. Wir können nur in Freiheit gedeihen, Rico und ich. Aber vorsichtig müssen wir sein, wir dürfen uns nicht zu Tode hegen und pflegen, wir müssen unsere Flügel noch bewegen können, jeder für sich, er um zu fliegen, ich um ihn zu locken. In seiner Obhut …

Jemand klopfte an die Tür.

Julika rührte sich nicht, erschrocken wie ein Vogel, der sich in ein Zimmer verirrt hatte.

»Ssst«, machte jemand an der Tür. »Ich bins.«

Julika bewegte nicht einmal den Kopf.

»Ich bins, Gottow. Mach auf, bevor mich jemand sieht!« Er klopfte wieder. Mit einem Ruck sprang Julika auf und öffnete die Tür. Gottow drückte seinen massigen Körper herein.

»Ziemlich heiß«, sagte er. »Stimmt was nicht mit der Heizung?«

»Doch«, sagte Julika.

Gottow ging zum Tisch, warf einen Blick auf das aufgeschlagene Tagebuch und griff in die Tasche seines Anoraks. Er holte eine Pistole hervor und legte eine kleine rote Schachtel auf den Tisch.

»Das ist eine russische PSM, Kaliber 5.45, ganz einfach alles. Da ist das Magazin, hier entsicherst du, fertig ist das Geschütz. Hier sind zehn Patronen extra, mehr hab ich nicht. Ich sicher die Waffe jetzt und nehm das Magazin raus, siehst du das?«

Sie sah hin, umwabert von Alkoholschwaden.

»Das ist kein Spielzeug. Nur für Notfälle, verstanden? Nicht rumballern damit, nur für den äußersten Notfall, verstanden?«

»Ja«, sagte Julika.

»Ich will nicht wissen, was du damit vorhast«, sagte Gottow. Seine Stirn war schweißbedeckt.

»Zur Verteidigung, für Rico und mich.«

»Zur Verteidigung. Du hast sie ordentlich bezahlt, steck sie ein! Wenn dich jemand fragt, wo du sie herhast, sagst du, du hast sie am Bahnhof von einem Typen mit einer Pelzmütze gekauft.«

»Wieso Pelzmütze?«, fragte Julika.

»Frag nicht so dumm! Was sollst du sagen?« Er drückte seine Hand auf ihre Schulter.

»Die Pistole ist von einem Typen mit Pelzmütze am Bahnhof«, sagte Julika.

»So ist es. Wann kommt Rico zurück?«

»Weiß nicht.«

»Ihr müsst hier weg.«

»Heute Nacht«, sagte Julika.

Gottow wollte noch etwas sagen. Er dachte nach und stützte sich auf Julikas Schulter.

»Das tut weh«, sagte Julika.

Er begriff nicht, was sie meinte.

»Ah!«, stieß er hervor. »Hast du Licht brennen lassen?«

»Was für Licht?«

»Jemand hat hier Licht gesehen.«

»Nein«, sagte Julika.

»Dann ist gut.« Er ließ los. Julika spürte ein Stechen, das sich quer über ihre Schulter ausdehnte. Grußlos riss Gottow die Tür auf, machte zwei Schritte und schlug die Tür zu. Sofort sperrte Julika wieder ab. Sie hörte das Schleifen seiner Schuhe über die Steinplatten.

Sie nahm die Pistole in die Hand, die leicht und sauber war und interessant roch.

Erst jetzt wurde ihr bewusst, dass sie, nachdem Rico sie gebeten hatte, den Hausmeister nach einer Pistole zu fragen, sofort Ja gesagt hatte, ohne wissen zu wollen, wozu er sie brauchte. Dieser Gedanke erfreute sie: Sie handelte schon ganz unbewusst für ihn.

Stunde um Stunde verwandelte Rico sie mehr in einen großen Willen, der vollkommen ihm gehörte.
In ihr Tagebuch schrieb sie: *Bald werde ich dein Atem sein, du kannst singen mit mir oder schweigen oder im Schlaf einen Wind fabrizieren.*

30

Sie stützte die Ellbogen auf den Tisch und senkte den Kopf. Wie bei Tabor Südens erstem Besuch empfand Marlen Keel seine Nähe als Herausforderung. Was immer sie tat, veranlasste sie zu überlegen, wie er darauf reagieren würde. Als hätte sie ihn freiwillig in die Wohnung gelassen! Wie beim ersten Mal war er dagestanden, die Hände hinter dem Rücken, nah bei der Tür, die sie hinter ihm geschlossen hatte, anstatt sie offen zu lassen und ihn aufzufordern zu gehen – auf eine aufdringliche Weise unaufdringlich. Und da war dieser Geruch nach Regen und Rasierwasser, den sie wie zwanghaft einatmen musste. Wie eine Göre gaffte sie Süden an, und ihr Blick schweifte umher, als wäre er ferngesteuert. »Das war ja klar«, hatte sie gesagt und war ins Wohnzimmer gegangen, wo sie die ganze Zeit gesessen hatte, die Flasche Marillenschnaps und ein Glas vor sich, in der Stille einer Wohnung, die ihr mit jedem Heben des Kopfes mehr wie eine Ruine vorkam als ein bewohnbarer Ort. Und Süden hatte unaufgefordert wie jemand, der hier regelmäßig verkehrte, seine nasse Lederjacke auf einen Bügel an der Garderobe gehängt und war ihr gefolgt. Und sie hatte ihn aufgefordert sich zu setzen. Und wieder war er stehen geblieben.

»Worauf warten Sie?«, fragte sie.

»Auf Rico«, sagte er.

Ihr Glas war halb voll, sie spürte den Alkohol, der nichts bewirkte. Ununterbrochen hatte sie, wie ihr Sohn sagen würde, Gedanken, sie hatte nichts als Gedanken.

»Da warten Sie vergeblich«, sagte sie. Eigentlich wollte sie nicht sprechen, nur dasitzen, abwarten, ob ihre Gedanken vielleicht einen Ausweg ergaben, und das Licht verblassen sehen, das hin-

ter ihrem Rücken durchs Fenster fiel. Sie dachte: Vermutlich ist die Sonne unter einer Lawine aus Wolken begraben, und die Suchhunde haben sich im Kosmos verlaufen oder keine Lust zu suchen.
»Wo haben Sie mit ihm gesprochen?«, fragte Süden. Er stand schräg hinter ihr am Fenster, und sie sah sich nicht um.
»In einer Kirche«, sagte sie erschöpft.
Er fragte nicht nach.
»Sie wollen zu einer Freundin seiner Freundin«, sagte sie. Sie trank das Glas aus. »Sarah.«
»Sarah«, wiederholte Süden.
Marlen wischte sich über den Mund. Das Geld, das sie für Rico abgehoben hatte, steckte noch in ihrer Tasche. Was hatte sie falsch gemacht, dass er es nicht genommen hatte?
»Haben die beiden genug Geld?«, fragte Süden.
Aus Versehen stieß Marlen das Glas um. Sofort stellte sie es wieder auf und drehte sich halb um. Und da stand er, näher, als sie erwartet hatte, und blickte auf sie herunter. Das Grün seiner Augen kamen ihr in all dem Grau, das sie umgab, wie die einzige Farbe vor.
»Ich weiß es nicht«, sagte sie leise.
»Haben Sie ihm Geld gegeben?«, fragte er.
Sie wollte nicht antworten. Sie wollte ihn nicht länger angaffen. Sie wollte ihren Sohn nicht verraten. Sie wollte einem Polizisten nichts in die Hände spielen.
»Er hat es nicht genommen«, sagte ihre Stimme. »Was soll ich jetzt tun?«
»Darf ich telefonieren?«, fragte er.
Endlich gelang es ihr sich wegzudrehen. Sie goss das Glas voll

Schnaps, obwohl sie wusste, sie würde keinen Tropfen mehr trinken.

»Nein«, sagte sie. Dann sagte sie: »Ja.«

Er holte das Telefon aus dem Flur, stellte den Apparat auf den Tisch und setzte sich an die Schmalseite.

»Sarah«, sagte er.

»Ich möchte nicht …«

Er strich ihr über die Hand. Die Berührung war längst vorbei, als sie hinschaute. Mit der Hand, die auf der ihren, wie ihr schien, eine Sekunde oder eine Minute verweilt hatte, wählte er eine Nummer.

»Tabor Süden«, sagte er in den Hörer. »Ich möchte mit Ihrer Frau sprechen … Nein, mit ihr …. Hier ist Süden, Frau de Vries, wie gehts Ihnen? … Das ist eine gute Idee, wenn Sie zu Ihrer Schwester fahren … Hat Ihre Tochter eine Freundin mit dem Namen Sarah?« Er zog seinen kleinen karierten Spiralblock aus der Hemdtasche und den Kugelschreiber. »Sarin. Sarin Landau. Wo wohnt sie? … Nein, an Ihren Mann habe ich keine Fragen. Danke, Frau de Vries.« Er legte auf.

»Julikas Eltern?«, fragte Marlen.

»Sie sind in der Stadt«, sagte Süden. »Sarin Landau wohnt am Prenzlauer Berg in Berlin. Soll ich Ihnen die Adresse bei der Auskunft besorgen?«

»Brauchen Sie sie nicht auch?«

»Wozu?«

»Wozu!«

»Möchten Sie, dass ich Ihren Sohn finde?«

»Warum sind Sie denn hier?«

»Um mit Ihnen zu sprechen.«

»Hören Sie bitte auf mit mir zu spielen! Sie sind Polizist, Sie suchen meinen Sohn als Mörder, und weil Ihre Kollegen in der Blücherstraße genau wissen, dass sie von mir nichts rauskriegen, tauchen Sie hier auf. Aber ich fall nicht auf Sie rein. Gehen Sie bitte!«

»Glauben Sie, ich bin wegen meiner Kollegen hier? Im Auftrag von Henry Halberstett?«

»Gehen Sie.« Sie überlegte, ob sie aufstehen und so lange die Wohnungstür aufhalten sollte, bis er seine Jacke nahm und verschwand. Dann dachte sie, vielleicht bin ich auf ihn angewiesen. Sie wollte wissen, wo Rico steckte. Sarin Landau, Berlin, Prenzlauer Berg. Möglicherweise war dieser Polizist der einzige Mensch, der ihr Rico zurückbringen konnte, den Polizisten in der Blücherstraße traute sie es jedenfalls nicht zu. Allerdings war es denkbar, dass Rico sich noch in der Stadt aufhielt und vielleicht noch einmal kam, um das Geld zu holen.

Sie stand auf, ging in den Flur und öffnete die Wohnungstür. Süden blieb sitzen. Marlen hielt die Tür auf. Sie hatte keine Hausschuhe an, nur Socken. Vom Treppenhaus zog kalte Luft in die Wohnung.

Süden saß am Tisch, die Hände über Kreuz, als wären sie gefesselt. Nach einer Weile beugte er sich vor, damit er in den Flur sehen konnte.

»Ich bin hier!«, rief er.

Marlen machte die Tür zu, schlug mit der Faust dagegen und lief ins Wohnzimmer. »Ich geh jetzt runter und sag Ihren Kollegen, sie sollen Sie abholen!«

»Was reden Sie denn da?«, sagte er.

»Sie haben kein Recht mich so zu behandeln! Ich trau Ihnen

nicht! Sie spielen ein Spiel, ein Polizeispiel, aber ich spiel nicht mit! Ich hab Ihnen schon viel zu viel erzählt! Von mir werden Sie nie erfahren, wo Rico ist, und wenn Sie mich einsperren!«

»Sie sind doch schon eingesperrt«, sagte Süden.

Einen Moment lang war Marlen sprachlos vor Empörung. »Wo haben Sie das gelernt, Leute so zu behandeln? Lernen Sie das bei Ihrer Ausbildung im Westen? Sie sind hinterhältig und gemein und …«

Sie redete gegen seine Schulter, gegen den blauen Stein an seiner Halskette, gegen die Narbe an seinem Hals, gegen seine Haut, die langen Haare, sie roch das Rasierwasser und sog den Duft ein.

Plötzlich war sie in einer Umarmung. Und wie selbstverständlich legte sie ihre Arme auf seinen Rücken, und ihr linker Arm zeigte nach oben und der rechte nach unten. Sie hatte es ohne Absicht getan. Und verkrampft harrte sie aus, verwirrt und zugleich auf eine Art erleichtert, die sie hilflos machte.

Dann ließ er sie los. Und sie setzte sich hin.

»Sie brauchen mir nichts zu erklären«, sagte Süden. »Aber das Schweigen wird Ihnen nicht helfen, Sie werden anfangen, sich mit Ihrem Schweigen zu martern, und Sie werden sich dafür hassen. Und am Ende hassen Sie vielleicht Ihren Sohn, weil er Sie in seine Pläne nicht eingeweiht hat, weil er Sie allein gelassen hat, weil er fortgegangen ist, ohne zu sagen, wohin, weil er plötzlich mit einem anderen Menschen zusammenlebt, nicht mehr mit Ihnen. Ich weiß nicht, warum Rico sich Ihnen nicht anvertraut hat, ich glaube aber, Sie wissen es.«

Sehr vorsichtig gelang es ihr zu sprechen. Mit jedem Wort

kehrte etwas Ruhe in ihr ein. Es war, als lerne sie, je dunkler es wurde, besser zu sehen, und die Gegenwart des Mannes, der ihr gegenüber Platz genommen hatte, war eine Orientierung. »Ich muss nicht lügen«, sagte sie. »Er bewahrt mich vor dem Lügen, alles, was er mir anvertraut hat, war der Name dieser Freundin, und der war falsch … Sarin … Berlin … Jetzt geht er also nach Berlin … Rosa wollte mit ihm weg, er hat Schluss gemacht mit ihr, deswegen … Ich weiß nicht, ob es deswegen war … Sie trafen sich nicht mehr …«

»Wo haben sie sich getroffen?«, fragte Süden.

»In einem Motel«, sagte Marlen. »Nicht weit von hier … ›Troika‹ … Juris Vater arbeitet dort … Er hat Rico und Rosa dort übernachten lassen, ich hab eine Rechnung gefunden. Ich hab Rico nie gesagt, dass ich weiß, wo sie die Nacht verbringen. Das geht mich nichts an. Wahrscheinlich ist er jetzt auch dort, wo sollte er sonst hin?« Sie machte eine kurze Pause. »Jetzt können Sie hinfahren und ihn verhaften.«

»Ich verhafte ihn nicht«, sagte Süden.

»Warum nicht? Sie sind dazu verpflichtet. Oder wollen Sie mich nur schonen?«

»Wenn ich Sie schonen wollte, wäre ich nicht hier«, sagte Süden.

»Das stimmt«, sagte sie und schwieg lange. »Möchten Sie nichts trinken?«

»Nein.«

»Sind Sie auf Diät?«

»Sehe ich so aus?«

Sie musterte ihn. »Sie sind ein wenig dick, wenn ich das sagen darf.«

»Ich bin nicht dick«, sagte Süden. »Ich habe nur einen deutlich anwesenden Körper.«

»Also möchten Sie was trinken?«

»Nein«, sagte er.

»Ich auch nicht. Wenns mir schlecht geht und ich trinke drei Gläser Schnaps, dann gehts mir dreimal so schlecht, wenns mir gut geht und ich trinke drei Gläser Schnaps, gehts mir dreimal so gut. Beides ist Unsinn. Außerdem hab ich heut schon getrunken. Mein Exmann hat keinen Tropfen angerührt, der war Sportler, Fechter, er hat eisern trainiert, er war Jugendmeister und dann in der Nationalmannschaft, viel Ehre und noch mehr Urkunden. Er war sauer, dass ich mich nicht für seinen Sport begeistern konnte, dafür hat er in seinem ganzen Leben keinen Roman gelesen, Lesen war für ihn Zeitverschwendung. Aber er war nett und fürsorglich, er hat uns Geschenke mitgebracht, aus dem befreundeten Ausland, er war ein guter Kumpel. Nach der Wende ist er in den Westen, Zukunft schürfen. Ich weiß aber nicht, ob er heut ein goldenes Leben führt. Wir haben keinen Kontakt. Rico hat ihn nicht vermisst, am Anfang, ja, dann bald nicht mehr. Wir sind allein gut durchgekommen. Ich kipp Ihnen hier mein Leben vor die Füße, Ihnen, einem Polizisten. Was machen Sie damit? Die Leute kippen Ihnen oft ihr Leben vor die Füße, stimmts?«

»Stimmt«, sagte Süden.

»Und? Was machen Sie mit den vielen Leben? Schreiben Sie Berichte darüber? Legen Sie Akten an?«

»Manchmal.«

»Manchmal«, sagte sie. »Und die stellen Sie dann in den Schrank, die Akten, die Leben, die stehen dann da und vergilben. Sind Sie gern Polizist? Lassen Sie mich raten: Manchmal.«

»Ja«, sagte Süden.

»War das Ihr Wunsch, Polizist zu werden? So wie andere Kapitän oder Feuerwehrmann werden wollen?«

»Ich hatte keine Wünsche«, sagte Süden. »Ich ging aufs Gymnasium und fragte mich die ganze Zeit, was ich nach dem Abitur machen sollte, ich hatte keine Idee.«

»Was haben Ihre Eltern dazu gesagt?«

»Meine Mutter ist tot, und mein Vater verschwand, als ich sechzehn war.«

»Was heißt das: Ihr Vater verschwand? Wohin?«

»Das weiß ich nicht«, sagte Süden. »Eines Sonntags hat er einen Brief geschrieben und ist weg. Mein Onkel und meine Tante kümmerten sich um mich. Ich weiß nicht, wo er hin ist, niemand weiß es. Er ist nie wieder aufgetaucht.«

»Sie arbeiten also auf der Vermisstenstelle und können Ihren eigenen Vater nicht finden«, sagte Marlen.

»Das ist so etwas wie das Leitmotiv meines Lebens«, sagte Süden.

»Das ist schrecklich.«

»Es ist ein Leben wie jedes andere.«

»Vermissen Sie ihn?«

»Nein.«

Sie schwiegen. Die Fensterscheiben waren beschlagen. Im Wohnzimmer breitete sich eine Dunkelheit aus, die die Möbel mächtig erscheinen ließ und die Wände wie Felsen.

»Mein bester Freund brachte mich zur Polizei«, sagte Süden. »Er lebt nicht mehr, er hat Selbstmord begangen.«

»Warum?«, fragte Marlen leise.

»Er ging verloren«, sagte Süden und schloss die obersten zwei Knöpfe seines Hemds. »Martin legte sich in einen Müllcontainer und schoss sich in den Kopf. Und ich habe es nicht verhindert.«

»Bestimmt konnten Sie es nicht verhindern.«

»Dieser Gedanke ist kein Trost«, sagte er. »Es gibt Nächte, in denen verlaufe ich mich in meinem eigenen Zimmer, ich erschrecke, wenn ich in den Spiegel sehe, weil ich mich nicht wiedererkenne.«

»Und was tun Sie dann?«

»Ich rauche«, sagte Süden. »Ich stopfe Pilze in meine Pfeife. Außerdem trinke ich Bier. Hier ist der Beweis.« Er zeigte auf seinen Bauch.

»Sie sitzen wahrscheinlich auch viel«, sagte sie.

»Ich bin ein Büroner«, sagte Süden. »Aber ich versuche so oft wie möglich draußen zu sein.«

»Wie ist eigentlich Ihre genaue Berufsbezeichnung?«

»Hauptkommissar. Ich wollte nicht mein Leben lang eine Uniform tragen.«

»Dann sind Sie also ein zielstrebiger Polizist«, sagte sie.

»Ich war nie zielstrebig«, sagte er. »Vielleicht war ich wegstrebig. Ich bin den Weg immer weiter gegangen, ich habe Gewohnheiten entwickelt.«

»Ein wegstrebiger Büroner sind Sie also«, sagte Marlen. »Und jetzt sind Sie so weit gereist. Wie finden Sie die Westpolen im Allgemeinen?«

Süden strich sich die Haare aus dem Gesicht. »Ich bin hier unter Westpolen?«

»Es gibt Leute, die nennen uns so.«
»Ich nicht.«
Sie schwiegen.
»Westpolen!«, sagte er. Dann stand er auf. »Es ist ein fremdes Land. Darf ich Ihre Toilette benutzen?«
»Zweite Tür links«, sagte Marlen.
Er sperrte die Toilettentür ab und wusch sich mit kaltem Wasser das Gesicht. Vergeblich versuchte er, den Hahn so fest zuzudrehen, dass er nicht tropfte.
Er musste ein paar Minuten für sich sein. Außerhalb seiner Funktion, außerhalb des Zimmers, in dem sie einander aus ihrem Leben erzählten, als hinge ihre Existenz davon ab. Während er mit nassem Gesicht vor dem Waschbecken stand, dachte er daran, was er erreicht hatte, seit er hier war. Alles hatte er erreicht. Er wusste, wo Rico sich aller Wahrscheinlichkeit nach versteckte, wohin er gehen würde und dass der junge Mann, wenn er Marlens Worte nicht falsch interpretierte, tatsächlich seinen Freund Steffen Nossek umgebracht hatte. Und Marlen hatte Recht: Er musste seine Kollegen informieren, er war der einzige Polizist, der von dem Versteck wusste.
In einem schmalen Schrank lagen mehrere Handtücher zusammengefaltet übereinander. Süden zog eines heraus. Dabei fiel ein weißes Sweatshirt zu Boden. Er hob es auf, es hatte einen V-Ausschnitt und schien eher einer Frau als einem Mann zu gehören. Aber Marlen wäre es eindeutig zu eng.
Er mischte sich in fremde Leben ein und schnüffelte in fremden Schränken. Er bedrängte diese Frau, die auf eine Einsamkeit zusteuerte, vor der er sie nicht bewahren konnte. Er saß auf dieser Seite des Tisches und sie auf der anderen. Er lebte in

seinem Zimmer und sie in ihrem. Er kam aus einem anderen Land als sie, und auch wenn es denselben Namen trug, waren die Unterschiede zwischen ihren Alltagen und Albnächten und zwischen ihrer beider Erwachen am Morgen groß.

Auf einmal dachte Süden, wie irrig es war, wenn er glaubte, er könne von einer Gegenwart in die andere wechseln und seine Schritte behielten den gleichen Klang, sein Aussehen die gleiche Bedeutung, seine Rolle die gleiche Funktion. Das Feuer, das damals das Haus zerstört und einen Menschen in den Tod getrieben hatte, war gelöscht, und die Fassaden waren farbenfroh restauriert worden. Doch noch heute glimmte jedes Wort darüber an den Rändern weiter, sogar das Schweigen.

Er hatte in dem kleinen, nach Zitrone und frischer Wäsche riechenden Badezimmer ein paar Minuten still für sich sein wollen und nun hörte er den Wasserhahn tropfen und bildete sich ein, gläserne Stimmen würden auf dem Porzellan zerspringen, in immer kürzeren Abständen, eine Stimme nach der anderen, mit ohrenbetäubendem Klirren.

Musik empfing ihn, die Liveaufnahme eines Songs, den er schon unzählige Male gehört hatte.

»Zu laut?«, fragte Marlen, die wie vorher am Tisch saß, im Dunkeln. Durch das Fenster fiel der Abglanz des Lichts einer Straßenlampe.

»Nein«, sagte Süden. »Ist das ein Sweatshirt von Julika?« Er hielt es hoch.

»Ja.«

Er legte es auf den Tisch, zögerte, ging zur Couch und setzte sich.

»Mögen Sie Dylan?«, fragte Marlen.

»Unbedingt.«

»Die Version ist etwas schnulzig, mit der Orgel und den Backgroundsängerinnen, sehr harmonisch alles, aber mir gefällt es.«

Sie hörten zu.

»Martin hasste diese Doppel-LP«, sagte Süden. »Für ihn war das gefällige Sülze.«

»Es gibt schon stärkere Versionen von ›Shelter from the Storm‹ oder ›Mr. Tambourine Man‹!«

»Ja«, sagte Süden. »Aber wir werfen der Sonne auch nicht vor, dass sie Schatten verursacht.«

»This is one of our unrecorded songs, wonder you guess which one it is«, sagte Dylan. Einige Zuhörer lachten, vielleicht waren es die Musiker, und dann spielte er »Is Your Love Invain« von einer Platte, die kurz darauf erschienen war und die Martin für einen Abgesang hielt. Abgesang worauf?, hatte Süden ihn gefragt, und Martin hatte erwidert: Auf seine verdammte Kunst!

»Rico kann mit dieser Musik nichts anfangen«, sagte Marlen. »Er hört wenig Musik. Das Musische ist nicht seine Stärke.« Sie rückte mit dem Stuhl. »Er wird seine Arbeit verlieren, was bleibt der Firma übrig? Die beschäftigen keinen Mörder. Ist sowieso bloß eine ABM-Stelle.«

»Ich habe mit Spahn gesprochen«, sagte Süden. »Sie werden die ABM-Stellen wahrscheinlich streichen.«

Marlen nickte. Leise sang sie den Refrain des Liedes mit.

»Bei uns gibt es ABM-Gasthäuser«, sagte Süden.

»Werden da Kellner ausgebildet?«

»ABM«, sagte Süden. »Das bedeutet Auf-Bayerisch-Mach-Kneipen. Da stellen die Brauereien abgebeizte Holztische rein und Extremdialekt sprechende Leute hinter den Tresen, die Wirte schreiben die Gerichte auf Bayerisch in die Speisekarten und auf die Schiefertafeln, und sie haben nicht nur eine Schanklizenz, sondern auch eine Duzlizenz. In allen Lokalen sieht die Einrichtung gleich aus, die Messer und Gabeln und Servietten stecken in grauen Steinkrügen, die Bedienungen tragen Dirndln oder Kniebundhosen und simulieren Freundlichkeit, solange man sie nach einer halben Stunde nicht fragt, wo das Essen bleibt. Die Gäste sind laut und lustig, und die Kellner erzählen ungefragt Witze. Kommt ein Mann zum Apotheker und verlangt Gift, denn er will seine Frau umbringen, worauf der Apotheker sagt, er darf ihm kein Gift verkaufen, das ist verboten, da zieht der Mann ein Foto seiner Frau aus der Tasche und zeigt es dem Apotheker, der daraufhin sagt: Ach so, Sie haben ein Rezept!«

Marlen schraubte die Flasche mit dem Marillenschnaps auf. »Darüber lachen die Leute bei Ihnen?«

»Niemand lacht«, sagte Süden. »Deswegen gehen die ABM-Kneipen auch alle nach einem Jahr ein, dann steht das Lokal ein Jahr lang leer, und dann kommt eine neue ABM-Kneipe rein.«

»Merkwürdiges Bayern«, sagte Marlen und trank. »Sind Sie in der Stadt geboren?«

»In einem Dorf. Taging.«

»Das ist bestimmt schön dort.«

»Wenn man gern von Landschaft umzingelt ist«, sagte Süden. Draußen schwankte das Licht. Der Wind wurde stärker, sogar die Gardine bewegte sich leicht. Im Zimmer war es warm. Dylan besang die Dunkelheit.

»Ich bin in einem thüringischen Dorf aufgewachsen«, sagte Marlen. »Meine Mutter hat unter der Enge und der Langeweile gelitten. Mein Vater war Werkzeugmacher. Später, nachdem sie in die Stadt gezogen waren, wurde er Neulehrer, und meine Mutter arbeitete in der Schokoladenfabrik. Sie fütterte mich mit Halloren.«
Süden dachte an die alte Frau mit den Leuchtstreifen an den Schuhen.
»Pralinen«, sagte Marlen. »Vielleicht wollte sie mich trösten, weil ich aufs Internat gehen musste. Für mich war das nicht schlimm. Ich hab das Abitur gemacht, dann sollt ich studieren. Hätt aber lieber gearbeitet. Mein Vater wollte, dass ich Lehrerin werde, das hab ich ihm ausgeredet. Ich hab Bibliothekswesen studiert, mit Fernstudium, das hat sechs Jahre gedauert. Rico war schon auf der Welt, und ich war mit Ronny verheiratet. Eine Weile wohnten wir bei meinen Eltern, weil wir keine Wohnung gefunden haben. Ronny kam von hier, und ich wollt gern hier leben, hier waren die Straßen auch mal krumm, und es war was los, nicht so uniform wie woanders.«
Sie lächelte nur für die Dunkelheit.
»Ronny war viel unterwegs, ich hatte unsere Dreiraumwohnung für Rico und mich allein. Morgens um sechs hab ich ihn in den Hort gebracht und abends um fünf wieder abgeholt, ich hab in der Bibliothek gearbeitet und nachts mein Fernstudium gemacht. Ich bin oft am Küchentisch eingeschlafen. Einmal im Monat hatte ich einen Tag frei, da hab ich nur geschlafen. Heut denk ich, ich hab Rico vielleicht vernachlässigt, ich studier, und mein eigener Sohn lernt nicht mal richtig lesen und schrei-

ben. Irgendwie hat er sich in der Schule durchgemogelt. Und dann kam die Wenderei.«

Sie sah zur Couch, auf der Süden unbewegt saß, zurückgelehnt, die Arme verschränkt, sein weißes Hemd stach aus der Dunkelheit. Ein Bild aus dem Fernsehen fiel ihr ein, aus jenen Tagen kurz bevor das Haus brannte. Einer der Bewohner schwenkte ein weißes Laken, und unten auf der Wiese schrien die Leute und streckten die Arme in die Höhe und riefen Deutschland den Deutschen. In ihrer Vorstellung stürzten wieder die Zeiten ineinander, dabei hatte sie nur von ihrem unauffälligen Leben erzählt, von Ronny, der verschwand, und von ihren Freundinnen, von denen einige ebenfalls weggingen und einige starben.

»Wir waren wie Haustiere, die in den Wald mussten«, sagte Marlen. »Auf einmal waren wir nicht mehr beschützt, auf einmal waren wir für alles allein verantwortlich, alle wussten, was sie nicht wollten, aber keiner wusste, was er wollte. Früher haben wir aufeinander aufgepasst, jetzt ging man aus der Haustür, und jemand drückte einem ein Flugblatt in die Hand oder wollte etwas verkaufen, Staubsauger, Zeitungen. Wir hatten doch nicht gelernt, etwas für uns selbst zu tun. Und wir waren neidisch auf die, die sich schneller gedreht haben als der Wind, die zweihundertfünfzigprozentige Demokraten sein wollten und das auch hingekriegt haben. Wie Herr Spahn von der Maschinenbaufirma, der hat gleich begriffen, worum es geht und wie man sich verhalten muss. Ich werf ihm nichts vor, er ist immer anständig zu Rico gewesen, er hats eben schon kapiert gehabt, da haben manche von uns sich noch gewundert, wieso sie plötzlich arbeitslos waren. Ich hab mir gesagt, jetzt musst du ein neuer Mensch werden. Ich wollt mich nicht unterkriegen lassen, das ist doch gut, dass man selber entscheiden kann, dass man ein Individuum sein darf. Dieses Wirgefühl früher wurde einem ja auch suggeriert, das war ja auch nicht dauernd echt. In einer LPG haben wir zwar alles zusammen gemacht, aber wir waren auch fremde Leute, das war eine Zwangszusammenführung. Der Bauer musste seinen Hof hergeben, die Tiere kamen in den Gemeinschaftsstall, da hat niemand drüber geredet, das musste eben so sein. Ich hab gedacht, jetzt organisier ich mein Leben selber, meins und das von Rico, ich werd jetzt erwachsen, hab ich gedacht. Früher waren wir wie Kinder, es war alles einfacher, es gab immer nur einen Strang, früher warst du als Einzelner nie schuld an was. Jetzt bist du an allem selber schuld.«

»Waren Sie mit Rico im Westen?«, fragte Süden, der sich an die Bilder im Fernsehen erinnerte, als die Leute durch das Brandenburger Tor strömten, zu Fuß oder in ihren Trabants. In den Gesichtern der Polizisten spiegelte sich ein Staunen, das ebenso kindhaft wie verzweifelt wirkte. Gemeinsam mit Martin und Sonja hatte er die Berichte verfolgt, schweigend, von einer abstrakten Freude ergriffen, die sich bald in konkrete Begeisterung verwandelte, wenngleich er nicht hätte sagen können, worüber. Auf den Taumel der überraschten Menschen folgte die Hypnose der magischen Lügner und dann ein kurzer Schlaf, in dem die Lügner ein paar Träume willkürlich verteilten, und dann kam das Erwachen in einer Gegend, die niemand wieder erkannte. In jenen glorreichen Tagen aber, von denen Marlen sprach, saß Süden in seiner Wohnung und berauschte sich an der Vorstellung, die Wirklichkeit zu wechseln und umzuziehen. Doch er kam, wie so oft, nicht weiter als bis zur Wand neben der Tür.

»Wir waren in Lübeck«, sagte Marlen. »Wir sind mit dem Auto hingefahren, in ein Kaufhaus gerannt, haben einen Taschenrechner gekauft und sind sofort wieder nach Hause gefahren.« Sie schlug mit dem kleinen Glas gegen die Flasche. Das leise Klirren ließ Süden den Kopf heben. »Und anschließend sind wir erst mal in den Wald gegangen.«

»Warum?«, fragte Süden.

»Weil wir im Westen waren und niemand hat uns aufgehalten! An der Grenze war keine Gefahr mehr, wir fuhren einfach drüber. Und Rico hat gesagt: Das ist aber ein schönes Land jetzt. Das hab ich mir gemerkt: Das ist aber ein schönes Land jetzt. Ein wenig traurig war er, weil er nicht mehr Pionier werden konnte, mit Halstuch und allem drum und dran. In der Woche danach sind wir noch mal rüber gefahren. Rüber! Hingefahren sind wir.«

»Was hat Ihnen am besten gefallen?«, fragte Süden.

»Mir?«, sagte Marlen.

Sie öffnete weit die Augen und nickte und lächelte vor sich hin. »Das Licht. Das elektrische Licht. Bei uns gabs immer nur ekeliges Neonlicht, aber das Licht in Lübeck ... Was mir auch gefallen hat, waren diese Begrenzungsstangen aus dem feinen Metall, die hab ich mir lang angesehen. Rico war total sauer wegen der dämlichen Stangen. Ich fand die schön. Später hatte ich Kopfweh vom Schauen.« Sie machte eine kurze Pause. »Auf der Rückfahrt haben wir uns mit fetten Schokoküssen voll gestopft, ganz toll.«

Dann sagte sie: »Später war ich ein paar Mal in Berlin, der

Ku'damm hat mich nicht umgehauen, in Kreuzberg war ich gern. Da könnt ich vielleicht leben. Ich hab Rico davon erzählt, aber er wollte hier nicht weg. Ich hab zu ihm gesagt, in der Hauptstadt kriegt er bessere Jobs als hier. Er wollt nichts davon wissen. Und jetzt geht er doch hin. Er wird hingehen, das glauben Sie auch, oder nicht?«

»Ja«, sagte Süden.

»Können Sie ihn nicht aufhalten?«

»Vielleicht. Sie sollten mit ihm sprechen.«

»Das klappt nicht«, sagte sie. »Außerdem werd ich beobachtet, Ihre zwei Kollegen vor dem Haus würden mich verfolgen. Aber Sie kennen die nicht.«

»Ich werde über den Hof gehen«, sagte Süden. »Als ich gekommen bin, haben sie mich nicht beachtet, weil es geregnet hat und gerade jemand ins Haus ging. Halberstett hat ihnen bestimmt eine Beschreibung von mir gegeben.«

»Die wüsste ich gern, die Beschreibung«, sagte Marlen leise.

Dünner Regen fiel gegen die Fensterscheiben. Das bleiche Licht der Straßenlampe erreichte das Zimmer nicht mehr.

Minutenlang saßen Marlen und Süden auf ihren Plätzen und taten nichts.

Dann sagte sie: »Woher haben Sie die Narbe am Hals?«

»Ein Unfall«, sagte er. »In der Kindheit.«

Sie nickte, was Süden nicht sehen konnte. »Und was bedeutet der blaue Stein, den Sie tragen?«

Süden sagte: »Ein indianischer Schamane hat ihn mir geschenkt. Als ich ein Junge war.«

»Jetzt versteh ich.«

»Was verstehen Sie?«

»Nichts«, sagte sie. »Nichts. Rufen Sie mich an, wenn Sie mit Rico gesprochen haben?«

»Ja.«

»Und wenn er schon weg ist?«

»Dann ist es seine Entscheidung«, sagte Süden.

»Oder die von Julika«, sagte Marlen und stand auf und drückte die Finger auf ihre Augen.

»Sie sind ein Liebespaar«, sagte Süden.

»Und das begreif ich eben nicht!«, sagte Marlen. »Was ist das für ein Mädchen? Was will die von meinem Sohn? Und was will er von ihr? Hat er wegen ihr Steffen … umgebracht? Er wollte nie hier weg! Nie wollte er weg! Und jetzt? Jetzt bei Nacht und Nebel und nachdem … Er hat mich angeschrien, er sagt mir nicht, was er vorhat, er will Geld von mir, er lässt mich einfach sitzen, er ist völlig verändert. Und sie? Sie verbirgt auch was vor mir. Ich muss Ihnen was sagen, ich dürfte das eigentlich nicht, aber ich muss … Ich mag diese Julika nicht, ich hab ihr geholfen, ich hab sie hier schlafen lassen, ich wollt sie nicht wegschicken … Aber ich mag sie nicht, sie ist aufdringlich und sie …«

Ratlos setzte sie sich wieder.

Süden ging zu ihr.

»Am liebsten würd ich ihm dieses Mädchen verbieten«, sagte Marlen. »Ganz diktatorisch. So wie man uns früher den Westkontakt verboten hat. Genauso!«

»Ja«, sagte Süden.

Sie drehte den Kopf zu ihm. »Kennen Sie dieses Gedicht:

›Wenn ihr Freunde vergesst,
Wenn ihr den Künstler höhnt,

Und den tieferen Geist klein und gemein versteht,
Gott vergibt es …‹«

Und Süden sagte:

»›… doch stört nur
Nie den Frieden der Liebenden‹.«

»Sie lesen Gedichte?«, sagte Marlen.
»Sie meinen, obwohl ich Polizist bin?«
Dann schwiegen sie eine Zeit lang.
Die Entfernung bewahrte sie vor Berührungen, die sie, wie sie ahnten, später bereuen würden. Sie wären an einem Ort ohne Umgebung gewesen, in einem Nichts aus Unbeholfenheit und unbestimmter Lust, unter fremder Haut flüchtig beheimatet und unversehens vielleicht dem Kind begegnet, das sie so klug zu verbergen wussten. Und dann hätten sie sich trennen müssen, in einem Anfall von Abschied, bei dem sie sich womöglich eingeredet hätten, von der Mahlzeit ihrer Nähe wäre noch Zeit übrig und ihr Winken an der Tür ein heiter-hungriges Versprechen.

31

Schließlich entschied er sich für einen blauen Golf. Eine Stunde lang hatte er sich im wehenden Regen auf dem Gelände der Werkstatt herumgetrieben, die Straße im Blick, von Auto zu Auto huschend. Anfangs war er von seiner Gelassenheit überrascht gewesen, aber dann dachte er an Julika, die seit Stunden auf ihn wartete, und daran, dass es nicht nur um sie und ihn ging, sondern noch um jemand anderen.

Noch bevor er über den Zaun geklettert war, hatte Rico, als habe er lange darüber nachgedacht oder als hätte die Stille der Kirche ihn beeinflusst, beschlossen Vater zu werden, und er war überzeugt, Julika würde einverstanden sein.

Unmittelbar nach dieser Entscheidung, die er eigentlich nicht getroffen, sondern der er sich vielmehr begeistert hingegeben hatte, verschwendete er keinen weiteren Gedanken daran. Dafür redete er sich ein, dass der metallic-graue BMW, auch wenn er mindestens zehn Jahre alt war, genau der richtige Wagen für die Reise wäre. Neben dem hinteren Nummernschild prangte ein USA-Emblem, weiße Sterne auf blauem Grund, rotweißes Banner. Rico schätzte, die Kiste auf zweihundertzwanzig hochjagen zu können. Fünfmal schlich er in der Hocke um das Auto herum, bevor er fand, es sei zu auffällig. Also kehrte er zu dem Golf zurück, den er schon vorher in Augenschein genommen hatte, wischte das Seitenfenster ab und spähte ins Innere, in der Hoffnung, jemand habe aus Versehen den Schlüssel stecken lassen.

Auf der Rückseite des Bürogebäudes lagen die Toiletten. Rico schlug eines der beiden kleinen Fenster ein und kletterte ins Innere. Juri hatte ihm einmal gezeigt, wo die Schlüssel hingen,

auch der für das Tor. Das Gelände war weder videoüberwacht, noch gab es eine Alarmanlage, was natürlich kein Kunde erfahren durfte.
In einer Geldkassette im unverschlossenen Aktenschrank entdeckte Rico fünfhundert Euro, die er einsteckte. Warum er das Geld seiner Mutter nicht genommen hatte, verstand er immer noch nicht. Er wollte jetzt nicht nachdenken. Er musste sich auf den Autoschlüssel, den Fahrzeugschein und den Schlüssel für das Tor konzentrieren.
Jetzt hatte er es eilig. Trotzdem zwang er sich, so lässig wie möglich das Tor aufzusperren, den Wagen anzulassen, durch das Tor zu fahren, anzuhalten, das Tor zu schließen und wegzufahren. Fußgänger wichen dem Auto aus. Sie hatten die Regenschirme tief vors Gesicht gezogen. Eine ältere Frau mit einer Plastikhaube auf dem Kopf hatte kurz zu ihm hergesehen, als er das Tor zugeschoben hatte.
Nach fünfzig Metern starb der Motor ab. Rico drehte den Zündschlüssel. Der Motor stotterte. Der Golf musste bereits repariert sein, denn die defekten Fahrzeuge standen, wie Rico von Juri wusste, auf den Stellplätzen direkt vor der Garage und nicht in der Nähe des Zauns.
Das Fahren bereitete ihm Freude und fiel ihm leicht. Wenn einmal sein Kind auf der Welt war, würde er ein gebrauchtes Auto kaufen, das stand fest. Er kratzte sich am Kopf und warf einen Blick in den Rückspiegel. Wasser tropfte von seinen Haaren, und die Narbe zeichnete sich rot und groß auf seiner bleichen Stirn ab.
Das Einzige, was ihn verunsicherte, war seine Kurzsichtigkeit. Er beugte sich zur Scheibe hin. Verzerrte Lichtkreise kamen

ihm entgegen, er hatte Mühe, die Abzweigungen nicht zu verpassen. Außerdem beschlugen die Fenster. Er hantierte am Heizungsschalter, drehte die Temperatur höher, drückte den Knopf für das Seitenfenster, und es glitt vollständig herunter. Spitze Tropfen schlugen ihm ins Gesicht und lösten die Klebestreifen des Verbands über seiner Nase. Er riss ihn ab und schleuderte ihn auf die Straße, drückte auf den Knopf, und das Fenster glitt hinauf, während eine Böe durchs Auto fegte und er beinahe das Lenkrad verrissen hätte.

An einer roten Ampel stieg er im Leergang unabsichtlich aufs Gaspedal. Als er den Fuß wegnahm, schaltete die Ampel auf Grün. Er wollte losfahren, und der Motor starb wieder ab. Ein Streifenwagen kam ihm entgegen und fuhr vorbei.

Dann tastete Rico nach seiner Nase. Sie fühlte sich unförmig an. An seinem Hinterkopf klebte noch ein Pflaster. Vor einer Baustelle stauten sich die Autos. Er sah auf die Uhr. Viertel vor elf.

»Hören Sie mich?« Er klopfte gegen das Türfenster, durch dessen Vorhang nichts zu erkennen war. Im Innern des Holzhauses war es dunkel.

»Ich bin es, Tabor Süden.«

Kein Geräusch.

Die Holzläden vor den Fenstern an der Türseite waren geschlossen. Das Licht in der kleinen weißen Laterne oberhalb der Tür brannte nicht.

Süden klopfte wieder. Er war sich sicher, die richtige Hütte gefunden zu haben. Bei den anderen hatte ebenfalls niemand geöffnet, doch im Haus Nummer fünfzehn hatte er vorhin ein Licht aufflackern sehen, wie von einem Streichholz.

»Julika!« Er stützte sich am Geländer ab.

Es hatte aufgehört zu regnen.

»Ist Rico bei Ihnen?«

Noch einmal schlug er gegen die Tür. »Ich möchte mit ihm sprechen. Ich bin allein, ich höre mir seine Version an, dann entscheiden wir gemeinsam, was wir tun. Wenn es Notwehr war, werden wir es beweisen können. Ich werde so lange vor der Tür warten, bis Sie öffnen.«

Er erhielt keine Antwort.

»Rico! Geben Sie mir eine Nachricht für Ihre Mutter. Ich habe ihr versprochen, mit Ihnen zu reden. Ich bin nicht zuständig für das, was Sie getan haben. Sie brauchen sich nicht vor mir zu fürchten. Ich höre Ihnen nur zu, mehr nicht, ich verspreche es. Ihre Mutter macht Ihnen keine Vorwürfe, Sie wissen, wenn meine Kollegen herausfinden …«

»Rico ist nicht hier«, hörte er Julika sagen.

»Wo ist er?«

Keine Antwort.

»Wie geht es Ihnen, Julika?«

»Gut.«

»Ich warte auf Rico.«

»Was machen Sie da?«, tönte eine Stimme aus der Dunkelheit. Ein Mann in einem grünen Anorak kam näher, einen Baseballschläger in der Hand.

»Mein Name ist Tabor Süden, ich bin von der Polizei.«

»Ausweis!«, rief der Mann, blieb in der Entfernung stehen und klatschte den Schläger in die offene Hand.

Süden hielt seinen Ausweis hoch. »Und wer sind Sie?«

»Der Hausmeister.«

»Wie heißen Sie?«
»Gottow.«
»Der Vater von Juri«, sagte Süden.
»Haben Sie eine Erlaubnis, hier rumzuschnüffeln?«
»Ich habe mit Julika de Vries gesprochen«, sagte Süden.
»Kenn ich nicht«, sagte Gottow. »Hier wohnt niemand.«
»Julika de Vries und Rico Keel wohnen hier.«
»Hauen Sie ab!«
»Ich möchte mit Ihnen sprechen.«
»Worüber?«
»Über Sie«, sagte Süden.
Gottow zeigte mit dem Baseballschläger auf die Gaststube, von der im mageren Licht nur der verglaste Wintergarten zu sehen war. »Die Kneipe hat geöffnet, trinken Sie was, sind bezahlbare Ostpreise.«
Süden klopfte wieder an die Tür. »Bis später, Julika.«
Gottow folgte ihm in zwei Meter Abstand. Er ließ den Schlagstock über die Steinplatten klappern.

Als der dicke Mann ihm das Schwarzweißfoto seines fünfjährigen Sohnes zeigte, auf dem dieser vor einem Porträt Honeckers salutiert, mit ernstem Gesichtsausdruck und einer Fahne in der Hand … als Gottow ihm Wodka einschenkte und mit ihm anstieß … als er das Geräusch eines aufheulenden Motors hörte, auf dem Parkplatz hinter dem Zaun … als er aufstand und zur Tür ging und dann stehen blieb … Jedes Mal wusste Süden, dass er nicht hier sein sollte und doch keine andere Wahl hatte.
»Wenn die beiden da wären«, hatte Gottow gesagt, irgendwann während der vergangenen dreißig oder vierzig Minuten, »würd

ich Sie eher niederschlagen als zu ihnen durchlassen, niederschlagen und festbinden.«

Süden hatte nichts erwidert.

Jetzt stand er bei der Tür. Gottow hockte auf der Bank, rauchte und trank die Wodkaflasche leer.

»Was ich nicht verstanden habe«, sagte Süden. »Warum sind Sie nicht zurück zur Polizei?«

»Hab ich doch versucht«, sagte Gottow mit belegter Stimme. Manchmal trank er drei Tage lang keinen Tropfen, rauchte trotzdem nicht mehr als sonst, und Mandy ermunterte ihn, länger nüchtern zu bleiben und auf seine Gesundheit zu achten. Dann verhöhnte er sie.

Plötzlich lachte er. »Ich bin ja hingegangen, saß unten in der Kantine, wo der Mittagstisch für Auswärtige serviert wird, ich war ja dort!« Er lachte, ruckartig, trostlos. »Hab versehentlich eine Flasche Bier getrunken, zum Essen. Dann noch eine, gut, das Essen hat länger gedauert, mein Termin war erst um zwei, ich war zu früh dran, Jägermeister hinterher. Ich hatte einen Anzug an, hab mich gut gefühlt. Zurück zur Truppe. Juri hat gesagt, das ist eine kluge Entscheidung. Nicht klug genug, glaub ich. Ich bin wieder nach Hause. Ich hab mir gedacht, wenn mir das noch mal passiert, und bei Juri kann man nie wissen, ob der noch mal was anstellt, und ich bin wieder direkt dabei, als Polizist, als Staatsbeamter, zweimal kann man das nicht bringen. Damit das klar ist, ich wollt, dass die verschwinden damals, die Zigeuner und die Fidschis, die hatten hier nichts verloren, da haben die Behörden versagt, wir sind eine geschlossene Gesellschaft, wir verkraften nicht so viel fremdes Blut, wir sind keine ausländerfeindliche Stadt … Gesetzlich wollt ich, dass die verschwinden. Wir sind Polizei, wir mischen uns nicht ein, wir führen aus. Wenn Sie mich fragen, wo ich steh, sag ich Ihnen, ich bin neutral rechts, das bin ich immer gewesen, neutral rechts. Aber das braucht niemand zu wissen, schon gar nicht, wenn ich im Staatsdienst bin .... Die haben Katzen gegessen, diese Leute, die haben ihre Kinder zum Betteln geschickt, dagegen muss man vorgehen, und das ist auch passiert ... Proteste .... Seitdem ist alles anders, es hört nicht auf, jetzt sind sogar Sie da, aus dem Westen, mein Sohn hängt wieder drin, und sein bester Freund wird umgebracht, und seine Verlobte kommt um.«

»Haben Sie Kontakt mit Ihrem Sohn?«, fragte Süden, der sich wieder hingesetzt hatte, in der Gewissheit, er sollte nach draußen gehen und den Jungen stellen, und das Mädchen. Er sollte nicht hier sein.

»Wir wohnen zusammen!«, rief Gottow, hustete und zündete sich eine Zigarette an. »Ich bin meistens hier, ich hab eine Freundin, die kocht, heut ist nichts los, deswegen ist sie schon zu Hause, sie hat eine Wohnung dort drüben, in dem Haus mit den grünen Balkonen, ich bin oft dort. Juri. Weil er in dem brennenden Haus gewesen ist, hat seine Mutter angefangen Tabletten zu nehmen. Er schiebt das auf die schwere Zeit damals, die Umstellung, die neuen Lebensgewohnheiten, er meint, die Demokratie ist schuld am Tod seiner Mutter. Ich hab ein Arschloch großgezogen.«

Er wollte trinken, aber etwas hielt ihn davon ab.

»Und als sie nicht mehr aus dem Haus ging, ist er weggeblieben, hat gesagt, er hält den Geruch nicht aus, die Dunkelheit. Erna hat dauernd die Vorhänge vorgezogen, sie hat gedacht, es schaut ihr jemand beim Depressivsein zu. Ich hab oft freigemacht, Überstunden abgebaut, hab eingekauft, mit ihr geredet. Sie hat getrunken, heimlich, sie hat mich gebeten, was mitzubringen, Wodka, oder Whisky, den gabs ja jetzt auch fürs Volk. Sie hat gern Whisky getrunken, ich hab noch nie einen Menschen gesehen, der sich so gefreut hat, wenn er stockbesoffen war. Die Erna hat die Flasche abgeküsst. Ich habs gesehen, von oben bis unten. Ich hab zu ihr gesagt, sie soll lieber mich so abküssen, da hat sie gesagt, ich schmeck nicht so gut. Hat sie die Wahrheit gesagt. Sie hat genau gewusst, wies ihr geht ... Keine Betreuung, hat sie gesagt, sie wollt für sich sein, sie hat gesagt, zu DDR-Zeiten ist sie vom Staat schon genug betreut worden. Juri wollt sie ins Heim geben, er hat sich aufgespielt, das Arschloch. Und dann ... hab ich nicht aufgepasst, hab die Tabletten rumliegen lassen. Sie hat sie genommen, damit sie überhaupt mal schlafen kann, hab nicht aufgepasst. Hab ich gedacht. Sie hat alle genommen, daran ist sie krepiert. Am Morgen ist sie auf dem Boden gelegen, neben der Couch, erstickt, hat der Arzt gesagt, an ihrem Erbrochenen. Ich hab nichts gemerkt. Und Juri war nicht zu Hause. Nach der Beerdigung, beim Essen, hat er gesagt, er hat ihr bei seinem letzten Besuch Tabletten mitgebracht, sie hätt ihn darum gebeten, bei ihm hat sie gewusst, er würds machen, bei mir hätt sie sich nicht getraut nach einer Extraration zu fragen. Juri hats gemacht. Dem war das egal. Jetzt hat er die Wohnung für sich allein .... Er ist Kfz-Meister, er hats geschafft in seinem Alter.«

»Er hat den Vietnamesen aus dem Fenster geworfen«, sagte Süden.

»Ich habs nicht direkt gesehen«, sagte Gottow. »Aber ich würds

schwören. Aber ich schwör nicht gegen meinen Sohn, ich schwör vor niemand. Und ich hab mir geschworen, dass ich für meinen Sohn nichts mehr tu, und wenn er am Verhungern ist und mich um ein Stück Brot anbettelt, nichts, nichts. Ich red mit ihm, wenn er kommt, ich schmeiß ihn nicht raus, ich nehm ihn zur Kenntnis, soll er sein Scheißleben führen. Er hat gedacht, er wird Chef in dem Laden, wird er nicht, sein Chef hat sich für einen anderen entschieden, das versteh ich.«
Er goss den Rest Wodka in sein Glas und das von Süden und schraubte die Flasche ordentlich zu.
»Ich schätz, jetzt sind sie weg«, sagte Gottow. »Zum Wohl!«
Süden sagte nichts. Er trank. Er betrachtete Gottows Gesicht, seine rissige Nase, die zuckenden Lider.
»Sie sind freiwillig hier sitzen geblieben, oder?«, sagte der Hausmeister, seine Lippen glänzten von Speichel und Schweiß.
Süden schwieg.
»Die müssen hier raus«, sagte Gottow. »Die haben noch eine Zukunft, die muss jetzt losgehen. Ich bleib hier und verwalte die Vergangenheit. Und Sie? Zurück in die goldene Gegenwart?« Er lachte. Vielleicht lachte auch nur sein Husten.

Im Holzhaus hing ein Geruch nach Moder und Parfüm, auf dem Tisch standen eine leere Cola- und eine Limoflasche, daneben lagen eine Keks- und eine Streichholzschachtel. Im Schlafraum entdeckte Süden auf einem der beiden zerwühlten Betten ein schwarzes Handy, dessen Akku leer war. Die Schränke waren ausgeräumt.
»Was hab ich gesagt?« Gottow stand draußen zwischen zwei Birken im Dunkeln.

»Haben sie ein Auto?«, fragte Süden.
»Rico wird eins besorgt haben. Er ist nicht blöde. Er kriegt das mit dem Kind auch hin, das schafft der schon.«
»Was für ein Kind?«, fragte Süden.
»Ich hätts nicht sagen dürfen. Er hats mir gesteckt, das Mädchen ist schwanger. Das bleibt unter uns, Kollege, klar?«

Sie starrte das Telefon an, schon den ganzen Abend. Und wenn sie nicht hinschaute, horchte sie hin, ob es womöglich leise klingelte. Ihr Mann saß unten in der Lobby und trank alkoholfreies Bier. Sie hatte keinen Hunger und keinen Durst. Sie weigerte sich, das Zimmer zu verlassen. Sie wartete darauf, dass Tabor Süden anrief. Er hatte es versprochen. Einmal wählte sie die Handynummer ihrer Tochter, und als sie die Ansage auf der Mailbox hörte, flüsterte sie zweimal: »Jule?«, und legte auf. Als ihr Mann ins Zimmer zurückkam, schrie er, sie würde sich wie ein altes Weib benehmen, das zu nichts anderem fähig sei, als zu klagen und zu jammern. Und sie antwortete, sie sei ein junges Weib, das zu nichts anderem fähig sei. Da gab er ihr eine Ohrfeige, und sie schlug so schnell zurück, dass er staunte.

»Warum hätte sie dir das erzählen sollen?«
»Vielleicht hat sie gedacht, ich sag es ihren Eltern.«
»Nein«, sagte Sonja Feyerabend. »Sie hats dir nicht erzählt, weil sie es niemandem erzählt hat.«
»Außer Rico.« Nackt setzte sich Tabor Süden auf den Boden, lehnte sich an die Wand und stellte das Telefon neben seine ausgestreckten Beine.
»Wir wissen nicht, ob sie von ihm schwanger ist«, sagte Sonja.

»Davon bin ich überzeugt.«

Kurz vor ein Uhr nachts hatte er sie angerufen.

»Wir sind raus.« Sonja atmete schwerfällig.

»Ja«, sagte Süden.

»Du musst den Eltern sagen, dass ihre Tochter nach Berlin gefahren ist.«

»Ich schreibe es in meinen Bericht, dann kann Thon sie informieren.«

»Sprichst du nicht mehr mit ihnen?«

»Nein.«

Süden hörte, wie sie ein Kissen aufklopfte. »Wann fährst du los?«

»Morgen früh.«

»Soll ich dich abholen?«

»Ja.«

Einen kurzen Moment schwiegen sie wieder.

»Rico muss für sich selber sorgen«, sagte Sonja.

»Ja.«

»Schlaf jetzt!«

»Ich glaube nicht.«

»Wie du willst.«

Sie hatte eine Hand auf seinen Oberschenkel gelegt, und wenn er das Bein bewegte, drückte sie fester. Er saß, nach vorn gebeugt, hinter dem Lenkrad. Manchmal sahen sie sich an. Auf der Autobahn war wenig Verkehr. Der Regen ließ nach. Das Radio hatte Julika ausgeschaltet, sie wollte keine fremden Stimmen hören.

»Ich hab mir was überlegt«, sagte Rico.

»Was denn?«

»Sag ich dir, wenn wir da sind.«

Sie drückte auf seinen Oberschenkel, und er strich ihr über die Hand. Dann hielt er das Lenkrad wieder mit beiden Händen fest.

»Was Schönes?«, fragte Julika.

32

Eine Frau, die er nicht kannte, öffnete ihm die Tür.
»Marlen hat mir von Ihnen erzählt«, sagte sie nach einem Blick auf seinen Ausweis und in sein Gesicht. »Ich bin Hanna Sahl, ihre Freundin.«
Süden blieb vor der Tür stehen. Hanna hatte einen weißen Waschbeutel in der Hand.
»Was ist passiert?«
»Marlen ist heut Morgen überfallen worden. Kommen Sie rein!« Sie schloss die Tür hinter ihm. Im Flur stand eine Reisetasche, auf der zwei Pullover lagen. »Sie ist in ein Auto gestiegen, niemand weiß, warum. Sie ist schwer verletzt, jemand hat auf sie eingestochen und sie geschlagen und …«
»Gibt es Zeugen?«, fragte Süden.
»Der Mann, der sie am Waldrand gefunden hat, ein Spaziergänger, sie hat ihm einen Namen genannt … Juri …«
»Ich muss mit ihr sprechen«, sagte Süden.
»Sie ist nicht bei Bewusstsein, es steht … es geht ihr nicht gut …« Hanna Sahl wich seinem Blick aus.
»Hat sie noch mit der Polizei sprechen können?«
Hanna schüttelte den Kopf. »Die Polizei hat mich gebeten, Sachen für sie zu holen … Sie liegt im Koma, der Kerl muss sie so zugerichtet haben, so …« Sie fuhr herum und packte Süden am Arm. »Halberstett hat mir verraten, dass Juri seinen Freund rächen will. Der ist doch krank! Bisher hab ich gedacht, er ist nur so hart geworden, weil er damals zu Unrecht verdächtigt worden ist und die Polizei und die Presse ihn fertig machen wollten …«

Zwei Stunden später steckte Süden mit dem roten Laguna, den er sich bei einer Autofirma geliehen hatte, in einem fünfzehn Kilometer langen Stau.
Er stieg aus und schrie die Blechwände um ihn herum an. Eine Frau kam auf ihn zu und sagte: »Ruuuhig! Atmen Sie ganz ruuuhig! Hören Sie auf zu schreien! Konzentrieren Sie sich auf Ihren Atem.«
Süden stieg in den Wagen, verriegelte die Türen und schrie weiter.

Nebeneinander her rannten sie, Chips- und Kekstüten und zwei Vita-Cola-Flaschen in den Händen, quer über den Parkplatz der Raststätte. Mit scharfen Schritten zerfetzten sie den Wind, der sich, unverwundbar, von neuem ihrem Übermut entgegenwarf.

Teil 3

RAUS

»Niemand soll büßen, niemand soll hassen,
niemand soll traurig sein«

33

»Komm, komm, komm!«, rief sie und rannte voraus. Und er, im Wind, der auf seinen Wunden brannte wie Frost, musste mit der Hand die Nase abdecken, weil er glaubte, sie würde anfangen zu bluten.
»Komm, komm, komm!«
Er verstand nicht, was mit ihr los war. Von der Autobahn hatte sie ihn direkt zum Kurfürstendamm dirigiert, mit dem Finger auf der ausgebreiteten Karte, die sie in der Raststätte gekauft hatten. Am Anfang verdeckte sie ihm fast die Sicht damit. Er hatte ihren Arm weggeschoben, und sie hatte ihm über die Wange gestrichen.
»Komm, komm, komm!«
Er hatte nichts dagegen sich diese Straße anzuschauen, von der er schon gehört hatte. Seine Mutter war hier gewesen, ohne ihn, denn er hatte kein Interesse gehabt sie zu begleiten. Was war das Besondere an der Straße? Die hohen Häuser? Die teuren Geschäfte, in deren Schaufenstern orangefarbene Handtaschen und weiße Jäckchen lagen, die sich kein Mensch leisten konnte? Die doppelstöckigen Busse?
»Wohin denn?«, rief er. Aber der Wind schleuderte seine Stimme gegen das Schaufenster eines Geschäfts. Er sah hin. Da lagen unzählige Schuhe aus, und unter jedem Paar war ein Namensschild angebracht: »Bela«, »Pavel«, »Vladimir«, »Gazella«, »Beluga«, »Igor«. Er lehnte die Stirn an die Scheibe. Rico kam es vor, als würde in dem Laden, der noch geschlossen hatte, etwas fehlen.
»Willst du dir neue Schuhe kaufen?«, fragte Julika, deren schwarzer Schal im Wind flatterte. Sie griff nach Ricos Hand.
»Haben deine Schuhe auch Namen?«, fragte er.

»Komm!« Sie zog ihn hinter sich her. Er schaffte es nicht mehr, sich die Hand über die Nase zu halten.

»Lass mich los!«, rief er.

Sie rief: »Jetzt nicht mehr!«

An einer Kreuzung mussten sie warten. Gegenüber ragte ein riesiges ovales Hotel, das nur aus Fenstern zu bestehen schien, in den Morgenhimmel. Auf einer Videoleinwand wirbelten muskulöse Tänzer über die Bühne. Rico zeigte auf einen Betonkasten in der Nähe.

»Sieht aus wie bei uns. Hab gar nicht gewusst, dass die hier auch mit Platte bauen.«

»Du musst dir die schönen Häuser anschauen.«

In der Sekunde, in der die Ampel umsprang, ging Julika weiter und drückte Ricos Hand.

»Das ist schön«, sagte er. »Ich bin müde. Ruf deine Freundin noch mal an!«

»Gleich«, sagte sie.

»Der Turm sieht aus wie aus Eierschachteln gemacht«, sagte er.

»Das ist ein Kirchturm und daneben, das ist die Gedächtniskirche.«

»Kenn ich«, sagte Rico.

»Woher?«

»Denkst du, bei uns gabs kein Fernsehen?« Er zeigte auf das neunzehnstöckige Gebäude mit dem Mercedesstern auf dem Dach. »Da würd ich gern drin wohnen.«

»Du spinnst.«

»Warst du schon oft hier?«

»Zweimal mit der Schule.«

Im Auto hatte Rico ihr erzählt, dass er einmal mit der Schule nach Ostberlin fahren sollte, aber er hatte sich geweigert. Angeblich konnte er nicht so lange im Bus sitzen, weil ihm schlecht wurde.

»Ruf deine Freundin an!«, wiederholte er.

Zweimal hatte sie es schon versucht, gleich nachdem sie die Autobahn verlassen und an einer Telefonzelle angehalten hatten und vor einer halben Stunde in der Meinekestraße, wohin sie irgendwie gelangt waren, ohne den Stadtplan zu Hilfe zu nehmen. Sie hatten eine alte Frau nach dem Weg gefragt, aber sie sprach nur Griechisch.

»Weißt du, wo wir sind?«, fragte Julika.

Die Leute fingen an ihn zu nerven. Er hatte den Eindruck, alle starrten ihn an, als fragten sie sich, was er hier zu suchen habe, sogar die Penner, die überall bettelten, und die jungen Typen mit ihren Hunden und die Schwarzen mit den goldenen Uhren und die asiatischen Touristen in ihren Pulks.

Rico wollte weg. Er wollte schlafen und nachdenken oder auch nicht nachdenken und nur schlafen oder nur daliegen. In seiner Vorstellung geriet alles durcheinander, die Zeit – wie lange waren sie eigentlich gefahren? Wie spät war es jetzt? –, die Umgebung – zuerst nur flaches Land, dann Häuser, dann endlose Straßen mit verwirrenden Hausnummern –, die Gesichter der Leute, ihre Kleidung, die Autos und die zweistöckigen Busse, alles trieb ineinander wie in einer Arena, im Kreis, neue Autos und Gesichter kamen hinzu, an den Fassaden spiegelten sich Wolken und die Häuser von der gegenüberliegenden Seite. Er dachte daran, wie er das Auto gestohlen und Julika abgeholt und wie sie ihn umarmt hatte und losgerannt war. Und er hatte den Golf gesteuert, als mache er jeden Tag nichts anderes. Das

Fahren hatte ihn begeistert und die Tatsache, dass Julika neben ihm saß und sie gemeinsam aufgebrochen waren.
Wo war er?
»Das berühmteste Kaufhaus Deutschlands«, sagte sie.
»Nein«, sagte er.
Sie sah ihm in die Augen. »Welches ist berühmter?«
»Ich geh da nicht rein.«
»Warum nicht, Rico?«
»Weil ich nicht will.«
Er beobachtete die Leute, die zum Eingang hasteten, als würden drinnen Geschenke auf sie warten.
»Was ist mit dir?« Julika schüttelte seinen Arm, und Rico riss sich los. Seine Bewegung war so heftig, dass er einen Schritt zurück wich und gegen etwas Hartes stieß, das klirrte. Erschrocken drehte er sich um.
Da stand, in einem bodenlangen, schmutzigen Ledermantel, ein kahlköpfiger Mann, mit bleichem Gesicht und Augen in tiefen Höhlen, der vor dem Bauch einen an Lederriemen befestigten Holzkasten voller Messer trug. Anscheinend hatte er schon die ganze Zeit an derselben Stelle gestanden, an der Bordsteinkante vor dem Kaufhaus.
»Tschuldigung«, sagte Rico.
»Das passiert dauernd«, sagte der Mann. »Kaufen Sie ein Messer, junger Mann, Sie können es gebrauchen, im Alltag, täglich, Mehrfachverwendung, suchen Sie sich eines aus, preiswert wie nirgends! Sie auch, junge Dame, für zu Hause, für unterwegs …«
»Ich brauch kein Messer«, sagte Rico.
»Jetzt nicht, aber später?«, sagte der Mann freundlich.

»Später auch nicht«, sagte Rico.

»Das ist hochwertige Ware aus Solingen«, sagte der Mann. »Das ist alles scharf geschliffen, rostfrei, einige sind aus der Schweiz …«

»Danke«, sagte Rico.

»Vielleicht, wenn Sie rauskommen«, sagte der Mann. »Bessere kriegen Sie da drin auch nicht.«

»Ich geh da nicht rein«, sagte Rico.

»Komm!«, sagte Julika.

»Gehen Sie mit der jungen Dame, ich steh immer hier.«

Im Durchgang, in der Zugluft, blieb Rico stehen. »Das ist alles viel zu teuer«, sagte er.

»Ich möcht dir doch nur die schönen Sachen zeigen, die es zum Essen gibt.«

»Warum?«, fragte Rico.

»Frag doch nicht dauernd.« Sie streckte die Hand nach ihm aus, und er wich wieder zurück. Eine Frau mit einem blauen Kopftuch und silbernen Ohrringen schüttelte den Kopf über ihn.

»Das ist vielleicht nicht gut, dass wir hier sind«, sagte Rico. »Vielleicht hätten wir weiterfahren sollen.«

»Du wolltest doch nach Berlin, so wie ich.«

Er wusste es nicht mehr. Ja, er wollte nach Berlin. Als Wunsch. Er hatte sich überlegt, dass die Stadt groß genug war, um unterzutauchen, so lange, bis sie ein Ziel hatten. Während immer mehr Menschen hereinströmten, gut gekleidete, gut riechende Leute, die zu den schönen Sachen wollten, von denen Julika gesprochen hatte, bedrückte ihn eine einzige, immer lauter in ihm tönende Frage: War es richtig gewesen abzuhauen, ohne seine Mutter? Ohne wenigstens noch einmal mit ihr geredet zu haben? Abzuhauen mitten in der Nacht, in einem geklauten

Auto, die Arbeit hinzuschmeißen, die ihm so wichtig war? Abzuhauen mit einem Mädchen, von dem er noch immer nicht wusste, wer sie eigentlich war. Abzuhauen mit einem Mädchen, das von ihm schwanger war. Abzuhauen, nachdem er einen Freund getötet hatte.

Nein! Es war nicht richtig gewesen! Es war falsch gewesen, vollkommen falsch, falscher als alles, was er je getan hatte! Und er hatte schon vieles falsch gemacht, viel zu viel!

Dieses Abhauen war das Allerfalscheste von allem. Falscher sogar als das, was sie damals in dem brennenden Haus getan hatten. Falscher als das, was er vor zwei Nächten getan hatte. Das tat ihm nicht Leid, er hatte sich nur gewehrt. Und genau das würde er auch der Polizei sagen. Und wenn er ins Gefängnis musste, würde er einverstanden sein. Er wollte nicht weglaufen. Aber er war weggelaufen! Er hatte sich überreden lassen, er hatte sich selber überredet, auf unerklärliche Weise war er plötzlich ein anderer gewesen. Das war er doch gar nicht!

Wenn er jetzt zurückdachte an die Stunden vor der Flucht, dann kam er sich vor wie einer, der ihn bloß darstellte, in einem Film, und der alles falsch machte und alles falsch aufsagte. Das war alles falsch gewesen, was er zu seiner Mutter und zu Julika und zu wem sonst noch gesagt hatte, alles gelogen. Er musste augenblicklich zur Wahrheit zurück. Und die Wahrheit war nicht in dieser Stadt und schon gar nicht in diesem Kaufhaus. Das war immer noch nicht er, der hier stand, sondern immer noch der Schauspieler von gestern.

Wie ein warmer Wind aus Haut fuhr ihre Hand über sein Gesicht, strich über die Wunden und die geschwollenen Stellen, glitt über seine Nase, seine Lippen. Dann legte Julika ihren Mund auf den seinen, ohne ihn zu öffnen, und ließ ihn dort.

Die warme Zugluft um ihn verschwand und das Gaffen der Leute. Er stand vor Julika, sehr nah, und sah alles überdeutlich, was sie tat. Und was sie tat, war unbegreiflich perfekt. Das war es, was er dachte: Dass dies ein perfekter Moment in seinem Leben war, und alles, was vorher war, existierte nicht mehr oder bloß noch als Nachspann.
Und jetzt, während nichts passierte, außer dass Julikas Hand über sein Gesicht reiste, hätte er am liebsten etwas gesagt, hätte seine Gedanken, die ihm wichtig waren, in Worte gebracht. Doch dann dachte er, dass die Reise von Julikas Hand wahrscheinlich Stillsein verlangte, ihre Hand verscheuchte sogar die Geräusche, die Stimmen, den Autolärm und die Schritte um ihn herum.
Und dann dachte er wieder, wie perfekt das war, wie ein Wink aus der Zukunft.

Immer wieder musste er stehen bleiben und ein zweites Mal hinsehen. Er kratzte sich in den zerzausten Haaren, öffnete einen Spaltbreit den Mund oder presste die Lippen aufeinander, und seine Verblüffung verschwand ebenso unvermittelt, wie sie durch den Anblick von persischen Teppichen und französischen Handtaschen ausgelöst worden war. Dann folgte er Julika die nächste Rolltreppe hinauf, den Blick auf ihre Stiefel gerichtet und zugleich geblendet vom hellen Licht und den Farben, die ihn überforderten.
»Schau!«, sagte Julika.

Als hätte er etwas anderes tun können! Schon im zweiten Stock schwindelte ihn, als würde er sich am Schauen überfressen. Dabei war alles, was er zu sehen bekam, Kleidung, Unmengen an Kleidung, hundert Stück von einem einzigen Hemd, einer einzigen Jacke, einer einzigen Jeans. Und jetzt: tausende von Höschen und BHs. In seiner Schaunot fing Rico an zu zählen. So weit sein Blick reichte, entdeckte er noch ausgefallenere Kostüme und Blusen und Röcke, und eigentlich hätte er Lust gehabt hinzugehen und den Stoff zu berühren und daran zu riechen.

»Das hier brauchen wir alles nicht«, sagte Julika. Sie waren im dritten Stock angelangt, wo sich die Spielwarenabteilung befand.

»Warum nicht?«, sagte Rico. Er stellte sich vor, wie es wäre, wenn er mit seinem Sohn Autos, Bagger und Lokomotiven testete. Und sein Sohn dürfte sich etwas aussuchen. Und sie könnten sich beide nicht entscheiden.

»Woran denkst du?«

»An nichts«, sagte er.

Wieder strich sie ihm auf der Rolltreppe über die Wange. »Jetzt sind wir gleich da.«

»Warte!«, sagte er. Er ging zu einem Fernseher in einer Nische. »Hundertsieben Zentimeter Breitwand«, sagte er zu niemand Bestimmtem. »Hundert Hertz. Neuntausendneunhundertneunundneunzig Euro.« Vorsichtig, als fürchte er einen elektrischen Schlag oder tue etwas streng Verbotenes, streckte er die Hand aus und berührte mit den Fingerkuppen das graue Gehäuse. »Neuntausendneunhundertneunundneunzig Euro für einen Fernseher! Mit Video- und CD-Anschluss, das muss sein.« Er warf Julika, die zögernd näher kam, einen Blick zu und ging zu einer Vitrine mit Weckern. »Der hat einen Digitaltuner«, sagte er vor sich hin, »keinen analogen, das ist gut. Sechsundsiebzig Euro siebenundsechzig.«

Jetzt fiel ihm ein, was er in dem Schaufenster mit den vielen Schuhen auf dem Kurfürstendamm vermisst hatte: Preisschilder!

Über die Vitrine hinweg sah er Julika, die einen Flachbildfernseher betrachtete. Er ging zu ihr und stellte sich neben sie. Gemeinsam schauten sie die erloschene Scheibe an. Eine Minute lang. Als Julika nach Ricos Hand griff, hatte er längst damit gerechnet. Außerhalb der Zeit, anspruchslos und unbeschwert standen sie in der vierten Etage, umringt von Jugendlichen, die sich über die Vorzüge der digitalen Technik ereiferten, und von Männern, die mit Verkäufern Gespräche über Dinge führten, die sie beide niemals brauchen würden, darin waren sich Julika und Rico wortlos einig.

Niemand kümmerte sich um sie, auch keiner der grinsenden Verkäufer, die es gewohnt waren, dass Leute bloß herumstanden und guckten und keinen Euro in der Tasche hatten und nur mal sehen wollten, was die Welt zu bieten hatte.

Rico dachte an den alten Fernseher zu Hause. Von früh an hatte sein Vater ihm erlaubt, vor dem Schlafengehen das Sandmännchen anzuschauen. Er konnte sich nicht erinnern, dass es einmal keinen Fernseher in der Wohnung gegeben hätte.

Julika dachte an die Nacht auf der »Independia«, an die schmale Koje, in der Rico nicht bemerkt hatte, dass die Farbe ihrer Haare auf dem Kopf und zwischen den Beinen verschieden war, so sehr hatte er sich auf sich konzentriert. Und sie hatte ihn dazu ermutigt. Für ihn war es nicht das erste Mal, nur das erste Mal auf einem Schiff, und ihr schien trotz der Enge und der Trunkenheit und der Heimlichkeit alles wie ein Spiel. Ihre Bewegungen flossen, wie in langen Proben geübt, ineinander. Und als Rico gewandt und begierdevoll in sie drang und sein Gesichtsausdruck sie berührte, weil seine eigene Schnelligkeit ihn traurig machte, hörte mit dem Schrei in ihrer Hand – denn sie hielt sich die Hand vor den Mund, weil er ihr Schmerzen zufügte – ihr Feigesein auf, und zwar für immer. In diesen Sekunden sprang ein Schloss in ihr auf, und dahinter öffnete sich ein Raum, unverwüstet vom Terror ihrer Eltern, klangvoll und weit.

»Komm!«, sagte sie und zerrte an seiner Hand.

»Muss dir was sagen«, sagte Rico.

»Jetzt nicht.«

Ein solches Übermaß an Lebensmitteln hatte er noch nie gesehen. Wurst- und Fleischwaren, in Plastik verpackt, in Dosen, Gläsern, offen ausgebreitet hinter Thekenscheiben, an Haken und Schnüren hängend, in Körben liegend, Konserven zu Hunderten in einem einzigen Regal, Imbissstände, an denen Champagner ausgeschenkt wurde, Kaffee und Tee und Mineralwasser aus grünen Fläschchen und frisch gepresste Säfte in auffälligen Gläsern.

Rico ging an allem vorbei, und alles war echt. Die Gerüche von frischem Käse, Fleisch und gebratenen Kartoffeln, von Fett und Fisch, dazu die Fahnen von Parfüm, die ihn umwehten, raubten ihm den Atem, und er hielt sich die Hand vor die Nase.

»Jetzt trinken wir englischen Tee und essen was«, sagte Julika und nahm seine Hand, damit er sie nicht länger vors Gesicht hielt. Sie dirigierte ihn zu einer Theke, an der belegte Brötchen, Kuchen und Kekse verkauft wurden.

»Ich will Kaffee«, sagte er.

Sie bestellte Tee und Kaffee und zwei aufgeschnittene Käsebrötchen. Sie mussten stehen, denn jeder Stuhl war besetzt.

»Ist das nicht wundervoll hier?«, fragte Julika.

Er fürchtete, in dieser Umgebung stottern zu müssen.

»Trink doch etwas!«

Er trank. Der Kaffee war heiß und stark. Hungrig aß Julika ihr Brötchen. An einem Stand in der Nähe gab es Berge von Pralinen, manche verpackt in Schachteln, einzelne Stücke in Zellophan mit roten und blauen Schleifen, dunkelbraune, hellbraune, weiße Schokolade. Rico bildete sich ein, sie auf der Zunge schmecken zu können, süß und bitter und klebrig, die schmelzende dünne Schale, das Samtigflüssige, und auf den Lippen gefärbter Speichel, der, wenn er ihn schluckte, einen milchigen Nachgeschmack am Gaumen hinterließ. Seine Mutter hatte ihm selten Schokolade geschenkt, und er hatte nicht darum gebettelt. Und wenn es welche gab, schmeckten sie muffig. An dem Stand zeigte eine alte Dame, die einen blauen Hut trug, auf die Glasscheibe, und die Verkäuferin zupfte die Pralinen mit einer silbernen Zange aus dem Haufen und steckte sie behutsam in eine Tüte.

»Du musst was essen«, sagte Julika.

»Ja«, sagte er. Er hielt die aufgeschnittene Hälfte hoch, betrachtete sie, steckte sie in den Mund und nahm sie wieder heraus. Vom Käsegeschmack wurde ihm übel. Er legte das Brötchen auf den Teller zurück und wischte sich über den Mund. Julika gab ihm ihre Papierserviette, und er wischte sich noch einmal den Mund ab.

»Ist es nicht gut?«

»Doch«, sagte er.

Sie sah ihn an, und für einen Moment erschrak sie. Für die Dauer dieses Blicks erschien er ihr wie ein Gefangener, der ausgebrochen war und sich nicht zurechtfand und danach sehnte, in seine Zelle zurückzukehren, wo alles übersichtlich und vertraut war. Er erschien ihr wie einer, der sein Leben lang ein Gefangener bleiben würde, ganz gleich, wohin es ihn verschlug. Blass und mit einem Ausdruck von Verlorenheit im Gesicht stand er neben ihr, die Hände an die Thekenkante gepresst, mit steifen Beinen, wirr um sich blickend. In diesem Augenblick machte er auf Julika den Eindruck eines Menschen, der taub war vor lauter Alleinsein. Und diesen Zustand kannte sie wie niemand sonst.

»Ich geh nicht weg«, sagte sie. »Ich bin gleich wieder da. Ich ruf Sarin noch mal an.«

»Von wo?«, fragte er mit tonloser Stimme.

»Da drüben hängt ein Telefon.«

Er schaute nicht hin. Wieder strich sie ihm übers Gesicht, von der Stirn bis zum Kinn. Doch diesmal war er zum Schnuppern zu abwesend.

Dann bemerkte er, wie Julika zur Wand ging, an der der Apparat hing, und er wünschte, sie würde umkehren. Sie fehlte ihm schon.

Von solchen Empfindungen überfordert, wandte er sich um, traf den Blick der Frau mit der weißen Schürze, die sie bedient hatte, stieß sich von der Theke ab und ging weg.

»Moment mal!«, rief ihm die Frau hinterher.
Er beachtete sie nicht. »Wir kommen wieder«, sagte er.
»Erst bezahlen Sie!«, sagte die Frau.
Er ging weiter.
Nach fünf Schritten tippte ihm ein Mann in einem dunklen Anzug auf die Schulter. »Würden Sie bitte stehen bleiben?«
Rico blieb stehen.
»Sie müssen Ihre Rechnung bezahlen«, sagte der Mann.
»Ich komm ja wieder«, sagte Rico.
»Bitte bezahlen Sie die Rechnung.« Der Mann war einen Kopf größer und eine Schulter breiter als Rico.
Trau dich!, dachte Rico.
Der Mann streckte die Hand aus, um nach Ricos Arm zu greifen, und Rico schlug sie mit einer Gewandtheit weg, die den Mann verblüffte.
»Nicht anfassen!«, sagte Rico.
Der Mann hob die Hand. »Ich möchte Sie bitten Ihre Rechnung zu bezahlen. Ich kann den Manager rufen, wir nehmen Sie mit, und Sie kriegen eine Anzeige, das muss doch nicht sein.«
»Wer sind Sie?«, fragte Rico.
»Sicherheitsdienst.«
»Sicherheitsdienst«, sagte Rico. Er hätte gern gewusst, welche Waffe der Mann unter dem Sakko trug.
»Alles geregelt«, sagte jemand hinter dem Mann.
»Ich hab die Rechnung bezahlt«, sagte Julika.
Der Mann stülpte seinen Blick über sie.
»Wiedersehen«, sagte Julika und nahm Ricos Hand. Sie gingen an Ständen vorüber, an denen Hühner und Enten angeboten

wurden, und an anderen voller Würste mit Schildern: »Bayern«, »Thüringen«, »Ungarn«, »Elsass«.
»Wo wolltest du hin?«, fragte Julika.
Nach einigen Metern sagte Rico: »Ans Meer.«
Er deutete auf ein Schild: »Fischkutter«.
»Möchtest du eine Fischsemmel?«, fragte Julika.
»Das heißt Brötchen«, sagte Rico.
»Möchtest du ein Fischbrötchen?«
Rico hatte eine neue Theke entdeckt. Die Preise waren für ihn so unfassbar, dass er, als er sich in den Haaren kratzte, die Hand nicht mehr vom Kopf brachte. Wie hypnotisiert betrachtete er die Dosen und Gläser mit den roten, braunen, gelben und blauen Dosen, die sich in der Vitrine stapelten.
»Hundertfünfundzwanzig Euro für fünfzig Gramm«, sagte er, kratzte sich und krallte die Finger in die Haare. »Hundertachtundsiebzig Euro für sechsundfünfzig Gramm. Zweihundertvierzig Euro für hundert Gramm.« Es hörte sich an, als lerne er eine absurde Gleichung auswendig.
»Das ist Kaviar«, sagte Julika. »Aus dem Iran, aus Russland, Beluga, siehst du, Sevruga und Ossi… Osiestra …«
»Hast du so was schon mal gegessen?«, fragte Rico und wischte sich die Hand, als wäre sie schmutzig, an der Hose ab.
»Nein«, sagte Julika. »Bei uns gabs immer nur falschen Kaviar, den deutschen, mit gekochten Eiern. Meine Oma hat das manchmal zum Abendessen gemacht.«
»Entenleberblock«, las Rico. »Gänseleberblock. Neunundvierzig Euro fünfundneunzig. Mir ist schlecht.«
»Du musst was essen, Rico.«
»Nein!«, sagte er laut.

Ungefähr zwanzig Köpfe drehten sich zu ihm um.
»Ich hab gedacht, du freust dich, wenn du das alles siehst«, sagte sie.
»Wieso soll ich mich da freuen?« Er wirkte, als fasziniere ihn eine bestimmte Sorte Kaviar besonders.
»Weil das schöne Sachen sind.«
»Wenn du reich bist, sind sie schön, wenn du kein Geld hast, sind sie eine Beleidigung und eine Provokation.«
»Jetzt redest du wie einer eurer Funktionäre von früher. Ich hab Filme über die DDR in der Schule gesehen …«
»Glück gehabt«, sagte Rico, und sein Blick warf Schatten. »Ich hab die DDR in der Wirklichkeit gehabt.«
»Lass uns gehen«, sagte Julika. »Sarin hat gesagt, wir sollen uns beeilen, sie muss aus dem Haus, sie wartet schon auf uns. Wir brauchen mindestens eine halbe Stunde bis zu ihr. Und bis wir beim Auto …«
Sie spürte einen leichten Schlag am Arm. Bevor sie begriff, dass Rico ihr ein eigenartiges Zeichen gegeben hatte, ging er schon auf die niedrige weiße Schwingtür zu, die zum Verkaufsraum hinter der Theke führte. Er öffnete sie und streckte, ohne dass jemand Notiz davon nahm, den Arm nach den Gläsern aus. Julika sah, wie er nach einem Glas mit einem roten und einem mit einem dunkelblauen Deckel griff, mit der anderen Hand den Kreppverschluss an der Seitentasche seiner Daunenjacke aufriss und die Gläser darin verstaute. Als er zur Schwingtür zurückging, versperrte ihm ein junger Mann in einem weißen Kittel den Weg.
»Was soll das denn?«
Und Rico – Julika kam einen Schritt näher, weil sie glaubte,

sich verhört zu haben – erwiderte etwas auf Russisch. Perplex hörte der Kittelmann ihm zu. Rico redete und gestikulierte, schob sich dabei an dem Mann vorbei, der die Schwingtür halb geöffnet hatte, und deutete auf die Vitrine. Julika verstand die Worte Beluga und Sevruga und dann, wenn sie sich nicht täuschte, den Namen Konstantinowitsch. Und sie sah, wie Rico sich verbeugte, nach einer geschickten Drehung davonlief und in der Menschenmenge verschwand. Einige Sekunden tat der Kittelmann nichts. Dann sah er sich nach jemandem um, den er um Rat fragen könnte, und bemerkte Julika, die sich nicht von der Stelle bewegte.

»Ich glaube, der hat uns beklaut!«

Julika lächelte.

»Sie sind meine Zeugin, der hat Kaviar geklaut, Sie haben das doch gesehen, der Russe hat uns beklaut!« Der Verkäufer hatte rote Ohren und blinzelte hektisch.

Julika deutete auf ihre Ohren und ihren Mund. Der Kittelmann riss die Augen auf. Wieder lächelte Julika, küsste ihren Schal, wedelte damit und wandte sich zum Gehen.

»Augenblickchen!«, rief der Kittelmann. »Sie sind eine Zeugin …«

»Merken Sie nicht, das Mädchen ist taubstumm«, sagte eine Frau im Pelzmantel. »Was ist denn passiert?«

Ohne auf jemanden zu achten, ging Julika eilig zur Rolltreppe, hielt mit gesenktem Kopf Ausschau nach dem Mann vom Sicherheitsdienst und drängte sich auf der fahrenden Treppe an den Leuten vorbei. Rico war nirgends zu sehen. Seine Aktion hatte Julika in einen Zustand von Euphorie versetzt. Nie hätte sie es für möglich gehalten, dass er ausgerechnet im Kaufhaus des Westens am helllichten Tag vor allen Leuten zum Dieb werden würde! Und dann redete er auch noch russisch, was sie entzückt hatte. Er hatte einen irren Mut. Jetzt konnte ihnen nichts mehr passieren, jetzt hatten sie eine Grenze überschritten, und niemand konnte sie mehr aufhalten. Und sollte sich ihnen jemand in den Weg stellen, würde sie die Pistole benutzen, die sie in der Jacke bei sich trug. Für solche Zwecke hatte sie in seinem Auftrag die Waffe besorgt.

Inmitten Hunderter von Kunden erreichte sie die Eingangshalle. Noch einmal sah sie sich um. Besucher waren mit der Betrachtung von Teppichen und Handtaschen beschäftigt, rochen an parfümierten Papierfähnchen, warteten darauf, von einer Visagistin geschminkt zu werden.

Vor der Tür brauchte sie nicht länger nach Rico zu suchen. Trotz der Menschenmenge, die an ihr vorbeiströmte, und der vielen Schirme, die die Leute aufgespannt hatten, obwohl es nur nieselte und der eisige Wind noch stärker blies als zuvor, sah sie ihn sofort. Er redete mit dem Mann, der die Messer verkaufte.

34

»Ich esse keinen Kaviar«, sagte der Mann, der die Messer verkaufte. »Liegt mir zu schwer im Magen.«

»Ich schenk sie Ihnen trotzdem.« Rico hatte die Gläser in den hölzernen Kasten gelegt.

»Hallo«, sagte Julika.

Zum ersten Mal war er es, der nach ihrer Hand griff.

»Dann nehmen Sie ein Messer, und ich behalt den Kaviar und verschenk ihn weiter, da findet sich immer jemand, der so was mag.«

»Ich brauch kein Messer«, sagte Rico.

»Das kann man nie wissen«, sagte der Mann. »Suchen Sie sich eins aus oder nehmen Sie den Kaviar mit.«

»Schau!«, sagte Julika. »Das ist ein Schweizer Messer mit Schere und Nagelfeile.«

»Und einem Flaschenöffner«, sagte der Mann im langen Mantel.

»Ich brauch kein Messer«, wiederholte Rico.

Plötzlich bildete Julika sich ein, hinter ihr würden die Männer des Sicherheitsdienstes schon darauf lauern sie festzunehmen.

»Lass uns gehen«, sagte sie.

»Ja«, sagte Rico.

»Vergessen Sie den Kaviar nicht!«

Sie ließen die Gläser liegen und reihten sich in den Strom der Fußgänger ein, Hand in Hand. Manchmal war Julika einen Schritt voraus, manchmal Rico. Vorbei an verlassenen Caféterrassen, Musikanten, einer Gruppe Hütchenspieler, die mit Geldscheinen fuchtelten, über die breite Kreuzung gegenüber dem Café »Kranzler«, hinter dem bugartig ein Glasgebäude aufragte, vorüber an einem Kino, in dessen Schaukästen Fotos von Außerirdischen hingen. Sie wichen den Zettelverteilern und Bettlern aus, keuchten in der frostigen Luft, drückten sich aneinander, wenn sie an einer Ampel warten mussten, sprachen kein Wort und sahen nur einmal auf, als sie dachten, sie hätten sich verlaufen. Doch ohne Umweg erreichten sie die Meinekestraße, wo der blaue Golf vor einem unscheinbaren Hotel stand.

Sie schlangen die Arme umeinander, bissen sich aus Versehen, lachten nicht, spielten mit den Zungen. Julikas Finger brachten neues Chaos auf Ricos Kopf, und Rico knöpfte ihre Jacke auf und streichelte ihren Busen, zuerst über dem Pullover, dann darunter, dann ihren Bauch, und er ließ seine Hand dort und legte den Kopf in den Nacken. Und Julika küsste seinen Hals, und die Daunenjacke knirschte. Julika zog den Reißverschluss auf, und in einer gelungenen Verrenkung wand Rico sich aus der Jacke, und Julika warf sie auf den Rücksitz. Wieder berührten sich ihre Lippen. Und dann hatten sie beide dieselbe Idee. Sie öffneten den Mund nicht, sondern rieben, so langsam, dass es ihnen schwer fiel, die zusammengepressten Lippen aneinander und sahen sich dabei zu, als wären es nicht ihre eigenen Münder. Julika setzte sich auf Ricos Schoß und duckte sich, und er zog sie an sich. Sie streifte den Pullover ab und ließ ihn auf die Rückbank gleiten. Rico strich mit der Hand flach über ihren schwarzen BH, so wie sie mit ihrer Hand über sein Gesicht gestrichen hatte, und fuhr mit dem Finger am Stoff entlang und küsste ihren Busen. Als er den Verschluss öffnete, hatte sie nichts dagegen. Sie presste ihren Bauch gegen den seinen.

Der BH rutschte herunter. Rico streckte die Zunge nach ihrem Körper aus und begann, den Gürtel seiner Hose zu öffnen. Doch Julika kippte zur Seite, setzte sich auf den Beifahrersitz und machte ein ernstes Gesicht.

»Ich weiß, was du mir sagen willst«, sagte sie. Rico hatte den Kopf noch nach hinten geworfen, die Hand an der Gürtelschlaufe und ein Pochen zwischen den Beinen. Während Julika sprach, war er in seiner Vorstellung weiter in der Obhut ihrer Haut. »Du möchtest, dass ich das Kind bekomme. Aber ich möchte kein Kind, das aus einem Versehen entstanden ist. Verstehst du das nicht, Rico?«

Ja, dachte er, ja, ja. »Nein«, sagte er. »Das war doch kein Versehen, das war doch Absicht auf dem Schiff.« Er schwitzte und wunderte sich, dass Julika nicht fror. Er sah sie an. Er musste ihren Busen ansehen, sie hatte eine Gänsehaut, aber das schien ihr nichts auszumachen. Er gab ihr den Pullover, und sie legte ihn sich in den Schoß.

Er zögerte. Dann küsste er ihre linke und rechte Brust und die kleine Mulde dazwischen. »Ja«, sagte er. »Ich möchte, dass du das Kind bekommst.«

Ihre Lippen zitterten. Vor Kälte oder vor etwas, das schlimmer war.

35

Sie brauchten eine Stunde, um von Wilmersdorf in den Stadtteil Prenzlauer Berg zu gelangen. Am Potsdamer Platz mussten sie an einer Baustelle eine andere Strecke nehmen als die, die in der Karte eingezeichnet war, und sie landeten in der Oranienburger Straße, auf der zehn schwer bewaffnete Polizisten patrouillierten und mehrere Mannschaftswagen parkten. Julika stieg aus und fragte einen Imbissverkäufer nach dem Weg und dem Grund für das Polizeiaufgebot.

»Hier ist die Synagoge«, sagte Julika, als sie wieder ins Auto sprang, fröstelnd, trotz Ricos Daunenjacke, die sie über den Pullover gezogen hatte. Durch Einbahnstraßen, abgedrängt von Straßenbahnen und Baufahrzeugen, fanden sie den Weg zur Karl-Liebknecht-Straße und von dort über den Alexanderplatz zur Greifswalder Straße.

»Vor dem Friseurladen ist ein Parkplatz frei!«, sagte Julika. Rico hatte auf der ganzen Strecke höchstens drei Worte gesprochen. Beim Aussteigen warf Julika einen Blick durchs Fenster des Salons. Ein Mann und eine dünne Frau unterhielten sich und warteten offensichtlich auf Kundschaft. Der Laden hatte graue Wände und sah heruntergekommen aus.

Die Straße war breit und grau. Die Häuser waren hoch und alt. Die Fußgänger wirkten abweisend, Radfahrer schossen über den Bürgersteig, und die Bäume standen schwarz und klapprig Spalier.

Bevor sie klingelte, strich Julika Rico übers Gesicht. »Hier ruhen wir uns aus«, sagte sie. »Hier findet uns niemand. Bist du einverstanden?«

Rico nickte.

»Von jetzt an gehören wir nur noch uns«, sagte Julika. »Jeder sich selbst und gemeinsam uns beiden.«
»Hm?«, sagte Rico. Vor Müdigkeit und Überdruss hatte er Kopfschmerzen. Und wenn er an das Kaufhaus dachte, würgte es ihn.
»Aber ich gehör mehr dir als mir selbst, das musst du wissen«, sagte sie.
»Ja«, sagte er. Dann spürte er wieder die Wunden im Gesicht und auf dem Kopf, er öffnete weit den Mund und sog die kalte Luft ein.
Julika klingelte unter dem Schild, auf dem mit schwarzem Filzstift geschrieben der Name »Landau« stand. Der Summer ertönte. Julika ging als Erste ins Treppenhaus, wo es nach feuchten Wänden roch.

»Sind sie das?«, fragte der Mann auf dem Beifahrersitz des Mercedes.
»Ja«, sagte der Fahrer, der die Tür beobachtete, die hinter Rico zuschlug.
Der Dritte schwieg und hauchte sein Butterflymesser an, dann rieb er es am Ärmel seines Mantels ab, als würde er es polieren.

Nach der Begrüßung drückte ihr das Mädchen im schwarzen Parka einen Schlüssel in die Hand, an dem ein silbernes S hing.
»Absperren, auch wenn du unten nur ne Milch holen gehst, immer absperren, bitte nicht vergessen, Jule«, sagte Sarin, deren modische Kleidung einen gewissen Gegensatz zu der heruntergekommenen Altbauwohnung darstellte. Außer dem Parka mit dem *Joop!*-Logo trug sie eine eng geschnittene violette

Jeans und knöchelhohe Stiefel, deren Preis Rico auf mindestens fünfhundert Euro schätzte. Ihr schwarzer Lederrucksack glich denen, die Rico im Kaufhaus des Westens gesehen hatte, keiner unter siebenhundert Euro, wenn er sich nicht verschaut hatte.

»Du siehst ja ganz schön strange aus«, sagte Sarin.

Rico war es egal, dass sie ihn meinte.

Julika wickelte ihren Schal vom Hals und zog die Daunenjacke aus. So schäbig die Wohnung auch wirkte, die Heizung schien gut zu funktionieren, wie die im Holzbungalow.

»Rico braucht Schlaf«, sagte Julika.

»Drüben steht eine Couch, die könnt ihr ausziehen«, sagte Sarin. »Nehmt euch, was ihr braucht. Im Kühlschrank sind noch ein paar Reste, ich ess meistens auswärts, zur Zeit jobb ich neben der Uni beim Sender, schreib Texte, entwickele Konzepte für neue Nachmittagsshows, erzähl ich dir alles heute Abend. Wird spät werden, sonst alles in Ordnung? Am Telefon klangst du ziemlich aufgeregt, wieso bist du nicht in der Schule, bist du raus? Das hab ich nicht ganz mitgekriegt. Ich bin froh, dass ich weg bin von dort. Machst du dieses Jahr Abitur?«

»Nein«, sagte Julika. »Danke, dass wir hier bleiben dürfen, Sarin. Zwei Tage vielleicht, geht das?«

»Kein Problem.«

»Sag bitte niemandem, dass wir hier sind, niemandem!«

Sarin warf Rico einen Blick zu und küsste Julika auf die Wange. »Wie du willst. Jetzt hau dich erst mal hin, ich hab fünf Zimmer, zwei stehen leer. Lang bleib ich hier nicht, ich will nach Mitte, bin grad am Suchen. Die Wohnung hier ist von einer Freundin, sie ist nach London gezogen, ich zahl genau zweihundertfünfzig Euro, da darf man nicht kritisch sein, ciao!« Im Hausflur drehte sie sich noch einmal um. »Und vergiss nicht abzusperren, wenn du weggehst, hier sind fiese Gestalten unterwegs. Supermarkt ist um die Ecke.« Sie klappte die Hand auf und zu wie ein Kind und stieg die breite Treppe hinunter.

Trotz der fünf Zimmer und der großen Küche wirkte die Wohnung eng. Anscheinend hielt sich Sarin außer zum Schlafen selten hier auf. An der Wand hingen keine Bilder. Die Lampen waren nur notdürftig befestigt, Haken ragten aus den Decken. Außer der Couch, einem Breitwandfernseher und einem klapprigen Holztisch mit zwei Stühlen gab es im Wohnzimmer keine Möbel. Den Spiegel im Bad zierte eine bunte Lichterkette, und an der Innenseite der Tür prangte ein Filmplakat von »The Sixth Sense«. Auf dem runden, mit einer weinroten Plastikdecke überzogenen Tisch in der Küche standen eine Einpersonenespressokanne, eine schwarze Tasse und eine leere Vase, auf einem Brett neben der Spüle lag Schwarzbrot in Plastikfolie, daneben ein Messer. In der Küche waren wie in allen anderen Räumen die Fensterscheiben schmierig-grau.

Rico hatte sich auf einen wackligen Stuhl am Küchentisch gesetzt.

»So siehts also in Ostberlin aus«, sagte er.

»Nicht überall«, sagte Julika.

»Woher kennst du die Tussi?«

»Sie heißt Sarin. Wir sind nebeneinander gesessen, bis ich durchgefallen bin. Ihre Eltern sind berühmte Journalisten.«

»Kenn ich nicht.«

»Du weißt ja gar nicht, wie sie heißen.«

»Kenn ich trotzdem nicht.« Er legte die Arme über Kreuz auf den Tisch und stützte das Kinn auf.

»Sie ist weg, weil sie unabhängig sein wollte«, sagte Julika. »Einen Tag nach dem Abi ist sie nach Berlin gezogen.«

»Und jetzt wohnt sie hier.«

»Sie zieht um, hat sie doch gesagt. Vielleicht können wir die Wohnung übernehmen, was meinst du?«

»Jetzt schon?«

»Was meinst du mit ›jetzt schon‹?«

Er schwieg.

»Ich hab Hunger. Du nicht?«

»Nein.«

Julika machte den Kühlschrank auf. Eine Flasche Milch, eine Flasche Vitaminsaft, eine Plastikflasche Vittel und zwei Gläser mit Gurken standen darin, dazu Margarine und ein Plastikschälchen mit Frischkäse. Julika schloss die Tür. »Später geh ich was einkaufen.«

»Vergiss nicht abzusperren«, sagte Rico mit schwerer Stimme.

Sie setzte sich zu ihm an den Tisch, schräg neben ihn, und legte wie er die Arme über Kreuz und den Kopf darauf.

»Woher kannst du so gut Russisch?«, fragte sie.

»Kann ich nicht, wir mussten es in der Schule lernen, aber ich habs nie richtig kapiert.«

»Im Kaufhaus hat es ziemlich überzeugend geklungen.«

»Weil niemand was verstanden hat.«

»Wer ist Konstantinowitsch?«

»So haben wir unseren Russischlehrer genannt.«

»Was hast du dem Typ im Kaufhaus erzählt?«

Wieder murmelte er Sätze auf Russisch.

»Und was heißt das?«, fragte Julika.
»Das kennst du doch.«
»Woher denn?«
»›Wir sollten lieber in die entgegengesetzte Richtung fahren, denn hier ist die Erde ja schon zu Ende, schlug Nimmerklug vor. Ja, fand auch Buntfleck, wir haben uns ein bisschen verschätzt. Fahr auf jeden Fall langsam, sonst kannst du nicht mehr rechtzeitig bremsen‹ und so weiter.«
»Das ist aus deinem Märchenbuch.«
»Das ist kein Märchen.«
»Was denn sonst?«
»Eine Geschichte.«
»Eine Märchengeschichte.«
»Für mich war das alles wahr, was meine Mutter mir vorgelesen hat.«
»Hat sie dir auf Russisch vorgelesen?«
»Manchmal. Sie kann Russisch ungefähr so wie ich. Sie wollte, dass ich besser in der Schule werde. Bin ich aber nicht geworden.«
»Ich auch nicht.«
»Wir sind zwei Versager«, sagte Rico.
»Jetzt nicht mehr«, sagte Julika.
Nach einer langen Weile sagte Rico: »Ich wollt dir schon einen Brief schreiben. Ich hab angefangen, aber dann hab ich gedacht, wenn du liest, wie ich schreib, dann lachst du mich aus.«
»Ich hätt dich niemals ausgelacht.«
»Doch.«
»Nein.«
»Die Leute lachen immer, wenn sie das lesen, was ich schreib.«

»Welche Leute?«
»In der Firma, überall.«
»Idioten.«
»Ich schreib keine Briefe mehr.«
»Du hast mir einen geschrieben.«
»Wann?«
»Du hast mir geschrieben, ich soll zu dir in die Firma kommen, du hast den Brief auf den Küchentisch gelegt.«
»Das war doch kein Brief, nur eine Nachricht.«
»Für mich war das ein Brief, und ich hab nicht gelacht. Hast du den anderen Brief noch?«
»Nein.« Dann schwieg er, schloss die Augen, machte sie wieder auf und sah an ihr vorbei. »Ich hab mich geschämt.«
»Vor mir brauchst du dich nicht zu schämen, okay?«
»Okay.«
»Scheiß auf die Vergangenheit, Rico!«
»Was?«, sagte er laut und hob den Kopf.
»Scheiß auf die Vergangenheit, die ist aus. Aus ist die. Ende.« Ihr Kopf schoss in die Höhe, und sie schlang die Arme um Ricos Schulter. Ihr Mund berührte sein Ohr. »Wir sind außerhalb der Vergangenheit.«
»Was ist denn mit dir? Was hast du?«
»Jenseits der Nacht, diesseits des Tages, das ist unser Ort und unsere Zeit.«
»Was?« Er versuchte sich zu konzentrieren. Er versuchte ihren Worten hinterherzuhorchen.
»Wir sind hier, Rico, niemand hat uns aufgehalten, niemand wird je wieder über unser Leben bestimmen. Nur du darfst über mein Leben bestimmen, nur du.«

Er richtete sich auf. Ihre Arme blieben auf seiner Schulter und ihre Lippen nah an seinem Gesicht. »Schreibst du solche Sachen in dein Tagebuch? Diesseits des … diesseits …«

»Diesseits des Tages, jenseits der Nacht«, sagte Julika.

»Was bedeutet das?«

»Weißt du das nicht?«

»Nein.«

»Doch«, sagte sie, so leise, dass er es kaum verstand.

Er wollte sich am Kopf kratzen, traute sich aber nicht.

»Sieh dich um«, sagte Julika. »Schau, wo wir sind, schau mich an.«

Er drehte den Kopf. Die Narbe auf seiner Stirn hatte eine dunkle Farbe.

»Hier … hier sind wir in Sicherheit«, sagte Julika.

Er sah weg und lehnte sich zurück. Sie nahm die Arme von seiner Schulter.

»Ich hab jemand umgebracht«, sagte Rico. »Ich muss der Polizei die Wahrheit sagen. Wir haben einen Fehler gemacht, Julika, ich muss zur Polizei …«

»Nein«, sagte Julika. »Das wirst du nicht tun. Warum hast du solche Angst?«

»Weil das nicht wirklich ist, was du sagst. Weil du nicht in der wirklichen Welt lebst.« Er schnaufte, stand auf, kratzte sich in den Haaren, betrachtete sein blaues Jeanshemd, jeden einzelnen Knopf, als wundere er sich darüber, stöhnte und sah zum Fenster, durch das nichts zu erkennen war. Dann setzte er sich wieder, legte die Arme nebeneinander auf den Tisch, krümmte die Finger wie Krallen, tippte unruhig auf die Plastikdecke, schloss die Augen und senkte erschöpft den Kopf.

Julika hob die Hand und hielt sie an seine Wange, dicht an die Stoppeln, die in eigentümlichen winzigen Gruppen aus der Haut sprossen. Rico bewegte den Kopf nicht, als würde er lauern wie ein Tier.

»Wenn du Liebste zu mir sagst, fängt die Wirklichkeit an, weißt du das nicht?«

Er wusste es und wusste es nicht.

»Ich war die ganze Zeit im Dunkeln. Als ich geboren wurde, war es Nacht. Aus den Augen meiner Mutter strömte schwarzes Licht, und mein Vater hatte sein Gesicht verdeckt, aber ich bin trotzdem erschrocken. Du denkst, an so etwas kann man sich nicht erinnern.«

Er dachte es und dachte es nicht.

»Ich kann mein Gedächtnis nicht auslöschen, das ist ein Fluch. Früher hab ich geglaubt, wenn ich alles aufschreib, wird die Erinnerung weniger, und ich fang an zu vergessen, die Schmerzen hören auf, und ich hab keine grausamen Träume mehr. Große Täuschung. In meinen Träumen kamen Gestalten aus Wäldern und liefen hinter mir her, und meine Beine knickten ein, und ich fiel hin. Kennst du solche Träume?«

Er kannte sie und kannte sie nicht.

»Und dann hab ich verstanden, dass das, was tagsüber geschieht, schrecklicher ist als das, was der Schlaf mit mir anstellt, und dass ich im Schlaf die wahre Julika bin. Das war eine Befreiung, sie hat mich getröstet, und das Schreiben ist mir leicht gefallen. Ich schrieb auf, was geschah, was mein Vater sagte und meine Mutter sich nicht getraute zu sagen, was die Lehrer von mir verlangten und meine Freunde und wie das Wetter war und welche berühmten Leute bei meinem Vater Kleidung einkauften.

Nicht, weil ich das für wichtig hielt oder bedeutend für das Leben. Ich hab das alles an mir vorüberziehen lassen, als wär ich außerhalb, als würd ich von einem Hochsitz auf eine Lichtung schauen. Ich hab gedacht, ich komm davon, wenn ich unauffällig bleib, wenn ich die Dinge erledige, die man von mir verlangt. Wenn ich nicht frag und nichts sag und so tu, als wär ich einverstanden und ein guter Mitspieler. Nachts, hab ich den ganzen Tag gedacht, kehr ich in meine echte Haut zurück und seh die Welt, wie sie wirklich ist, und bin wirklich, und wenn ich Angst hab, muss ich die Angst überwinden. Und wenn ich auf einer Anhöhe steh und die Arme ausstreck vor Freude, dann reicht meine Freude bis zum nächsten Tag, den ich als die verkehrte Julika überstehen muss. Hattest du auch schon mal das Gefühl, du bist verkehrt und was du tust, ist schauspielern von früh bis spät, auf einer Bühne aus Straßen und Zimmern und Schule und Befehlen? Sag, Rico, wachst du manchmal auf und denkst: Jetzt beginnt das Lügen wieder, und wenn ich nicht gut genug lüg, dann sterb ich? Und wolltest du dich schon mal umbringen, weil du mutlos warst oder gottserbärmlich müd?«

Er wollte sich umbringen und wollte es nicht.

Er wollte es mehr, als er es nicht wollte. Aber dann war er zu feige dazu. Oder zu unentschlossen.

»Ja«, sagte er.

»Wie ich«, sagte Julika.

»Wir habens nicht getan.«

»Nein.«

»Nein.«

»Nein.«

»Wir tun es auch nicht mehr.«
»Nein«, sagte sie.
Dann bewegte er sacht den Kopf. Da war ihre Hand. Er neigte den Kopf. Ihre Finger schmiegten sich an sein Gesicht. Oder er schmiegte sein Gesicht an ihre Finger. Er schloss die Augen. Julika ließ die Hand, wo sie war. Und nach einer Minute schlief Rico ein. Sie hörte seinen gleichmäßigen Atem und wusste nicht, was sie tun sollte. Sein Kopf lag schwer auf ihrer Hand. Behutsam zog sie sie weg, drückte Ricos Oberkörper nach vorn, bis seine Stirn den Tisch berührte, und drehte seinen Kopf zur Seite. Dann nahm sie ihren langen schwarzen Wollschal, formte ein Knäuel und bettete Ricos Kopf darauf. Er bemerkte nichts. Einmal stöhnte er, dann atmete er leise weiter.
»Die Polizei wird dir nichts tun«, flüsterte Julika. Sie zog ihre Jacke an, steckte die Hand in die Innentasche und spürte den harten Widerstand der Pistole. »Ich hol uns zu essen«, sagte sie.
»Geh nicht fort.«
Auch als sie in den Regen hinaustrat und nach ein paar Metern die Tür zum Friseursalon öffnete, fiel ihr nicht ein, dass sie vergessen hatte die Wohnungstür abzusperren.
»Sie können gleich einen Termin haben«, sagte die dünne Friseuse.
»Morgen ist besser«, sagte Julika.
Sie wollte die ursprüngliche Farbe ihrer Haare zurück, das dunkle Blond, das sie in Schwarz gefärbt hatte, weil sie überzeugt war, Schwarz passe perfekt zu ihrer Darstellung der allgemeinen Julika. Für Rico wollte sie echt aussehen. Außerdem musste sie den schwarzen Nagellack entfernen und sie machte sich auf die Suche nach einer Drogerie.

»Da ist sie wieder!«, sagte der Mann auf dem Beifahrersitz.

»Halt sie vom Haus weg, bis wir wieder draußen sind!«, sagte Juri, der hinter dem Lenkrad saß, in den Rückspiegel und schaltete die Musik der Daughters of Hatred aus. Der Mann auf der Rückbank steckte sein Butterflymesser ein, stieg aus und folgte Julika in großem Abstand.

36

»Was machst du da?«, fragte Rico seinen Vater.

»Das siehst du doch«, sagte Ronny Keel. »Ich verreise.«

»Wohin denn?«

»Nach Paraguay.«

»Wo ist das?«

»Drüben, auf der anderen Seite.«

Das Schiff war aus Holz und sah aus, als würde es nicht einmal bis zum Meer gelangen, ohne auseinander zu brechen. Ronny schleppte Schachteln in verschiedenen Größen, wie solche, in denen man Hemden oder andere Kleidungsstücke verpackte, an Deck. Außerdem hatte Ricos Vater lange rote Haare, die zu einem Zopf zusammengebunden waren, und einen Vollbart. Obwohl er völlig anders aussah als in Wirklichkeit, zumindest zu dem Zeitpunkt, als Rico ihn zum letzten Mal gesehen hatte, erkannte er ihn sofort wieder.

»Fährst du allein?«, fragte Rico.

»Sebastian fährt mit.«

»Wer ist Sebastian.«

»Mein bester Freund.«

»Was machst du in Paraguay?«

»Ich koche.«

Da fiel Rico ein, dass sein Vater von Beruf Koch war, auch wenn er die ganze Zeit gedacht hatte, er habe einen anderen Beruf gelernt, er wusste nur nicht mehr, welchen.

»Kannst du Paraguayisch?«

»Nein«, sagte Ronny.

Auf einem Schubkarren brachte er mehrere übereinander gestapelte Schachteln auf das Schiff, indem er den Karren über

einen schrägen Holzsteg schob, der aussah wie eine Hühnerleiter.
»Nimmst du die Mutti mit?«, fragte Rico.
»Die ist doch tot«, sagte Ronny und kippte den Schubkarren um, und die Kartons verteilten sich auf dem Deck.
Das hatte Rico vergessen. Natürlich war seine Mutter schon gestorben, aber er wusste nicht mehr, wann.
Als er sich umdrehte, stand eine große Menschenmenge hinter ihm. Anscheinend warteten alle auf die Abfahrt des Schiffes, einige hatte Fähnchen in der Hand, andere trugen Militäruniformen und die Kinder Halstücher wie Pioniere. Rico freute sich, dass so viele Menschen gekommen waren, um seinen Vater zu verabschieden, er hätte nicht gedacht, dass sein Vater so beliebt war. Stolz wandte er sich wieder dem Schiff zu. In diesem Moment warf ein uralter Mann, den Rico vorher nicht bemerkt hatte, die Leine an Bord, und sein Vater fing sie auf. Jetzt trug sein Vater einen blauen Overall wie ein Automechaniker, und Rico fiel ein, dass er von Beruf eigentlich Schiffsbauer war und nicht Koch. Auch hatte er keine roten Haare mehr, sondern blonde, wie früher, kurz geschnitten, und einen Schnauzbart. Regungslos stand er an Deck. Rico wartete, ob er winkte oder ihm etwas zurief. Er überlegte, was er tun sollte. Dann erinnerte er sich an die vielen Leute in seinem Rücken und drehte sich um. Die Menge zerstreute sich bereits, ein paar Kinder schauten noch zum Schiff, aber sie trugen keine Halstücher mehr, nur schmutzige kurze Hosen, und machten gelangweilte Gesichter. Rico sah wieder zum Schiff. Es bewegte sich, obwohl es ein Segelschiff war und kein Wind blies. Rico kniff die Augen zusammen, vielleicht hatte das Schiff einen Motor. Er

konnte keinen entdecken. Sein Vater hantierte an den Segeln, es sah aus, als würde er sich gut auskennen, als sei er ein erfahrener Seemann, dabei konnte er, wie Rico plötzlich einfiel, nicht schwimmen.

Er riss den Mund auf, um seinem Vater etwas zuzurufen. Das Schiff entfernte sich immer weiter, und Rico war überzeugt, sein Vater würde nicht mehr zurückkehren. Jetzt hatte er also die Wohnung für sich allein. Eigentlich nicht schlecht, dachte er. Er wollte gleich hingehen und alte Sachen wegwerfen, damit er mehr Platz hatte. Dann blickte er noch einmal über den Fluss. In der diesigen Ferne verschwand das Schiff auf blaugrauem Wasser. Das Licht wirkte künstlich, und Rico fand, die Szene sah aus wie der Schluss eines Filmes. Er wollte auf den Nachspann und die Namen der Schauspieler warten, er wollte unbedingt wissen, wer seinen Vater gespielt hatte. Da hörte er ein Klingeln und Klopfen, und das Klopfen wurde lauter, und es klopfte von allen Seiten.

37

Schlafverzerrte Augenblicke lang fragte er sich, warum seine Mutter nicht endlich die Tür öffnete. Dann begriff er, dass er sich in einer fremden Küche befand. Er nahm den Geruch des nestartig zusammengelegten Schals wahr, nach Wolle und Parfüm. Er hob den Kopf und glaubte eine Stimme zu hören. Kam die noch aus seinem Traum? Er erinnerte sich an seinen Vater und dass dieser rote Haare gehabt hatte. Deutlich sah er das alte Segelschiff vor sich, einen Zweimaster oder Dreimaster. Es wirkte wie aus einem Museum und sein Vater nicht wie sein Vater, obwohl es niemand anderes sein konnte. Hatten sie miteinander gesprochen?

Wieder wurde gegen die Wohnungstür geschlagen. Diesmal erschrak Rico. Er packte Julikas Schal, ging leise in den Flur und horchte in der leeren Wohnung auf Julikas Schritte. Im Treppenhaus sagte jemand mit dumpfer Stimme: »Mach auf, Rico!«

Er begriff, dass Julika nicht da war. Auf Zehenspitzen schlich er von Zimmer zu Zimmer …

»Sonst brechen wir die Tür auf! Wir haben was mit dir zu besprechen!«

… Keines der Zimmer wirkte auf Rico, als würde jemand darin wohnen. Sogar in jenem, in dem Sarin schlief, standen außer dem Messingbett nur ein grau gestrichener Holzschrank, vier Obstkisten voller Bücher und CDs und in der Ecke neben dem Fenster eine stachelige Palme. Dieses Zimmer lag der Wohnungstür am nächsten. Rico starrte das mickrige Schloss an.

»Ich bins, Juri!«, hörte er die Stimme von draußen. »Ich weiß, dass deine Freundin nicht da ist, also lass mich rein, und wir reden!«

Rico dachte nach.

Die Stimme sagte: »Hast du gedacht, du kannst einfach abhauen? Erst bringst du Steffen um, und dann haust du ab? Rico. Ri-co!«

Er fragte sich, woher Juri die Adresse hatte. Nicht einmal seiner Mutter hatte er sie verraten. Er knetete den Schal in den Händen. *Ungestraft geht niemand weg*, hallte es in ihm, *ungestraft geht niemand weg*. »Lüge«, sagte er. Er war hier und er würde sich nicht bestrafen lassen. Julika hatte Recht, die Vergangenheit war vorbei, er hatte sie abgestreift wie eine zerschlissene Uniform. Er salutierte nicht mehr.

Hier würde er bleiben, bis sein Kind ein eigenes Leben führte. Er würde nicht weglaufen wie sein Vater. Er war nicht sein Vater. Er war nicht seine Mutter. Er war Rico. Er würde sich einen neuen Familiennamen zulegen, vielleicht den seiner zukünftigen Frau Julika, und niemand würde ihn deswegen bestrafen. Er hauste nicht mehr in der Kinderzeit wie Steffen und Juri und die anderen aus der Gruppe, die nicht damit fertig wurden, wenn jemand eine eigene Zeit begann. Wie Ale, aus der eine selbstständige Sekretärin in einem großen Büro hätte werden können. Juri wollte sie zwingen klein zu bleiben, ein Mädchen, er hatte sie umgebracht, wenn auch nicht mit eigenen Händen. Sie hatte solche Angst auf dem Schiff gehabt.

An der Tür hörte Rico ein schnarrendes Geräusch. Juri hatte einen Draht in das Schloss gesteckt. Rico wollte sich nicht im Klo einsperren. Die Zeit des Feigseins war vorbei.

Julika … Jetzt fiel ihm ein, warum sie nicht hier war. Er freute

sich aufs Essen. Dann dachte er, dass sein Hunger noch nicht groß genug war, um mit Julika feierlich zu essen.
Er hörte eine zweite Stimme an der Tür. Das sah Juri ähnlich, er traute sich nicht allein von zu Hause weg. So wie ich, dachte Rico.
Und dann hatte er eine Idee.
Und diese Idee sprang wie ein übermütiger Funke durch seinen Kopf. Und je wilder der Funke sprang, desto aufgeregter wurde Rico, so wie früher, kurz vor dem entscheidenden Moment.
Was er jetzt noch brauchte, war eine Kleinigkeit. Er blickte den langen, dämmrigen Flur entlang. Er rief sich jedes Zimmer in Erinnerung, in dem er gerade gewesen war, verglich in seiner Vorstellung jede Wand, jede Decke miteinander, schaute sogar nach oben, damit ihm das Erinnern leichter fiel. Dann betrachtete er seine Hände. Beinah hätte er das Nächstliegende übersehen! Er betrachtete seine Hände …
»Wir kommen rein, Rico. Freust du dich?«
… und zögerte nicht länger.
Er freute sich auf Juris Gesicht und das des anderen, wahrscheinlich einer aus Juris Werkstatt. Und er kicherte, als er das Knacken im Schloss hörte und das Krachen der Tür gegen die Wand und die Stimmen und dann Schritte auf dem Holzboden, das Knarzen und das Quietschen der Stiefel. Er kicherte und schloss die Augen und stieß den Stuhl weg, den er aus der Küche geholt hatte.

»Sieht aus wie bei den Fidschis«, sagte Juri auf dem Weg zum Wohnzimmer, dessen Tür als Einzige offen stand.
Der andere, kleiner als Juri, mit einem Kinnbart und nervösen

Gesten, streckte den Arm vor, zog ihn zurück und öffnete die erste Tür.

»Leer!«, rief er Juri zu, der sich im Wohnzimmer umsah.

»Rico! Spielst du Verstecken?«

»Leer!«, rief der andere an der zweiten Tür, die er geöffnet hatte.

»Vergiss die Küche nicht«, sagte Juri.

»Was?« Der andere streckte wieder die Hand aus und machte ein verkniffenes Gesicht. Er drückte die Klinke an der Küchentür.

»Niemand drin«, sagte er.

»Sicher?«

»Da stehen nur zwei Taschen, sonst nichts. Der Typ ist nicht da.«

»Weitersuchen!«

Kurioserweise machte der junge Mann mit dem Kinnbart die Küchentür wieder zu, sachte, als wolle er kein Geräusch verursachen.

Als er die Tür direkt gegenüber öffnete, stieß er einen Schrei aus.

Im kargen Licht, das durch das Fenster fiel, sah er einen Mann hängen. Ein schwarzer Strick war um seinen Hals geschlungen und an einem Haken an der Decke verknotet.

»Juri!«, rief der junge Mann. »Juri!«

»Was machen Sie da?«, sagte jemand an der Wohnungstür. Der junge Mann erschrak ein zweites Mal.

»Was ist los?«, rief Juri.

Er blickte neben seinem Freund ins Zimmer. »Komm da runter, Rico!«

»Der ist tot! Der hat sich aufgehängt!«

»Der ist nicht tot, der tut bloß so!«

»Was machen Sie da?«, sagte die alte Frau, die in der offenen Wohnungstür aufgetaucht war, noch einmal.

»Wir müssen weg!«, rief der junge Mann, dessen Gesicht vollkommen rot war.

»Scheiß dir nicht in Hose, Plinky!«

Plinky sah aus, als wäre es schon passiert.

»Besser, ich ruf die Polizei«, sagte die alte Frau. »Solche wie Sie kenn ich!«

»Komm da runter, verdammt!« Juri stürzte auf Rico zu, aber Plinky hielt ihn fest.

»Komm weg hier! Ich hab keine Lust, wegen dem in den Knast zu gehen! Du hast gesagt, wir machen einen Ausflug mit Eventcharakter, Scheißevent!«

Juri schaffte es nicht, sich aus Plinkys Umklammerung zu befreien. »Das ist ein Trick, du Idiot!«, schrie er. »Das hat der schon hundertmal gemacht, der verarscht uns doch! Komm da runter, du Feigling!«

Doch Plinky schob seinen Freund in den Flur zurück und knallte die Zimmertür zu. Im Treppenhaus waren Stimmen zu hören.

»Das ist ein Spiel, du Idiot! Ich lass mich von dem nicht verarschen!«

»Wenns ein Spiel ist, dann kriegen wir ihn später noch. So ein Wahnsinn! Ich geh doch nicht in den Knast wegen dem!«

Im Hausflur zog Plinky die Wohnungstür zu und schubste Juri zur Treppe. Sie rannten hinunter. Im Parterre begegneten sie der alten Frau.

»Wir sind schon weg!«, rief Plinky. »Sie brauchen die Bullen nicht anzurufen!«
»Dann aber ganz flott!«, sagte die Alte, ein grünes Handy am Ohr. »Und kommt ja nie wieder!«

Juri und Plinky liefen zu ihrem Wagen und setzten sich hinein. Bevor sie ein Wort sprechen konnten, hielt ein rotes Fahrzeug vor ihnen, und ein Mann in einer Lederjacke stieg aus.
Tabor Süden klopfte ans Seitenfenster.
»Entschuldigung?«
»Weg hier!«, rief Plinky. Juri drehte den Zündschlüssel, gab Gas, fuhr einen Meter zurück und schoss an Süden und dem roten Laguna vorbei die Greifswalder Straße hinunter. Ihren Freund, der Julika verfolgte, hatten sie vergessen.
»So ein Zufall!« Süden hörte die heisere Stimme einer Frau. »Was machen Sie denn hier?«
Er sah sich um. Vor dem Friseurladen stand seine Friseurin Viktoria, abgemagerter denn je. Er hatte keine Zeit, mit ihr zu sprechen.
»Süden im Osten«, sagte Viktoria zu ihrem Bruder.

Auf dem Weg durch die Stadt hatte Süden eine Streife vor das Haus bestellt, in dem Sarin Landau wohnte, doch die Kollegen waren noch nicht eingetroffen. Und er hatte kein Handy. Und anhalten konnte er nicht, um Verstärkung anzufordern. Zumindest drängte er jetzt den Wagen der beiden Männer in eine andere Richtung, und sie würden sich nicht trauen, zurückzukommen. Vor ihnen waren Rico und Julika in Sicherheit.

38

Er öffnete die Augen. Den Gedanken, was passiert wäre, wenn die Frau im Treppenhaus nicht aufgetaucht wäre, fand er komisch. Vermutlich hätte er wie immer das Spiel weitergespielt und sich irgendwann befreit, und dann hätten sie reden können. Und er hätte so getan, als würde er zuhören. Wahrscheinlicher aber war, dass die beiden sowieso getürmt wären, weil der Typ vor Angst geschrien hatte, bei dem hatte der Trick endlich mal wieder gewirkt. Auch Julika war schockiert gewesen, und das tat ihm heute Leid, und er nahm sich vor, sich noch einmal bei ihr zu entschuldigen und ihr zu versprechen, es nie wieder zu tun. Die Vergangenheit war aus.

Er hatte Hunger. Jeden Moment würde Julika mit dem Essen kommen. Mit dem linken Fuß tastete er nach dem umgekippten Stuhl, sein Schuh berührte ihn schon. Das war großartig gewesen, wie der Typ erschrocken war und geschrien hatte. Gern hätte Rico sein Gesicht gesehen.

Er röchelte. Mit einem Schal hatte er das Spiel noch nie gespielt, immer nur mit einem Seil, da wusste er genau, wie es reagierte, wie er den Knoten setzen musste. Aber Julikas Schal eignete sich ebenso gut.

Beim zweiten Versuch schaffte er es, den Stuhl aufzustellen. Jetzt brauchte er ihn nur noch näher heranzuziehen. Sein Magen knurrte zweistimmig.

Der Stuhl wackelte. Rico konnte nicht nach unten sehen, er durfte den Kopf nicht bewegen, das war wesentlich bei dem Trick. Die Beine des Stuhls waren nicht gleich lang. Kein Problem.

Dann dachte er an das Kind, dessen Vater er sein würde. Ihm

würde er nicht erlauben, solche Spiele zu spielen. Seine Mutter hatte es ihm auch nicht erlaubt, und er hatte es trotzdem getan, und sie hatte sich nicht weiter darum gekümmert, genau wie sein abwesender Vater. Er, Rico, würde nicht abwesend sein, er würde sich kümmern. Er würde keine sinnlosen Fragen stellen und sich für alles interessieren, was sein Kind betraf, egal ob es ein Junge oder ein Mädchen war, auch wenn er sich, ohne zu wissen, warum, schwer vorstellen konnte, der Vater eines Mädchens zu sein. Alles, was er wollte, war nicht wegzulaufen, wenn Probleme auftauchten.

Vielleicht würde er eines Tages sogar erzählen, was damals wirklich in dem brennenden Haus passiert war, vielleicht, später, an einem anderen Ort, wenn er alt war und mit Julika den fünfzigsten Hochzeitstag feierte.

Er hatte den Stuhl mit den Füßen herangezogen und stellte sich darauf und kratzte sich in den Haaren. Als er den Arm senkte, kippte der Stuhl mit den ungleichen Beinen um, und Rico erdrosselte sich.

In einem Loch in der Wand hockte als einzige Zeugin eine Maus, die später dort verhungerte.

39

Auf der Karl-Marx-Allee, kurz vor dem Strausberger Platz, drängte Süden mit seinem Laguna den Mercedes von der Straße, was er zuvor zweimal vergeblich versucht hatte. Er verfluchte die Situation, in der er war, und hatte keine Geduld mehr. Juri verriss das Lenkrad, das Auto streifte einen Baum, schleuderte und krachte gegen einen LKW, der aus einer Seitenstraße kam.
Süden sprang aus dem Auto, rannte zum Mercedes, packte Juri an der Schulter, zerrte ihn ins Freie und warf ihn zu Boden. Plinky blieb vorsichtshalber sitzen. Die Sirene eines Streifenwagens ertönte.
Juri lag auf dem Asphalt. »Sie sind ja ein richtiger Actionheld«, sagte er.
Eine halbe Stunde lang musste Süden seinen Kollegen Fragen beantworten, bevor sie ihn gehen ließen.

40

Als sie den Schlüssel ins Schloss steckte, fiel ihr ein, dass sie vergessen hatte abzusperren. Dann bemerkte sie einen fremden Geruch in der Wohnung und stellte die Plastiktüte mit den Lebensmitteln und der Vita-Cola-Flasche auf den Boden. Sie dachte nicht mehr daran, die Wohnungstür zu schließen.

Ein merkwürdiger Gedanke beschäftigte sie: Sie hätte Rico nicht hungrig zurücklassen sollen. Sie hätte ihm wenigstens eine Scheibe Schwarzbrot mit Margarine bestreichen müssen. Daran musste sie bei jedem Schritt denken: Sie hätte ihn nicht hungrig zurücklassen dürfen.

Dann sah sie ihn hängen.

Obwohl sie ahnte, dass ihre Stimme keinen Zweck haben würde, sagte sie: »Rico?«

Und ein zweites Mal: »Rico?«

Sie ging zu ihm. Unter ihm auf dem Holzboden war eine kleine Pfütze, die nicht gut roch. Zaghaft berührte Julika sein Bein.

»Rico?«, sagte ihre zwecklose Stimme.

Sie sah seine Zunge zwischen den Lippen. Sie sah den umgekippten Stuhl.

»Das ist gemein, dass du dich vordrängst«, sagte Julika. Sie spürte, wie die Zeit versickerte und sie vergaß, in dieser Wohnung jenseits der Nacht, diesseits des Tages. »Ich hätt dich nicht hungrig zurücklassen dürfen.«

Sie wandte sich um und bewegte sich nicht mehr. Mehrere zeitlose Minuten lang. Dann ging sie hinüber in die Küche und nahm aus der Sporttasche mit dem Aufdruck »Funster« die kleine Schachtel heraus. Sie griff in die Innentasche ihrer Jacke.

Es war nicht einfach, die Patronen ins Magazin zu schieben. Anschließend entsicherte sie die Pistole, wie Willi Gottow es ihr gezeigt hatte, und legte die Waffe auf den Tisch.
Sie kehrte ins Zimmer zurück und stellte sich vor Rico. Mehrere zeitlose Minuten lang.
»Dein Schweigen ist ein Geschenk für mich«, sagte sie.
Sie fand ihre Stimme schön. Sie kehrte in die Küche zurück, nahm das schwarze Tagebuch aus der Sporttasche, setzte sich an den Tisch und malte einen Kreis auf eine leere Seite. Darunter schrieb sie: *Niemand soll büßen, niemand soll hassen, niemand soll traurig sein. Wenn Rico etwas getan hat, was ich nicht verstehe, so bedeutet das nicht, dass es nicht gut war. Es ist mein Schal, den er benutzt hat, und dies hier ist seine Pistole, die ich für ihn gekauft habe. Ich tue, was er verlangt. Vielleicht wollte er nur spielen, denn er ist ein Kindsmann, zweiundzwanzig Jahre und ein Kindsmann und ich erst achtzehn und schon Mutter. Wir durften nicht leben und haben es dennoch getan. Wir durften uns nicht kennen und sind uns dennoch begegnet. Wir sind erwachsen genug für den Tod. Auf freiem Feld verscharrt zu werden, das ist mein Wunsch, gemeinsam mit meinem Rico, damit er sich nicht verirrt oder auf Gedanken kommt. Das ist nicht zu viel verlangt in dieser gierigen Zeit. Ich hätte ihn nicht hungrig zurücklassen dürfen.*
Unter den letzten Satz malte Julika einen zweiten Kreis, darein zwei große Augen und einen breiten Mund, und um den Kreis kleine Striche wie Sonnenstrahlen. Zum ersten Mal, seit sie dieses Tagebuch führte, hatten die Gesichter am Anfang und am Ende des Eintrags keine Ähnlichkeit. Sie schob das Tagebuch unter die Pullover in der Sporttasche und zog den Reißverschluss zu.

Die eine Hand am Griff der Pistole, die andere am Lauf, ging sie hinüber.

Wie vorher stellte sie sich vor Rico und blieb dort stehen. Mehrere zeitlose Minuten lang. Ihr Blick auf seinem Gesicht und nirgendwo sonst. Dann steckte sie den Lauf der Pistole in den Mund und drückte ab.

41

Er war ein Mann, in dessen Vorstellung der Selbstmord keine Tür war, die sich öffnete, sondern eine, die sich schloss. Er lag auf dem Boden, Gesicht nach unten, Augen geschlossen, die Arme an den Körper gedrückt, die Hände wie Schalen an den von Stoppeln rauen Wangen, rau wie die des Erhängten, die Beine ausgestreckt wie die des Erhängten, die Füße über Kreuz wie die des toten Mädchens.

Bis zum Morgengrauen lag er so da, ein implodierender Mann in einem Zimmer mit gelben Wänden. Er zählte die Tage, die er weg gewesen war. Sechs Tage draußen, einen Verbrecher verfolgt und überführt. Großer Erfolg. Verschwundene Schülerin gefunden. Großer Erfolg. Marlen Keel aus dem Koma erwacht. Großer Erfolg. Fotos im Fernsehen, Staatsanwältin rollt den Fall um das brennende Haus noch einmal auf. Großer Erfolg. Die Angehörigen des aus dem Fenster gestürzten Vietnamesen dürfen auf Entschädigung hoffen. Großer Erfolg. In der Sendung »Vor Ort« lobt Nicole Sorek die Arbeit des Dezernats 11, und Volker Thon nennt seinen Kollegen einen hervorragenden Kriminalisten. Großer Erfolg. Margit und Wolf de Vries stimmen zu, dass ihre Tochter auf einem Friedhof in der Nähe der Ostsee begraben wird, gemeinsam mit Marlen Keels Sohn.

Er stand auf, duschte mit kaltem Wasser, wusch sich die Haare und holte im Wohnzimmer ein Buch aus dem Regal. Er stellte sich ans Fenster und las in den frühen Sonnabend, mit lauter Stimme ins Sonnensystem hinaus:

»Wenn ihr Freunde vergesst, wenn ihr die Euern all,
O ihr Dankbaren, sie, euere Dichter schmäht,
Gott vergeb es, doch ehret
Nur die Seele der Liebenden.

Denn saget, wo lebt menschliches Leben sonst,
Da die knechtische jetzt alles, die Sorge, zwingt?
Darum wandelt der Gott auch
Sorglos über dem Haupt uns längst.

Doch, wie immer das Jahr kalt und gesanglos ist
Zur beschiedenen Zeit, aber aus weißem Feld
Grüne Halme doch sprossen,
Oft ein einsamer Vogel singt,

Wenn sich mählich der Wald dehnet, der Strom sich regt,
Schon die mildere Luft leise von Mittag weht
Zur erlesenen Stunde,
So ein Zeichen der schönern Zeit,

Die wir glauben, erwächst einziggenügsam noch,
Einzig edel und fromm über dem ehernen,
Wilden Boden die Liebe,
Gottes Tochter, von ihm allein.

Sei gesegnet, o sei, himmlische Pflanze, mir
Mit Gesange gepflegt, wenn des ätherischen
Nektars Kräfte dich nähren,
Und der schöpfrische Strahl dich reift.

Wachs und werde zum Wald! eine beseeltere,
Vollentblühende Welt! Sprache der Liebenden

Sei die Sprache des Landes,
Ihre Seele der Laut des Volks!«

Daraufhin legte er sich ins Bett und schlief zwölf Stunden lang.
Am Abend verabredete er sich mit Sonja.
»Ins Café ›Tausendschön‹?«, sagte der Taxifahrer. »Ach, die Elfie, die hat den Laden im Griff gehabt, damals, da gabs jeden Abend ein Ereignis, sie hat Glückslose verteilt, ich hab auch mal eins gekriegt, die Elfie, ach ja, die Elfie …«
Heute hatte die Kneipe einen anderen Namen und eine andere Wirtin, deren Mann Shantys auf der Ziehharmonika spielte.

Nachdem sie sich in eine der Nischen gesetzt hatten, legten sie die Hände auf dem Tisch übereinander. Die humanitärste Wirtin der Stadt brachte ihnen zwei Pils.
»Kannten Sie die Elfie, die frühere Wirtin?«, fragte Süden.
Er und Sonja Feyerabend waren die einzigen Gäste.
»Ja«, sagte die Wirtin. »Sie ist gestorben, viel zu jung. Unsereiner wechselt, aber die Gäste bleiben.«
»Wo sollten wir auch sonst hin?«, sagte Süden.
Als die Wirtin später vom Tresen aus zu ihm hinsah, hielt er immer noch Sonjas Hand. Sie beobachtete ihn oft. Er war ein Gast wie jeder andere, ein unauffälliger Trinker, den man auch nüchtern ertrug. Manchmal ertappte sie sich bei dem Wunsch, er möge heute Abend kommen. Vielleicht, weil sie sich einbildete, er sei jemand, dem sie etwas erzählen konnte, wenn sie unbedingt jemandem etwas erzählen musste.
Aber das würde sie niemals tun.

Anmerkungen des Autors

Die Realität in diesem Roman ist fiktiv. Obwohl sich manches, was hier geschildert wird, tatsächlich ereignet hat, an nachprüfbaren Orten, zu bestimmten Zeiten, handelt es sich an keiner Stelle um eine authentische Geschichte. Wie immer bin ich der Wirklichkeit für ihre nützliche Präsenz dankbar, meine Figuren aber existieren in ihrer eigenen Welt, sie sind Zimmerlinge, hinter den Wänden, die sie umgeben, vermuten sie das Glück.
Die Verse und das Motto aus Shakespeares »Romeo und Julia« stammen aus der Schlegel-Tieck-Übersetzung. Die Gedichte von Friedrich Hölderlin sind der dreibändigen Ausgabe »Werke und Briefe« entnommen (Band 1, Insel Verlag, Frankfurt am Main 1969). Für den Abdruck der Zeilen aus dem Märchen »Nimmerklug in Sonnenstadt« von Nikolai Nossow, aus dem Russischen übersetzt von Lieselotte Remané, danken Autor und Verlag dem LeiV Leipziger Kinderbuchverlag, bei dem das Buch 1995 neu erschienen ist.

Und eine tiefe Verbeugung vor den Menschen, die mir bei den Recherchen geholfen haben. Danken möchte ich besonders:

Sonja Laubach
Manfred Puls
Tuan Ta Minh
Wolfgang Richter
Marion Ranze
Margit Petzel
Karin Lochner
Peter von Felbert
und
Bettina Raasch,
ohne die es dieses Buch nicht gäbe.

F. A., im Frühjahr 2003